現代実定法入門

第3版

人と法と
社会を
つなぐ

原田
Hiroki

弘文堂

はしがき［第3版］

　本書第2版が刊行されて約3年が経過し、この間に成人年齢の引き下げや所有権法制の改正などいくつかの重要な法改正が行われた。そこで、これらの法改正を盛り込んだ改訂版を出版することとし、併せて記述の見直しやアップデートを行うこととした。今回の改訂では第15章を新たに書き下ろし，情報通信技術や人工知能（AI）の発展に対応する法学の現状を紹介することで，今後の法学のあり方にも関心を喚起することができるよう努めた。なお、第2版の第15章は、最低限のアップデートを行った上で、読者向けのサービスとして、弘文堂のウェブサイトで公開する予定である。

　法学の各分野に共通する基本的な考え方を示す「骨太の法学入門書」を目指す比較的若い世代による単著の法学入門という、過去にあまり例のない試みが予想以上に幅広く受け入れられ、定期的に改訂版を出版する機会が得られたことは、大変有り難いことである。本書を通じて法学の世界に足を踏み入れた読者のみなさんと、今回も改訂作業を丁寧に進めて下さった弘文堂の北川陽子さんに、心より御礼申し上げたい。

　2023年1月

原田大樹

はしがき［初版］

　人間の社会生活にとって、「ルール」は不可欠な存在である。そのルールを学問の対象としている法学は、その本格的な内容が大学レベルになって初めて教授され、また難解な言葉も多いことから、一般市民にとっては縁遠いものであることは否定できない。しかし、法学を学ぶことで、トラブルに巻き込まれても被害を最小限に食い止めることができたり、マスコミを賑わす社会問題の背景にどのような構造があるか理解できたり、社会問題を解決するためにどのような法的しくみを作ればよいか考えることができたりするようになる。法学は、社会に生きる人間にとって幅広く必要な知識である。

　本書は、法学部・法科大学院でこれから法学を学ぼうとしている人、法学を学んで社会に出た後で法学を学び直したり内容をアップデートしたりしようとしている人、社会人としての必要性に迫られて法学の内容を大まかに知りたいと思っている人を主たる対象にした法学入門書である。法学の議論は細かく難解で、初学者にはアクセスが難しいように見える。そこで本書は、全体像を示すこと、何のための議論なのかを明確化すること、条文の背景にある各分野に共通の基本的な考え方を示すことで、複雑に見える法学の世界の見通しを高め、法学の基礎的な知識や思考方法をできるだけ分かりやすく示すことに努めた。それと同時に、法学の各分野で最低限知っておくべき内容をコンパクトにまとめ、社会生活や時事的な問題とも結びつけることで、法学部出身者であれば知っておきたい水準の記述を試みた。本書が目指したのは、法学の学び始めに一読して読み捨てるのではなく、法学の各分野を学ぶ際にも参照でき、法学をある程度学んだ後に再読しても新たな発見があるような「骨太の法学入門書」である。

＊　＊　＊

　本書のコンセプトは、私の学生としての経験と、行政法学の研究者・教員としての経験から生じたものである。法学を学ぶつもりもないまま、成り行きで法学部に入学してしまった私にとって、法学部の専門科目の授業は、当初極めて苦痛だった。学部入学後最初の民法第1部の授業では、「学説彙纂」「法学提

要」という言葉がいきなり登場するとともに、対話者間や隔地者間での契約の申込みと承諾が説明されていたことを、今でも冷や汗とともに思い出す。しかしその当時、授業の内容はまったく私の頭の中には入ってこなかった。その理由はおそらく、扱われた内容が法学の全体像の中のどの部分についての説明であり、それはどのような背景の下でいかなる意味がある議論なのかが分からなかったからだと思われる。そのことに気が付き、予習や復習の中で全体像と議論の意味を確認するようになってから、徐々に法学の内容が分かるようになってきた。こうした経験から、本書では法学の各分野の全体像の提示と、個々の議論の意義をできるだけ明確に示すこととしている。

　その後、学部入学当時にはおよそ予想もしなかった行政法学の研究者・教員となった私は、研究報告や論文等の執筆、あるいは授業の準備に常時取り組むこととなった。六法（憲法・民法・商法・刑法・民事訴訟法・刑事訴訟法）以外の大半の法律を扱う行政法学は、他の法分野との接点が非常に豊かで、行政法学の垣根を越えた研究会で報告する機会が極めて多い。また、行政法の授業では、他の法分野の基礎的な考え方や知識を前提に、それと行政法上の概念との関係を説明することも多く、必要に迫られて他の法分野の基本書や論文を読むことが少なくない。このような作業を繰り返すうちに、法学の各分野で議論されている内容は、表面上まったく違うように見えても深層の部分では発想に共通性があり、そのような基本的な考え方を荒削りでもよいから示すことが、学生の法学理解の促進にも繋がるのではないかと考えるようになった。こうした経験から、本書では条文の背景にある法学の各分野に共通する基本的な考え方を示すことを試みた。もっとも、私は行政法学以外の分野については研究・教育経験を持たないため、各分野を専門とする研究者の先生方からみればあまり一般的でない説明のしかたであったり、より適切な説明方法があったりする可能性もある。願わくは読者諸兄姉のご叱正を得て、さらに検討を重ねたいと考えている。

＊　＊　＊

　本書は、上記のような私の過去の経験から誕生したものではある。しかし、本書が法学入門である以上、現時点で法学にあまり馴染みがない読者にも理解できる記述にしなければならない。そこで、ゼミ生で京都大学法学部３回生の

池田守君、大野花代さん、知念良輝君が本書の草稿やゲラを通読し、多くのコメントを寄せてくれた。また、私よりも若い世代の研究者である須田守先生（京都大学）と原島啓之氏（DAAD 奨学生、ブツェリウス・ロースクール〔ドイツ〕留学中）からも、多くの改善提案を頂戴した。本書が法学初学者にとって理解しやすいものになっているとすれば、それは上記 5 人の方々のご助力によるところが大きい。

さらに、私が学部時代に授業を受けた九州大学法学部の先生方や、研究者になってからさまざまな研究会でご一緒している先生方から頂いた知見が、本書の内容の基礎になっていることも申し添えたい。ここでは、本書執筆の動機とも深くかかわっている 2 人の先生のお名前のみを挙げる。おひとりは西村重雄先生（九州大学名誉教授、福岡工業大学教授）である。西村先生は、入学当初に開講されていた民法特殊講義（私法入門）のご担当で、生活に身近な事例を設定して、法学の考え方がいくつもありうること、どれが適切なのか判断する際には事実に注目すべきことを熱く説いておられた。当時の私は、先生が説明された内容の半分程度も理解できていなかった。しかし、先生が法学の面白さや勉強する価値の高さを示して下さったおかげで、法学の勉強を諦めずに今日に至ることができた。そして、もうおひとりは大橋洋一先生（九州大学名誉教授、学習院大学教授）である。入学後半年が経過した時点で 1 回だけ出講された大橋先生の授業は、私にとって法学部に入学して初めての「分かる」授業であった。全体像をつかむこと、議論の意義をはっきりさせること、条文の背景にある基本的な考え方を理解することは、いずれも大橋先生の授業の中で学んだノウハウであり、先生の授業を受けていなければ、行政法学の研究者となることはもとより、法学の勉強を続ける気力も途中で失われていたかもしれない。紙幅の都合上、これまでお世話になった先生方の個々のエピソードをここで紹介することはできない。しかし、こうした数々の「出会い」がなければ、本書が誕生することは決してなかった。おふたりの先生をはじめ、日々お世話になっている先生方に感謝申し上げたい。

そして、本書の誕生にとって不可欠だったのは、弘文堂の北川陽子さんとの「出会い」である。本書のコンセプトを説明したところ、北川さんも新たなタイプの法学入門に強く共鳴され、『公共制度設計の基礎理論』（2014 年）、『グロー

バル化と公法・私法関係の再編』（2016 年、共編著）に続いて、本書の刊行に際
してもきめ細かくかつ迅速に作業を進めて下さった。比較的若い世代による単
著の法学入門という、これまであまり例がない本書の刊行を強力に推し進めら
れた北川さんと弘文堂の関係者各位にも、心より御礼申し上げる。

　2017 年 3 月

原田大樹

本書の構成

● 全体の構成

　本書は、人間の社会生活と法のかかわりに着目して、全体を 15 の章に分けています。この分け方は、必ずしも法学の科目区分と一致していないため、その対応関係については後掲の表（xxiv-xxvii 頁）で確認して下さい。

　本書はまず、法学概論にあたる内容（第 1 章・第 2 章）と、憲法の基礎的内容（第 2 章）を説明し、続いて法の世界のアクターである人間と組織（第 3 章・第 4 章）、アクターが保有する財産（第 5 章）、アクター相互のかかわり合いとしての取引・事故（第 6 章・第 7 章）を取り上げます。この部分は、民法の基礎的内容が中心となっています。さらに、民事紛争が起きた場合の解決手続（第 9 章）、義務が最終的に履行されるための法制度（第 10 章）を扱います。第 9 章は民事訴訟法、第 10 章は民法や倒産法が中心で、ここまでが民事法の内容となっています。法学と民事法はかならずしもイコールではないものの、民事法の考え方が法学全体の基盤になっていることは確かです。そのため、本書の内容の 3 分の 2 程度の部分が民事法で占められています。

　次に、刑罰と法（第 10 章）および刑罰が確定し執行されるまでの手続（第 11 章）を説明します。この部分は刑事法で、第 10 章は刑法、第 11 章は刑事訴訟法が中心となっています。さらに、国家（行政）と私人との関係を規律する公法について第 12 章と第 13 章で取り上げます。行政活動は、私人の権利や自由を制約する規制行政（第 12 章）と、私人に財やサービスを給付する給付行政（第 13 章）とに分けられ、それぞれについて憲法・行政法（給付行政についてはさらに社会保障法・租税法）がさまざまな法理を発達させています。

　さらに、国際法に関する内容を第 14 章で扱います。グローバル化の進展に伴い、国際法と国内法の関係は、以前よりも密接になりつつあります。そこで、国際法に関する基本的な考え方と並んで、国内法に対するグローバル化の影響も説明します。

　最後に、日常生活と関係する具体的な素材を使って、法と社会の関係を示したのが第 15 章です。ここでは、近時急速な技術的発展が見

られ、今後の人間社会を大きく変えていく可能性が指摘されている人工知能（AI）やロボット技術等と法学の関係を取り上げています。

　本書の第1章と第2章は法学の全体像を示すものなので、まずこの2つの章に目を通すことをお勧めします。その先の部分については、読者の興味・関心に応じた順番で読んでもらえるようになっています。関連事項はクロスレファレンス（例：▶▶第2章Ⅱ）で示されているため、それを追っていけば、必要な知識は得られます。

●各章の構成

　各章は、その章で取り上げる内容を概観する**Introduction**から始まります。各章は3つの節から構成されており、順を追って読めば、その内容の概要が分かるようになっています。内容が複雑な場合には、図表を用いることで理解しやすくしています。

　章末には「発展学習のために」を付しています。「課題」は、各章の内容を踏まえ、自分で調べたり考えをまとめたりすることで理解が深まるような作業を示しています。また「文献案内」は、各章に関係する内容を扱った著書であって、初学者にも比較的アクセスしやすいものを2冊ずつ取り上げ、その内容を短く紹介しています。

法学学習のための「七つ道具」

　法学に限らず、学問や技術を習得しようとするためには、良い道具を使う必要があります。ここでは、これから本格的に法学の勉強に取り組む際に必要となる「七つ道具」を紹介します。

❶六法・法令集
　実定法科目の出発点は条文であり、学習の際には六法は必携です。条文が出てくるたびに六法で確認していれば、よく使う条文の内容や条数が自然と頭に入ってくるはずです。
　六法には、コンパクトサイズ・中型サイズ・大型サイズがあります。また、判例付き（ある条文に関する重要な判例がその条文の後ろに示されているもの）と判例なしの区別があります。代表的なものとして、

- ●コンパクトサイズ・判例なし
  - 『ポケット六法』（有斐閣）、『デイリー六法』（三省堂）、『法学六法』（信山社）
- ●コンパクトサイズ・判例あり
  - 『判例六法』（有斐閣）、『模範小六法』（三省堂）
- ●中型サイズ・判例あり
  - 『判例六法 Professional』（有斐閣）、『模範六法』（三省堂）
- ●大型サイズ・判例なし
  - 『六法全書』（有斐閣）

があります。サイズの違いは収録法令数の違いに由来しており、同じサイズならば、判例なしの方がたくさんの法令が収録されています。法学を学び始めたばかりの時点では、コンパクトサイズに収録されている法令で十分です。行政法や応用法科目を学ぶ際には、中型サイズ以上の六法でないと収録されていないことが増えてきます。近年はオンラインの法令集が普及しており、とりわけ無料で使える総務省の法令データ提供システム（https://elaws.e-gov.go.jp）が存在することから、六法としてはコンパクトサイズを購入し、収録されていない法令についてはオンラインの法令集で確認する学生が増えてきました。なお、六法は毎年秋から春にかけて改訂されます。古い六法を使っていると

法改正に気が付かず、古い内容を学習してしまう可能性もありますので、六法は毎年買い替えるようにしましょう。

❷基本書

　高等学校までの教科書にあたるのが「基本書」です。法学部・法科大学院で法学を学ぶ場合には、授業ごとに教科書が指定されるのが一般的ですので、さしあたり指定された教科書を基本書として使うことが多いと思います。もっとも、法学には高等学校までの学習指導要領のようなものはなく、基本書によって記述の内容やトーンにかなりの違いがあります。そこで、指定された教科書では説明が分かりにくい項目がある場合には、いくつか基本書を読み比べてみると、自分にとって分かりやすい説明が見つかります。基本書には単著（1人の著者が書いたもの）と共著（複数の著者が書いたもの）があり、一般には単著の方が説明に一貫性があって理解しやすいです。各科目の単著の基本書として、例えば以下のようなものがあります。

●憲法

　芦部信喜（高橋和之補訂）『憲法［第7版］』（岩波書店・2019年）

　大石眞『憲法講義Ⅰ［第3版］』（有斐閣・2014年）、同『憲法講義Ⅱ［第2版］』（有斐閣・2012年）

　佐藤幸治『日本国憲法論［第2版］』（成文堂・2020年）

●行政法

　宇賀克也『行政法概説Ⅰ［第7版］』（有斐閣・2020年）、同『行政法概説Ⅱ［第7版］』（有斐閣・2021年）、同『行政法概説Ⅲ［第5版］』（有斐閣・2019年）

　大橋洋一『行政法Ⅰ［第4版］』（有斐閣・2019年）、同『行政法Ⅱ［第4版］』（有斐閣・2021年）

　塩野宏『行政法Ⅰ［第6版］』（有斐閣・2015年）、同『行政法Ⅱ［第6版］』（有斐閣・2019年）、同『行政法Ⅲ［第5版］』（有斐閣・2021年）

●民法

　内田貴『民法Ⅰ［第4版］』（東京大学出版会・2008年）、同『民法Ⅱ　債権各論［第3版］』（東京大学出版会・2011年）、同『民法Ⅲ　債権総

論・担保物権［第 4 版］』（東京大学出版会・2020 年）、同『民法Ⅳ 親族・相続［補訂版］』（東京大学出版会・2004 年）

佐久間毅『民法の基礎(1) 総則［第 5 版］』（有斐閣・2020 年）、同『民法の基礎(2) 物権［第 2 版］』（有斐閣・2019 年）

山本敬三『民法講義Ⅰ 総則［第 3 版］』（有斐閣・2011 年）、同『民法講義Ⅳ-1 契約』（有斐閣・2005 年）

● 商法

神田秀樹『会社法［第 24 版］』（弘文堂・2022 年）

田中亘『会社法［第 3 版］』（東京大学出版会・2021 年）

田邊光政『商法総則・商行為法［第 4 版］』（新世社・2016 年）

● 民事訴訟法

伊藤眞『民事訴訟法［第 7 版］』（有斐閣・2020 年）

新堂幸司『新民事訴訟法［第 6 版］』（弘文堂・2019 年）

長谷部由起子『民事訴訟法［第 3 版］』（岩波書店・2020 年）

● 刑法

井田良『講義刑法学・総論［第 2 版］』（有斐閣・2018 年）、同『講義刑法学・各論［第 2 版］』（有斐閣・2020 年）

西田典之（橋爪隆補訂）『刑法総論［第 3 版］』（弘文堂・2019 年）、同『刑法各論［第 7 版］』（弘文堂・2018 年）

山口厚『刑法総論［第 3 版］』（有斐閣・2016 年）、同『刑法各論［第 2 版］』（有斐閣・2010 年）

● 刑事訴訟法

酒巻匡『刑事訴訟法［第 2 版］』（有斐閣・2020 年）

白取祐司『刑事訴訟法［第 10 版］』（日本評論社・2021 年）

❸ 判例集

　実定法の学習にとって、判例は極めて重要です。判例付き六法の判例は要旨のみなので、事案の概要や判旨の全体をつかむには判例集が必要です。最も代表的な判例集は『判例百選』（有斐閣）で、各法分野で刊行されています。ほかにもさまざまな判例集が存在しており、下級審裁判例も採録しているものもあります。一般には、事実がある程度の分量でまとめられ、判決の重要部分が記載されていれば、実用的な判例集といえます。

重要な最高裁判例に関しては、判決作成の準備作業を担当する調査官が執筆した判例解説があり、当該判決の意義を理解する上で有用です。判例解説は、まず❻で紹介する法学に関する雑誌（判決が掲載された『判例時報』や『判例タイムズ』の匿名コメント、『ジュリスト』の「時の判例」）に掲載され、その後『法曹時報』に脚注を含む詳細な内容のものが掲載されます。最終的には、『最高裁判所判例解説民事篇・刑事篇』に収録されます。

❹演習書
　法学部・法科大学院で法学を学ぶ場合には、期末試験で事例問題が出されることが一般的です。事例問題は、過去の判例・裁判例をベースに作られることが多いので、判例集で代表的な判決を押さえておけば、ある程度対応できます。しかし、文章の書き方を具体的に練習するためには、演習書を使う必要があります。演習書は、事例問題とその解説で構成されており、どのような書き方をすれば事例問題に適切に対応できるかを丁寧に説明しています。

❺法学に関する辞典
　とりわけ法学の学び始めの時期には、意味の分からない言葉が多数出てきます。言葉の意味を調べるために使うのが、法学に関する辞典です。著名な研究者が法学の重要な概念に関する説明を行っており、困ったときには心強い手がかりとなってくれます。法学の学習に慣れてくると、基本書の索引や目次を利用することで意味を調べることができるようになります。代表的なものとして、以下のような辞典があります。

　　高橋和之ほか編『法律学小辞典［第 5 版］』（有斐閣・2016 年）
　　法令用語研究会編『有斐閣 法律用語辞典［第 5 版］』（有斐閣・2020 年）
　　角田禮次郎ほか編『法令用語辞典［第 10 次改訂版］』（学陽書房・2016 年）

❻法学に関する雑誌

　法学学習のペースメーカーとして、法学に関する学習雑誌を利用する方法もあります。『法学教室』（有斐閣）、『法学セミナー』（日本評論社）の２誌が有名です。また、最新の問題に関する論文は、法学の専門誌に掲載されます。『ジュリスト』（有斐閣）、『法律時報』（日本評論社）等のほか、判決が掲載される『判例時報』（判例時報社）、『判例タイムズ』（判例タイムズ社）にも論文が掲載されています。

❼コンメンタール（逐条解説）

　特定の条文の解釈や関係する判例について詳しく調べたい場合には、コンメンタール（逐条解説）が役立ちます。主要な法律については複数の出版社から出版されており、それらを読み比べると、より正確に条文の内容を理解できます。代表的なコンメンタールとして、以下のようなものがあります。

　　　『条解』シリーズ（弘文堂）
　　　『注釈』シリーズ（有斐閣）
　　　『基本法コンメンタール』シリーズ（日本評論社）

　本書を手にした今、本格的な法学学習への扉は開かれています。「七つ道具」と好奇心（と少々の忍耐力）を携えて、法学の世界へと足を踏み入れましょう！

contents

第1章　法の世界　　1

第2章　法の種類　　17

第3章 人間と法 46

第11章　刑罰の実現手続　　　　199

第12章　規制行政と法　　　　217

内容対照表

		第1章 法の世界			第2章 法の種類			第3章 人間と法		
		I	II	III	I	II	III	I	II	III
法学入門	法学概論	○	○	○	○		○			
憲法	総論・統治機構論					○				
	人権論					○				
行政法	行政過程論						○			
	行政救済論									
	租税法									
民法	総則						○	○	○	○
	物権法									
	債権総論									
	債権各論									
	親族法								○	
	相続法							○		
商法	総則・商行為法									
	会社法									
	保険法									
	手形・小切手法									
民事訴訟法	民事訴訟法						○			
	民事執行法・保全法									
	倒産処理法									
刑法	総論						○			
	各論									
刑事訴訟法	刑事訴訟法						○			
刑事学	行刑法									
	少年法								○	
社会法	労働法									
	社会保障法									
経済法	経済法									
	知的財産法									
	消費者法									
国際公法	総論									
	国際機構法									
国際私法	国際私法									
	国際取引法									

第4章 組織と法			第5章 財産と法			第6章 取引と法			第7章 事故と法			第8章 権利の実現手続		
I	II	III	I	II	III	I	II	III	I	II	III	I	II	III
						○		○	○					
									○		○		○	
	○													
○	○					○	○					○		
			○	○	○									
							○							
							○		○	○	○			
								○						
		○												
											○			
												○	○	
														○
									○					
									○					
	○							○		○				
				○										
								○			○			

		第9章 権利の実現保障			第10章 刑罰と法			第11章 刑罰の実現手続		
		I	II	III	I	II	III	I	II	III
法学入門	法学概論									
憲法	総論・統治機構論									
	人権論									
行政法	行政過程論						○	○	○	
	行政救済論									
	租税法									
民法	総則									
	物権法		○							
	債権総論	○	○							
	債権各論	○								
	親族法									
	相続法									
商法	総則・商行為法									
	会社法									
	保険法									
	手形・小切手法	○								
民事訴訟法	民事訴訟法									
	民事執行法・保全法	○								
	倒産処理法			○						
刑法	総論				○	○	○			
	各論						○			
刑事訴訟法	刑事訴訟法							○	○	○
刑事学	行刑法									○
	少年法									
社会法	労働法									
	社会保障法									
経済法	経済法						○			
	知的財産法									
	消費者法									
国際公法	総論									
	国際機構法									
国際私法	国際私法									
	国際取引法	○								

第12章 規制行政と法			第13章 給付行政と法			第14章 グローバル化と法			第15章 AI(人工知能)と法		
I	II	III	I	II	III	I	II	III	I	II	III
									○	○	○
	○				○		○				○
	○		○	○						○	○
○	○	○	○	○	○		○			○	○
	○	○									○
					○						
○		○							○		
									○		
									○		
○											
		○				○		○			○
								○			
○							○			○	
○										○	
										○	
			○	○	○						
							○				
	○										
						○	○	○		○	
							○			○	
						○		○			
								○			

第 1 章

法の世界

Introduction

　「法とは何か」「法学とは何か」という問いに正面から答えることは極めて難しい。そこで本章では、法学部に関する3つの誤解から出発して、法学がどのようなものであり、学ぶと何の役に立つのかをまず説明する。その3つの誤解とは、

- 「法学部は、裁判官・弁護士・検察官になりたい人だけが行く学部である」
- 「法学部に行くと、六法の条文を丸暗記しなければならない」
- 「法学部では条文の意味を学ぶだけで、創造的なおもしろさがない」

である（**Ⅰ**）。

　次に、法学の大まかな特色を知ってもらう意味で、法学の基本的な考え方を紹介する。法学は複雑な社会の人間関係を「権利」と「義務」という単位に分けて処理しようとする（分析的思考）。例えば、裁判の場面のように一定の結論を導く局面では、権利が「ある」か「ない」か、あるいはある行為が「適法」か「違法」かというように、「白黒」をはっきりさせる傾向を持っている（二元的思考）。もっとも、その過程においては、類似の関係や状況をグルーピングしたり、考え方をいくつかの概念にまとめたりすることも多い（類型的思考）（**Ⅱ**）。

　さらに、法学の全体的な構造を、いくつかの段階に分けて示す。新たな学問分野を勉強し始めるときに最も重要なことは、その全体像をつかむことである。全体像が分かれば、個別の議論が複雑でよく分からなくなっても、それが何のための議論で、どこと関係しているのかを理解することができ、次第に分かる範囲を増やしていくことができる。ここでは、「基礎法学」「実定法学」あるいは「公法」「民事法」「刑事法」という言葉を使って、法学の鳥瞰図を示すこととしたい（**Ⅲ**）。

Ⅰ 法学とは何か

1. ⋯⋯⋯⋯社会認識のための学問──法を「知る」

　「法学」「法学部」という言葉と最も結びついているイメージは、裁判官・弁護士・検察官（法曹専門職）の仕事だろう。これらの職種に就くためには、法学を身につけておく必要があることは間違いない。しかし、法学は法曹専門職のためだけの学問ではない。むしろ、統計的にみれば、法学部を卒業した学生の多くは民間企業・公務員等の職種を選択している。

　法学の対象は「**法**」＝ルール・規範である。人間は「社会」を形成して日々の生活を営んでいる。ここでもし、個人の好き勝手な行動に任せていると紛争が絶えず、そのような紛争を個人が実力で解決するようでは社会の安定や生活の平穏が得られない。そこで、「社会あるところに法あり（Ubi societas, ibi jus.）」という法格言があることからも分かるように、人間は共同生活の上で守るべきルール（人々のあるべき行動を規定していることから**行為規範**とも呼ばれる）を生み出してきた。その中には、ルールに反した場合に裁判所などの国家機関を通じた強制的な実現が認められるものがある。法学が対象としているのは、主としてこうしたルールである。それゆえ、学校生活のルール、例えば「廊下では走ってはならない」というルールそのものは法学の対象ではない。法学が対象とする「強制力を伴うルール」は、その遵守が社会の中でも特に重要と考えられたものであり、だからこそ強制的な実現が認められているのである。

　このように考えてみると、法学の対象である「法」は、社会に存在するさまざまな制度を作っている要素であることが分かる。例えば、（日常生活ではあまり意識されていないとはいえ）ちょっとした食料品の買い物も民法に基づく「契約」を結んでおり、どのようにして契約が成立するか、契約内容はどこまで自由に決められるか、契約を守らなかった場合にどうなるかに関しては、民法をはじめとする民事法がさまざまなルールを準備している。スーパーマーケットに並ぶ食品に示された消費期限をはじめとする

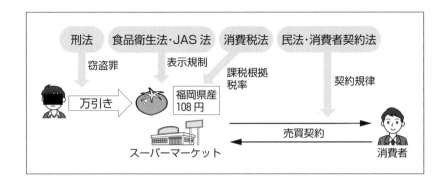

さまざまな表示は、日本農林規格等に関する法律（JAS法）や食品衛生法に基づいてなされている。代金と同時に支払った消費税は消費税法に基づいて徴収されているし、代金を支払わずに持ち去れば刑法の窃盗罪にあたり、刑事手続を経て刑罰が科されうる。このように、法を知るということは、私たちが暮らす社会がどのように構築され、運営されているかを知ることに直結する。法学を学ぶことは社会のしくみを学ぶことである。

2. ……………紛争解決のための学問──法を「使う」

　小中学校の社会（公民）の授業でも、法、特に日本国憲法を学ぶ時間がある。その際に、憲法の前文や特定の条文（9条・25条など）を暗唱させられた経験がある人も多いかもしれない。学校教育と法学の数少ない接点で「暗唱」という苦い記憶と結びつけられたためか、法学＝六法全書の暗記というイメージも広く流布している。しかし、よほど記憶力に優れた人でない限り、六法全書に掲載されている条文を全部覚えることは不可能だし、仮に暗記したとしても条文は年々改正されていくから、法学を勉強した時点での条文を覚えておくことにはほとんど意味がない。確かに法学の内容の中には、予め頭に入れておかなければならない知識があり、それゆえ学習において暗記の要素がまったく不要とまではいえない。しかし、法学が目指しているのは、法を覚えることではなく、具体的な紛争の場面で法を「使う」こと、つまり紛争解決の技術を身につけることにある。

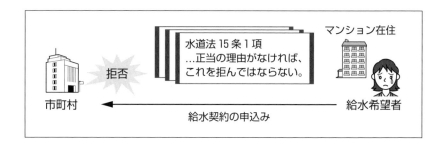

　法を「使う」ということがどういうことかを知ってもらうために、水道に関する給水契約を取り上げる。私たちの生活に不可欠な「水」のうち水道については、水道法という法律が存在し、同法6条2項は原則として市町村が水道事業の経営を行うこととしている（水道公営原則）。そして、水道事業者は、「需要者から給水契約の申込みを受けたときは、正当の理由がなければ、これを拒んではならない」（同法15条1項）。この規定を知っていれば、給水契約の申込みをすれば基本的には契約を結んでもらえることが分かる。しかし、「正当の理由」が何を意味するのかは、この規定だけからは分からない。その意味が他の条文に書いてあるわけでもない。そこで、条文に含まれる「正当の理由」という文言の意味を確定させる作業である**法解釈**が必要になる。その際には、この条文に関係する紛争に関して裁判所が過去に判断した事例（**判例**）（▶▶第2章Ⅰ）があれば、それを調べることで紛争解決の実際の判断基準を知ることができる。また、法学研究者の見解（**学説**）や行政実務の見解にも目を配る必要がある。このような法解釈の作業を終えたら、次に紛争事案の事実関係を具体的に調査し、これを法的に評価して**適用**し、結論を出すことが必要になる。水道法15条1項の「正当の理由」の意味は、いくつかの最高裁判所の判決によって、水道の安定供給と関係がある事情に限られるとの理解が示されている。もし給水契約の拒否の理由が、大規模な住宅開発によって住戸が急増し、水道水の安定供給が損なわれるからだとしたら、この意味での「正当の理由」にあてはまるから、給水契約の締結を拒否しても適法ということになる。しかし拒否の理由が市の政策に非協力的だからとか、国民健康保険料を滞納して

いるからといった、水道の安定供給とは関係ないものだとしたら、「正当の理由」にはあたらず、締結拒否は違法となる。このように、法を「使う」ためには、条文そのものを覚えている必要はなく、文言の意味を確定する**解釈の技法**に慣れ、また**事実の法的評価**を的確に行う能力が必要である。

　この水道法の給水契約は、すでに最高裁判所が判決を下している紛争事例なので、最高裁判所がどのような判決を出したかを知っているか、それを調べることができれば、紛争を解決することができる。同じように、交通事故に起因する損害賠償訴訟（▶▶第7章Ⅱ）でも、過去の判例の蓄積によって、事故の内容・損害の程度・互いの過失などに応じて賠償額の「相場」が形成されている。しかし、社会の変化が激しい現代にあっては、これまで問題になったことがない新たな紛争が次々に発生している。この場合には、過去の解決方法を探してきてそれをあてはめるという方法では対応できず、何らかの方法で紛争解決のためのルールを生み出す必要が出てくる。そのためには、関係している条文の内容を探究し、それらがどのような趣旨で規定されたものなのかを解明するとともに、関連する判例の示す解決策を検討して、それと矛盾が生じないような解決を生み出すことが必要である。法解釈や法適用は、確かに条文の範囲内で行われる作業ではある。しかし、これらの作業には、新たに解決を図らねばならない紛争に対して、さまざまな知見を組み合わせ、妥当な解決に導くという極めてクリエイティブな要素も含まれている。

3. …………紛争予防のための学問——法を「作る」

　法学の中心は、確かに法の解釈と適用にある。しかし、現状のルールだけでは適切な解決ができない場合には、新たなルールを作り出す必要が出てくる。既存の法の解釈（**解釈論・法解釈論**）のみならず、紛争を予防するために新たな法を生み出すこと（**立法論・法政策論**）もまた法学の対象である。法解釈学にも含まれていた創造的な要素は、法政策学ではより大きくなる。それゆえ、法学に創造的なおもしろさがないという評価は、解釈論にも立法論にもあてはまらない。ただし、法学の立場から法制度設計を論

じようとする場合には、他の隣接諸科学（例えば、経済学・社会学）とは異なるいくつかの制約が加わることになる。

　第1に、立法論が必要になるのは、解釈論では対応できないことが明らかになった場合に限られる。ルールそのものを変更するには、多くの手間と時間がかかる。それゆえ、今存在するルールの解釈の変更や、適用の際に個別の事情を考慮することで対応できるのであれば、そのような方法で問題の解決がなされるべきである。新たに法律を作る前に、現在の法律で何とかできないかを考えなければならない。言い換えれば、立法論を展開する前提には解釈論が存在するのであり、法解釈学を十分身につけて初めて法政策学を語ることができるのである。

　第2に、条文に依拠して展開される解釈論ほどではないにせよ、立法論においても既存の条文・法体系・法理論との整合性が重視される。また、新たなルールが実効性を伴うものなのか、履行確保のための手段（例えば、刑罰〔▶▶第10章Ⅰ〕）があるか・そうした手段も整備すべきかという要素も考慮される。つまり、法学の立場からの制度設計論は、白地に自由に絵を描くようなものではなく、新たに構築する制度の周辺にある法規定・法体系との整合性や、新たな制度の現実的な運用可能性が重視される。

　第3に、経済学など、法学に隣接する学問分野を基盤にする制度設計論と異なり、法学の観点からの立法論では、あるべき政策目的や手段を特定するのではなく、上記のような整合性・現実化可能性の観点から避けるべき制度設計（いわば「べからず」集）を示すことが多い。例えば、老齢年金（▶▶第13章Ⅱ）の制度設計を論じる場合、経済学の観点からは「全てを民間保険にすべき」とか「全てを税方式にすべき」といった、理想とする政策手法がダイレクトに提示される傾向にある。これに対して法学の観点からは、保険料徴収の実効性を確保するための徴収組織・手続の工夫や、生活保護制度との均衡といった、いかなる政治的立場を採用したとしても考慮すべき技術的な問題が議論されることが多い。つまり、法学の立場からの制度設計論は、どのような政治的立場・政策的選好をとるにせよ検討すべき制度の大枠や前提条件を論じるものである。

法学教育と職業

　かつての大学における法学教育は、4年間の法学部と、主として研究者養成のための大学院（修士課程2年間・博士後期課程3年間）に分かれ、ほとんどの学生は法学部の4年間で法学の学習を終えていました。しかし、2004年の専門職大学院の設置により、現在では将来の職業に応じて複数のルートができています。

　法学部では、入門科目から出発して各法分野の講義科目を系統的に学ぶことにより、法学の基本的な構造や考え方を身につけることが目標とされています。同時に、演習科目（ゼミ）によって、特定の法分野についてより先端的な知識を身につけることもできます。ゼミでは自分で調べて考える活動が重視されています。法制度の改正や判例の変更により、法学部で学んだ知識はすぐに古びてしまうので、ゼミでの学習は、卒業して社会に出た後、自分で知識をアップデートする方法を身につけておくことにも役立ちます。法学部卒業生の大半は、民間企業に就職するか、公務員として国の省庁や地方公共団体に採用されます（弁護士などを目指す学生は一般に少数派です）。また、司法書士・行政書士・税理士といった、法曹以外の資格を取得して活動する卒業生もいます。

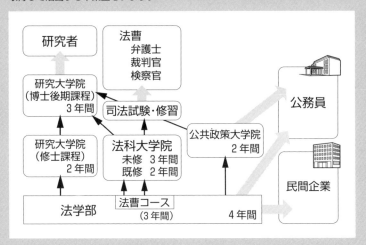

　裁判官・弁護士・検察官（法曹専門職）になろうとする場合には、専門職大学院の一種である法科大学院を修了し、修了後5年以内に司法試験に合格する必要があります。法科大学院は2年間（法学既修者）または3年間（法学未修者）の課程で、法学部卒業者でなくても入学できます。2020年からは、法学部に連携法曹基礎課

程（法曹コース・法曹基礎プログラム）が設置され、3年間の法学部での学習（早期卒業等）と、2年間の法科大学院での学習によって司法試験の受験資格が与えられるようになります。2023年からは、法科大学院3年次の在学中に司法試験が受験できるように変更され、法学部入学から最短5年で法曹資格が得られるようになります。また、法科大学院を修了しなくても、司法試験予備試験に合格すれば司法試験の受験資格が与えられます。法科大学院の教育内容は、法を使って紛争を解決することに重点が置かれています。

公務員や公共部門を顧客とする民間企業への就職を考える場合には、専門職大学院の一種である公共政策大学院で学ぶことも1つの選択肢です。公共政策大学院は2年間の課程で、法学のみならず経済学等にも視野を広げ、公共政策のあり方や公共制度設計の手法を学ぶことができます。

Ⅱ　法学の基本的思考方法

1.　　　　　分析的思考——権利・義務への分解

　法学は、社会で生じるさまざまな紛争を取り扱う。その際の基本的な思考方法として**分析的思考**が挙げられる。法学は、社会における諸関係を**権利・義務**に分解することで問題を解決するのが基本である。社会問題や紛争の原因を細かく分けていって、最終的には権利・義務という単位に分解していく作業は、自然科学の発想とも共通するかもしれない。ここでは、貴金属を販売する株式会社Pが参加費無料の温泉旅行を企画して消費者を集め、その商品を販売する店舗に消費者を連れて行き、貴金属を買わなければならない雰囲気にして消費者Aに高額の物品を購入させたという事例を考えてみよう。

　法学の世界では、まずアクターとして**権利主体**（法主体）を位置づける。権利主体には生きている人間である**自然人**（▶▶第3章Ⅰ）と、人の集まり（社団）や財産の集まり（財団）に法的な意味での人格（これを**法人格**という）を与えている**法人**（▶▶第4章）とがある。自然人が生まれながらに法の世

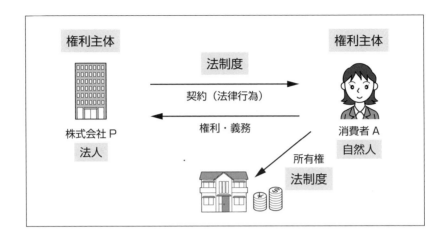

界のアクターとしての資格を当然有するのに対して、人の集まりや財産の集まりに法人格が認められるためには、法律で定められたさまざまな条件を満たし、あるいは国家機関の何らかの認定・判断を得なければならないことが多い。この例では、株式会社Pは会社法という法律に基づいて法人格が認められた法人であり、消費者一人一人は自然人である。そして、権利主体間の関係を表す概念が権利や義務である。権利・義務を厳密に定義するのは難しい。ここでは、他者に対して一定の**作為**（何かをすること）または**不作為**（何かをしないこと）を要求し、それを訴訟によって貫徹できる資格を**権利**と呼ぶ。また、他者に対して一定の行動をとったりとらなかったりすることを求める拘束を**義務**と呼ぶ。アクター間の諸関係を法的に表現する道具が権利・義務であり、それゆえ権利・義務は、一般に、「誰かの・誰かに対する」権利・義務という構成をとる。この例では、被害に遭った消費者を1つの集団と捉えて消費者問題の解決を図るというアプローチではなく、高額な商品を購入した一人一人の消費者（ここでは消費者A）について、株式会社Pとの権利義務関係を発生させた契約締結の過程に問題がないか、あるいは契約内容に問題がないかを検証する方法がとられる。

　こうした権利・義務が展開するための基盤として、アクターが誰であるかを問わず一般的に適用されるルールが存在する。これを**法制度**と呼ぶ。

例えば双方の合意によって権利義務関係を発生させる**契約制度**（▶▶第6章）や、加害行為という事実から加害者が被害者に対して損害賠償等を行う義務が生じる**不法行為制度**（▶▶第7章Ⅱ）が代表例である。法制度（**法秩序**と呼ばれることもある）は権利・義務と異なり、個別の事例や個々のアクターとは独立して存在しているものであるため、**客観法**と呼ばれる。これに対して権利・義務は「誰かの・誰かに対する」という特定の個人と結びついた内容であるため、**主観法**と呼ばれる。具体的な紛争では、当事者間の権利・義務（主観法）の存否や内容が問題となる。その解決のために用いられるルールは、当事者の特性を基本的には問わずに幅広く適用される客観法である。やや抽象的な言い方をすると、この主観法と客観法の間をつなぐ作業が、法解釈と法適用である。

2. ……………二元的思考──結論の明確さ

次に、個別の紛争事例（ミクロのレベル）での解決方法の特色として、**二元的思考**を挙げることができる。法学の議論における結論は、権利や義務が「ある」か「ない」か、あるいはある行為が「適法」か「違法」かという点に収斂されることが多い。このような二元的な発想は、法学が紛争を終局的に「解決」することに役立つものといえる。そして、このような結論を導き出す議論枠組が、**法的三段論法**と呼ばれるものである。

法的三段論法とは、一般的なルールを打ち立て、そこに個別の事案の事実をあてはめて結論を出す、法学の世界で頻繁にみられる論法である。例えば、一般的なルール（規範）として「法学部の学生は1日3時間自宅学習する義務がある」という命題を定立する。次に、具体的な事案の分析を行い、「京大花子さんは〇〇大学法学部の学生である」という事実を確定する。これを最初の一般的なルールにあてはめると、「京大花子さんには、1日3時間自宅学習する義務がある」ということになる。このように、個別の事例での権利・義務の有無を個々の事例の事情だけで判定するのではなく、どのような事例にもあてはまる一般的なルールとの関係で語っている理由は、事案の公正・公平な解決を目指すためである。一般的なルールを

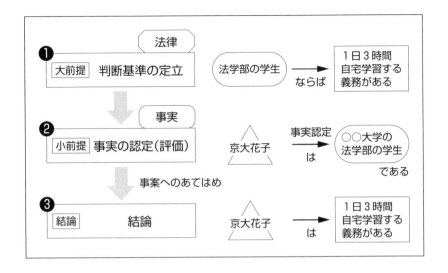

基準としていれば、判断する人の性格や事案の特殊性、あるいは両当事者間の力関係に左右されず、他の類似の紛争事例の解決とも均衡のとれた解決策がとられる可能性が高い。法学部で学ぶ内容の多くは、この一般的なルールがどのような内容を持っているのかという点にある。

3. ⋯⋯⋯類型的思考——グルーピングと場合分け

さらに、個別事案を超えたマクロレベルの思考枠組として、**類型的思考**を挙げることができる。社会で発生する紛争の内容は非常に多様である。これに対してルールは一般的な形式・内容を持っている。そこで、事案の特色やその類似性に注目して、事案を類型化（グルーピング）し、類型ごとにそれにふさわしいルールを論じるという方法がとられる。例えば民法には、売買契約など社会でよく使われる契約に関するルールが、そのタイプごとにまとめられており、民法に規定がある契約は典型契約と呼ばれる。民法上は、契約の内容は両当事者の合意で基本的に自由に決めてよいことになっており（契約自由の原則）、当事者が合意すれば、**典型契約**とは異なる内容を持つ契約（**非典型契約**）や、典型契約でも民法の規定とは異なる内

容の合意をすることもできる。しかし、典型契約の規定は当事者間での話し合いの際の標準としての役割を果たしたり、当事者間の合意がない場合には当事者間の紛争で用いられたりすることになる（▶▶第6章Ⅰ）。

　上記のような類型的思考は、高等学校までに学んできた数学でしばしば出てくる「場合分け」という考え方とよく似ている。文系である法学部の入試で数学が重視される場合がある理由の1つはここにある。この類型的思考がとられる場合には、各類型の処理の内容を把握することももちろん大切であり、それと同時に、どのような場合にその類型に該当するといえるのか（その類型の定義要素は何か）という点も極めて重要である。

法学は学問か？　　COLUMN

　ヨーロッパにおいては中世から、法学は哲学・医学・神学とともに、大学教育の中心的科目に位置づけられてきました。しかし他方で、これまでの説明からも分かるように、法学の考え方は、自然科学の考え方（とりわけ仮説提示とその検証という考え方）とは大きく異なっています。さらに、法学部に入るとしばしば耳にするのが「法学に唯一の正解なし」という言葉です。数学のように解法が複数ある（別解がある）ということではなく、結論自体が異なる複数の解決がどちらも正解になることは、自然科学ではあまり見かけない事態でしょう。

　法学は紛争解決をその重要な目的にしています。その際に法学は、社会を構成する普遍的一般原理・原則に基づいて、誰が見ても正しい唯一の解決策を示しません。法学は、普遍的に通用する紛争解決のセオリーを究明することを目的としておらず、むしろ具体的な紛争の解決や紛争予防のための「知恵」や「技術」を集めたものといえます。そのため、自然科学を学問の唯一のモデルと考えるなら、法学は学問とはいえないかもしれません。

　しかし、法学はそれでも学問としての体系性や自律性を持っています。法や法学のない状態で社会の紛争を解決しようとすれば、力の強い者、声が大きい者の主張が通ることになってしまいます。法学はここに共通の概念・ルールを設定し、当事者が生の利害関係をぶつけ合うのではなく、法的な議論を立ててその論理性を競い合うようにすることで、当事者間のやりとりをより冷静で合理的なものにしてくれます。そこで示された法的な議論の構成は、最終的には判例として蓄積され、ある

いは学説の議論によって体系的に整理されます。こうした作業を経て、より多くの人によって説得的・合理的と考えられた考え方が広く支持され、類似の紛争の解決や紛争の予防へとつながっていきます。このように法学は、技術的・実践的な要素が強いものの、学問としての性格を持っているのです。

Ⅲ　法学の全体像

1. ………基礎法と実定法

　法学の議論は精緻で詳細かつ複雑であるため、初学者には極めて難解にみえる。それゆえ、法学の理解を促進するためには、まず全体の構造をつかむことが重要である。法学の鳥瞰図が頭に入っていれば、議論の相互関係が容易に理解できる。たとえ難しい議論でも、何のためにそのようなことを議論しているのかが分かれば、理解が多少なりとも容易になる。

　法学は大きく基礎法学と実定法学に区分される。**実定法学**は、具体的な法令の条文を対象にする分野であり、本書はこの実定法の部分に関する入門的な内容を説明している。これに対して**基礎法学**は、哲学・歴史学・経済学・社会学といった隣接諸科学と法学の接点を形成している分野であり、さまざまな実定法分野に通底する法学の思考方法やその起源、特色を研究・分析する学問である。具体的には、法理学（法哲学）、法史学（日本法制史・西洋法制史・ローマ法・東洋法制史）、法社会学、比較法学（ドイツ法・フランス法・英米法等）等の科目が基礎法に含まれる。

2. ………公法・民事法・刑事法——基本法科目

　次に、実定法学は大きく、基本法科目と応用法科目とに分かれている。**基本法科目**は、法学を学ぶ上での基礎となる内容を含んでいる。ここでは、公法・民事法・刑事法の区別と、実体法・手続法の区別が重要である。

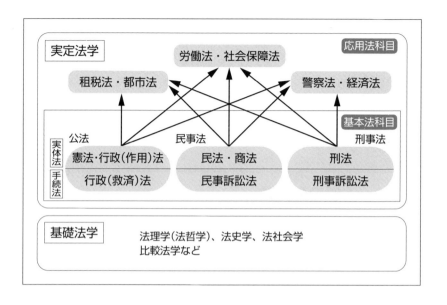

　公法とは、法関係の一方当事者に国・地方公共団体（都道府県や市町村など）などの公共部門の主体が含まれている関係を規律する法であり、具体的には憲法（▶▶第2章**Ⅱ**）と行政法（▶▶第12章・13章）が挙げられる。これに対して**民事法（私法）**は、法関係の当事者が私人である場合を念頭に置いている。両当事者が私人であれば、その力関係は平等・対等（のはず）であり、それゆえ当事者の決定に多くを委ねる規律がみられる。これに対して公法では、一方当事者が国等であり、それに対応した特殊なルールが発展している。**刑事法**も広い意味では公法に含まれるものの、刑事法では犯罪とこれに対する刑罰という局面が問題になる点が異なる。刑罰は現在の法制度の下で最も強い制裁手段であり、それゆえ刑罰が科される明確な条件と刑罰を科すに至る慎重な手続が定められている。

　これに対して実体法・手続法の区別は、これら3つの分野に共通するいわば横串の区別である。**実体法**とは、権利・義務の内容に関する法（誰にどのような権利・義務があるかを規定したルール）であり、民事法でいえば民法・商法（▶▶第3章〜7章・9章）、刑事法でいえば刑法（▶▶第10章）がこ

れにあたる。これに対して**手続法**とは、権利・義務の実現に関する手続を
定めた法であり、民事法でいえば民事訴訟法（▶▶第8章）、刑事法でいえ
ば刑事訴訟法（▶▶第11章）がこれにあたる。公法においては、行政法が
実体法と手続法の双方を含んでおり、その上位規範である憲法の中にも両
者の性格を持つ規定があるため、民刑事法ほど明確にその区別をつけるこ
とができない。

3. ⋯⋯⋯⋯応用法科目

　基本法科目である公法・民事法・刑事法は、法学の考え方・体系の3つ
の原型を示している。他方で現実の社会にはさまざまな解決すべき課題が
存在しており、その問題領域ごとに法学の科目が成立している。これらを
応用法科目と呼ぶことがある。歴史的にみて最初にその存在が認知された
のは**社会法**である。社会法は、対等当事者間の関係と考えられていた民事
法関係において、使用者と被用者という力関係が不対等な当事者関係があ
ることを認め、労働法関係において被用者の立場を保護するさまざまなル
ールを発展させてきた。他方で、社会保険のように行政がその担い手とな
る活動も社会法には含まれており（社会保障法〔▶▶第13章Ⅱ〕）、社会法は
民事法と公法の境界領域に成立している法分野といえる。それゆえ、基本
法科目の知識が一定程度なければ、応用法科目の内容をスムーズに理解す
ることができない。法学部でも法科大学院でも、応用法科目の配当が高年
次になっている理由はここにある。

COLUMN

国内法学と国際法学

　法は社会のルールですから、国際「社会」にも法学の対象となる法が存在します。
これを対象とする国際法学は大きく、国際公法と国際私法に分類されます（▶▶第
14章）。**国際公法**は、国家間や国際機関と国家との間で通用する法を対象とする分

野であり、例えば国家承認のルールや国連を代表とする国際機構に関する法が取り扱われます。これに対して**国際私法**は、国際的な民事紛争が生じた場合にどの国の私法を適用するかを決定したり、他国の裁判判決を国内で承認・執行する場合のルールについて取り扱ったりする科目です。そのため、国内私法とよく似た内容や考え方が出てきます。

　これまでの法学は、国民国家の枠組を前提に、国内法学と国際法学を峻別してきました。しかし、経済のグローバル化は社会問題のグローバル化を招き、これに対処する法学の側でもグローバル化の影響を避けて通ることはできなくなっています。国際関係学部のみならず法学部においても、国際化・グローバル化と社会の関係を深く学ぶことができるのです。

発展学習のために

【課題】
●法学の基本的な考え方の特色を、他の学問分野（自然科学・社会科学）と比較してみよう。
●六法に掲載されている法律を5つ挙げ、それがどの法科目（法分野）のものであるか考えてみよう。

文献案内

◆田中成明『**法学入門 [新版]**』（有斐閣・2016 年）
　法理学者による入門書であり、記述は抽象的な部分が多いものの、法学の基本的な発想方法について平易な説明が示されている。法学の勉強が少し進んでから読み返すと、本書のメッセージを深く理解することができる。

◆横田明美『**カフェパウゼで法学を**』（弘文堂・2018 年）
　法学の勉強の仕方から将来の進路に至るまで、法学部での学び方を具体的かつ包括的に説明している。勉強の方法で迷ったらまず紐解くべき本である。

第 2 章

法の種類

Introduction

ひとくちに「法」といっても、そこにはさまざまな種類がある。本章ではその形式と内容に注目して、これからの実定法の学習の前提となる基礎的知識を説明する。さらに、法の種類を理解する上では、憲法に関する知識が欠かせない。それゆえ本章は、憲法学に関する入門的な内容も含んでいる。

本章ではまず、法の形式に注目して、どのような法があるのかを説明する（これを「法源論」という）。法は条文の形で文章化されている成文法と、ルールが文章の形では存在していない不文法とに分けられ、成文法に含まれる「法律」と、不文法に含まれるとされることがある「判例」が大きな役割を担っている。その意味を、法の定立・解釈・適用・実現というプロセスの中で説明する（Ⅰ）。この法の過程を設定するとともに、法の内容についてもその大枠を与えているのが憲法である。高等学校までは、日本国憲法といえば「国民主権」「平和主義」「基本的人権の尊重」が三大原則であると学んできたかもしれない。これに対して専門分野としての憲法学では、国家権力の構築とその制限という形で議論がされることが一般的である。憲法は、国家権力の行使の過程（統治機構）を設定するとともに、その過程で重視しなければならない価値を基本的人権として掲げている。基本的人権の規定にみられるように、憲法は国家権力を制限する規範として、他の法形式にはない特別な性格を持っている（Ⅱ）。その上で、憲法によって枠付けられた法の内容面での特色を、民事法・刑事法・公法の３つに分けて紹介する。その詳細な内容は、本書の後続の章や、それぞれの法分野の基本書で説明される。ここでは、各法分野の基本的な考え方に関する大まかなイメージをつかんでもらうことを重視し、各法分野でみられる特徴的な考え方をいくつか取り上げて説明することとする（Ⅲ）。

Ⅰ　さまざまな法形式

1.………成文法

　ルールが文章の形で示されているものを**成文法**という。成文法は、憲法が権限を与えた機関によって定められ、一般的には条文の形で示される。条文の形とは、例えば下記の民法 111 条のようなものを指す。

（代理権の消滅事由）
第 111 条　代理権は、次に掲げる事由によって消滅する。
　一　本人の死亡
　二　代理人の死亡又は代理人が破産手続開始の決定若しくは後見開始の審判を受けたこと。
　2　委任による代理権は、前項各号に掲げる事由のほか、委任の終了によって消滅する。

　条文は、関係するルールごとにまとめられていることが多い。条文の中での大きな区切りの単位は**項**で、正式にはアラビア数字で 2・3・4……と規定されている文章がこれにあたる（六法によっては①②③のように表示してある）。また、何らかの内容を列挙するときに使われるのが**号**という単位で、正式には漢数字で一・二・三……と規定されている。この号の列挙の前に書かれている部分を、**柱書**という。条文は、典型的にはあるルールが用いられる場面（**要件**）と内容（**効果**）の 2 つの要素から成っている。この 2 つを簡潔に示すように、条文の文章は工夫されている。民法 111 条 1 項の場合、要件は 1 号と 2 号で書かれている 2 つであり、効果は柱書の部分に書かれている代理権の消滅である。また 111 条 2 項では、もう 1 つの要件として「委任の消滅」が挙げられている。

　国内法における頂点に位置づけられているのが**憲法**である。第 1 章でも説明したように、ルールの中でも強制的に実現されるものが法と呼ばれている。そして、その強制的な実現を担っているのは国家である。たとえ法に違反したからといっても、市民が別の市民に対して実力を行使してルー

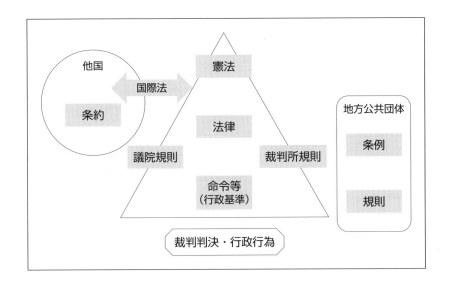

ルに従わせることは禁止されている（**自力救済の禁止**）。これに対して国家
は、法の実現に関して強制的な措置をとる**権力**を独占している。この国家
権力の行使とその限界に関する基本的なルールを定めているのが、憲法で
ある。憲法には、どの機関が法を定め（法の**定立**）、どのように法が強制的
に実現されるのか（法の**執行**）が規定されている。法の定立に関して、憲法
は国会に立法権を与えており（憲法41条）、この国会が定める**法律**には、法
源論の中で中心的な役割が与えられている。

　しかし憲法では、国会が定める法律以外にいくつかの法形式を規定して
いる。このうち、他国と締結する条約は、内閣のイニシアティブで交渉が
進み（憲法73条2号）、国会の承認を経て**批准**の手続がとられると（憲法61
条・73条3号）、その内容を改めて法律の形にしなくても国内法として通用
する。条約と法律の内容に矛盾がある場合、一般的には条約の内容が法律
に優先するとされている（▶▶第14章**Ⅱ**）。また、憲法は**地方自治**を保障し
ており（憲法92条〜95条）、国とは別に**地方公共団体**（都道府県・市町村）
を設け、地域の事務を自主的に行わせることとしている。この地方公共団
体が自ら定めるルールを**条例**と呼び、地方議会がこれを定めるのが通例で

ある（憲法93条1項・94条、地方自治法96条1項1号）。条例は法律の範囲内で制定することができるので、その内容が法律に違反している場合には、法律の内容が優先して適用され、条例はその部分について無効となる。この法律・条約・条例はいずれも、その成立に際して国民（住民）の代表者である議会が大きな役割を果たす規範であり、法的なしくみの骨格を作り上げるものである。

さらに憲法では、国会の各議院（衆議院・参議院）、行政機関、裁判所が法規範を定立することを認めている。両議院の議事手続等を定める**議院規則**（憲法58条2項）や、訴訟手続等に関する**最高裁判所規則**（憲法77条1項）は、それぞれ議院や裁判所の自律権を背景に、その専管事項を定めている。また、内閣は**政令**を制定することができ（憲法73条6号）、内閣総理大臣・各省大臣は各府省令を定め、委員会や各庁の長は規則を定めている（内閣府設置法7条3項、国家行政組織法12条・13条）。こうした**命令等（行政基準）**（▶▶第12章Ⅱ）は、議院規則や最高裁判所規則と比較して、量的にも質的にも法律に匹敵する重要な機能を担っている。その理由の1つは、これらが法律の委任を受けて、法律が定めているしくみの詳細を定める役割を担っているからである。同様の現象は地方公共団体にもみられる。条例が、地方公共団体の首長（都道府県知事・市町村長）により定められる規則に、その内容の具体化を委ねていることも多い。

これら成文法の間で規定している内容に矛盾がある場合には、憲法で上記のような効力調整規定が置かれている場合を除き、次の3つの考え方で解決されることになる。第1に、憲法が定めている権限の範囲外の内容を定めた法規範は無効となる。国会がどのような内容の規範を定めるかについて、憲法では明文の規定がないものの、少なくとも国民の権利義務に関係する規範（これを**法規**という）を定める権限があることに争いはない。逆に、法律以外の法規範で国民の権利義務を定めると、それは無効になる。国民の権利義務に関するルールは、国会が法律の形式で定める方法でしか定められないからである。例えば、参議院が国民の権利義務に関する内容を参議院規則で定めると、憲法が定めている権限の範囲外の内容を定めた

ことになるので、参議院規則の当該規定は無効となる。第2に、法律が他の法形式にルールの制定を委任（授権）した場合には、委任先の法形式で規定されたルールは、法律と同じ効力で通用する。例えば、法律が義務の内容に関する詳細を政令に委任した場合、委任を受けた政令の当該規定は法律と同じ効力となる。もっとも、法律の委任の趣旨に反する内容を政令が規定している場合には、政令の当該規定は違法・無効となる。第3に、同じ法形式の中で矛盾する内容の規定が置かれている場合には、より狭い適用場面を念頭に置いたルール（特別法）が優先的に適用される（**特別法優先の原則**）。例えば民法と商法を比較すると、民法は私人間の取引一般のルールを定め、商法（商行為法）は商人間の取引に関するルールを定めていることから、商人間の取引に関する限り、商法の規定が民法に優先して適用される（▶▶第6章**Ⅲ**）。このような調整ができない場合には、時間的に後で制定されたルールが優先して適用される（**後法優先の原則**）。これは、時間的に後に出された判断の方が、現時点で通用すべきものと規範の制定者が考えていることが想定できるからである。

2. ……………不文法

　ルールが文章の形をとっていないものを不文法という。憲法を頂点とする成文法の体系が中心となっている現在の日本法において、不文法の果たす役割はそれほど大きくはない。不文法が用いられる場面を、成文法との関係で整理すると、次の2つに分けられる。1つは、成文法が不文法（特に**慣習法**）の適用を認めている場面である。例えば、山林等の一定の土地を集落で共同利用する入会については、民法が入会に関する慣習の効力を認めている（民法263条・294条）。また、商慣習法については、商法が民法より慣習法を優先させることを定めている（商法1条2項）。もう1つは、成文法に欠落があって、紛争を解決できる基準がない場合（**法の欠缺**）である。このような場合には、条理・法の一般原則が用いられる。このうち**条理**とは、事案の性格に応じて裁判官により合理的に考え出される解決のルールのことで、民事裁判で用いられることがある（戦後の民法改正で信義則や権

利濫用禁止原則が条文化されたため〔民法 1 条 2 項・3 項〕、現在ではこの条文の解釈という形で問題の解決が図られることが多い）。また、行政法の世界（▶▶第 12 章・13 章）では、国民の権利や自由への介入は、目的との関係で最小限度にしなければならないとする**比例原則**をはじめとする行政上の**法の一般原則**が、法源としての機能を果たす。さらに、法学研究者の考え方である**学説**が成文法の隙間を埋める役割を果たすことがある。成文法の整備が進んでいない行政通則法では、学説が部分的にその代わりを担っているし、国際公法（▶▶第 14 章Ⅱ）では学説に法源としての役割が正面から認められている（国際司法裁判所規程 38 条 1 項 d）。

　不文法に含まれるかに関して争いがあるものの、実際に重要な役割を果たしているのが**判例法**である。私人間で紛争が生じた場合、刑罰を科す場合、あるいは行政機関と私人の間で紛争が生じた場合には、紛争が裁判所に持ち込まれる。裁判所は**判決**の形でその判断を示し、紛争の最終的な決着を図ることになる。この判決のうち、将来発生する類似の事件の先例としての意味合いを持つものを**判例**といい、先例としての意味を持たない裁判例と区別される（ただし、例えば学説と対比する意味で「判例」という場合には、このような区別なく広く裁判所の判断一般を指すこともある）。判例の先例としての拘束力は、最高裁判所が判例を変更する際には、裁判官 5 人で構成される小法廷ではなく、15 人全員で構成される大法廷で判断しなければならないとする裁判所法 10 条 3 号の規定で間接的に担保されている。この結果、判例は、同種の事件が生じた場合に用いられる具体的な紛争解決基準としての性格を有しており、事案の解決を考える際にその問題に関する判例があるかどうかは決定的な意味を持つ（▶▶第 1 章Ⅰ）。もっとも、判例も変更されることがあり、判例がある事案について結論の行方が完全に決まっているとまではいえない点にも注意が必要である。

3. ⋯⋯⋯⋯**法の過程と法解釈方法**

　法学の世界では、成文法あるいは不文法の形でルールが存在する。この法を作り出す局面が**法の定立**であり、大きくは 2 つの方法で法が生まれて

いる。1つは、憲法に基づく権限が与えられた国家機関が定立する方法である。例えば、国会が定立する法律は、その案が衆議院または参議院の一方に提出され、委員会審議を経て本会議で可決され、他方の院でも同様の手続で可決されると成立する。こうして制定される法律の多くは、何らかの社会問題の解決を目指して国会議員・政党や法律を所管している省庁がイニシアティブをとり、利害関係者との協議も経て出来上がった政策プログラムである。言い換えると、ある政策を実現するための手段として規範が定立されるのが、この方法の特色である。もう1つは、具体的な紛争を解決する機関が判断を積み重ね、その蓄積によって解決の基準であるルールが形成される方法である。その典型は、裁判所によって形成される判例であり、裁判外の紛争解決方法（調停・仲裁・行政機関による行政不服審査など）でも同様の傾向がみられる。成文法を重視している日本法では、第1の方法で作られた制定法の枠内で第2の方法による基準の蓄積が行われることが一般的である。

　ルールを使って結論を出すためには、ルールを個別の事案にあてはめる作業を行わなければならない。そのために必要となるのが、解釈という作業である。上記のようにさまざまな形態をとる法は、類似の事案で幅広く用いられうる一般的なものであり、しかもその内容はなお明確ではない。そこで、具体的な紛争にルールをあてはめる前提として、法の意味内容をはっきりさせる作業が必要となる。第1章Ⅰで例として取り上げた水道法の条文をもう一度みてみよう。

（給水義務）
第15条　水道事業者は、事業計画に定める給水区域内の需要者から給水契約の申込みを受けたときは、正当の理由がなければ、これを拒んではならない。
2　水道事業者は、当該水道により給水を受ける者に対し、常時水を供給しなければならない。ただし、第40条第1項の規定による水の供給命令を受けたため、又は災害その他正当な理由があってやむを得ない場合には、給水区域の全部又は一部につきその間給水を停止することができる。

この場合には、やむを得ない事情がある場合を除き、給水を停止しよう
とする区域及び期間をあらかじめ関係者に周知させる措置をとらなけれ
ばならない。
3　水道事業者は、当該水道により給水を受ける者が料金を支払わないと
き、正当な理由なしに給水装置の検査を拒んだとき、その他正当な理由
があるときは、前項本文の規定にかかわらず、その理由が継続する間、
供給規程の定めるところにより、その者に対する給水を停止することが
できる。

　解釈方法の基本は、その文言の通常の意味内容から出発する**文理解釈**で
ある。しかし水道法15条1項の「正当の理由」は、文理解釈では判明しな
い。このような場合に、立法者が何を考えていたのか（**立法者意思**）を手が
かりにする方法や、その制度の歴史を遡って解釈の手がかりを求める**歴史
的解釈**と呼ばれる方法もある。ただし、条文はテキストの形になった段階
で立法者の手を離れてしまっており、立法者が考えていたことが唯一の正
解とは限らない。また、歴史的解釈も条文の本来の意味を確認する意味で
は重要であるものの、その後の制度の編成によって条文の意味が変わるこ
ともありうるから、決定的な手段とまではいえない。これに対して、条文
や法制度の目的に沿って個別の条文を解釈する**目的論的解釈**は、解釈者の
視点や価値判断を重視するものである。もっとも、これが行きすぎると、
それぞれの事案でベストな解決だけを考えて、その結論から逆算した解釈
を行いがちになり、このような営みは一般的なルールから個別的な紛争の
解決を考える法学の基本的な姿勢とは相容れない。このほか、比較的広く
使われる解釈方法として以下のようなものがある。

　① **条文単独では意味が明らかにならない場合**　　他の条文を含む法律
全体や他の法律も視野に入れて、矛盾がないように意味内容を確定する方
法を**論理解釈**という。この作業の中で、本来の意味よりも広げて解釈する
拡張解釈や、逆に狭く解釈する**限定解釈**が行われることもある。例えば水
道法15条1項の場合、「正当の理由」を文言通りに理解すれば、広く合理
的な理由があれば契約締結を拒否できるようにも読める。しかし水道法1

条は「豊富低廉な水の供給」を図ることを同法の目的とし、また同法15条2項・3項は給水義務を果たさなくてよい場面として「災害」や「給水を受ける者が料金を支払わないとき」などを挙げている。こうした規定の存在や、水道が人間の生活にとって欠かすことのできないものであることからすれば、「正当の理由」は水道の供給が現実にできなくなるような場面に限られ、例えば市町村の行政施策に協力しなかったという理由で契約締結を拒否することは許されないと限定解釈されることとなる。

②　**あるケースに完璧にあてはまる条文が存在しない場合**　類似の場面に対して準備されている規定を手がかりに推論する**類推解釈**や、反対の場面に対して準備されている規定を手がかりにそれとは逆の効果を認める**反対解釈**が用いられることがある。例えば、私人間で契約を締結するかどうか、するとしてどのような内容にするかは、当事者の自由な意思に委ねられているとする契約自由の原則は、民法の重要な原則の1つでありながら、長い間明文の規定を欠いていた。そこで、契約に基づく権利である債権と民法上いわば対になっている物に対する支配権である物権について、法律でしかその内容を決められない（当事者間の約束で物権の内容を決めてはならない）物権法定主義の規定（民法175条）を反対解釈することで、契約自由の原則が導出されていた。しかし、2017（平成29）年に成立し、2020（令和2）年4月から施行された民法の債権法改正により、契約自由の原則に関する明文規定（民法521条）が置かれることとなった。

　解釈によって条文の意味内容を確定したら、これを紛争の事実にあてはめる**法適用**の作業が行われる。法適用のためには、事実を適切に認定し、その法的な評価を的確に行うことが必要になる。典型的な条文では要件・効果が規定されており、一定の**法律要件事実**が認定できれば、その条文で規定されている法効果が生じて、権利義務関係が変動することになる（▶▶第6章Ⅰ・7章Ⅱ・8章Ⅰ）。ただし、こうして成立した義務を当事者が自ら果たさないことも起こりうる。そのような場合に**法の実現**を図る方法として、義務の強制執行と刑事罰に代表される制裁の2つがある。**義務の強制執行**とは、裁判所が権利者の求めに応じて義務を実現するもので、例えば

貸した金を返さない相手方の財産を差し押さえて強制的に金銭を徴収する方法がある（▶▶第9章**I**）。また**制裁**とは、義務を果たさないことを理由に刑罰を科したり金銭の納付を命じたりするもので（▶▶第10章）、そのようなサンクションを受けないように義務者が自ら義務を果たすことが期待されている。

　法学の学習にあたっては、条文と同じくらいに判例も重要です。重要な判決は各科目の基本書で紹介されたり、判例集に解説付きで掲載されたりしています。ただしこれらは判決の中でも重要な部分だけが抜き出されているに過ぎず、全文を読むためには最高裁が出している公式判例集や、判決が掲載されている雑誌を見る必要があります（このほか、オンラインの判例検索サイトも存在します）。判決は通常、次のように表示されます。

> ## 最判平成11年1月21日民集53巻1号13頁

　最初の「最判」は最高裁判決の意味で、判決を下した法廷を明示する表示の方法も用いられます。この場合、第1小法廷の判決であれば「最一小判」、第3小法廷の決定ならば「最三小決」となります。大法廷の判決は「最大判」と表示されることが一般的です。その次の年月日は判決が出された日付です。その後ろの「民集」は『最高裁判所民事判例集』の略で、その53巻1号13頁以下に掲載されているという意味になります。この民集と刑集（『最高裁判所刑事判例集』）は、最高裁の公式判例集であり、一般に重要度の高い判決が掲載されています。下級審（地方裁判所・高等裁判所など）の判決や、最高裁の判決でも公式判例集に登載されていない判決は、商用の判例掲載雑誌に掲載されていることが多いです。

○最高裁判所の判決
　　民集・刑集＝最高裁判所民事判例集・刑事判例集
　　集民・集刑＝最高裁判所裁判集民事・刑事
　　裁時＝裁判所時報
○大審院（戦前の最上級通常裁判所）の判決
　　大判＝大審院判決録（1891〔明治24〕年〜1895〔明治28〕年）
　　民録・刑録＝大審院民事判決録・刑事判決録（1895年〜1921〔大正10〕年）

大民集・大刑集＝大審院民事判例集・刑事判例集（1922〔大正11〕年
　　　　～）
○行政裁判所（戦前の行政事件に関する裁判所）の判決
　　行録＝行政裁判所判決録（1895〔明治28〕年〜1947〔昭和22〕年）
○商用の判例掲載雑誌
　　判時＝判例時報
　　判タ＝判例タイムズ
　　金判＝金融・商事判例
　　労判＝労働判例
　　判自（判例自治）＝判例地方自治

次に、実際の最高裁の判決を示します。

主文
　　本件上告を棄却する。
　　上告費用は上告人の負担とする。

理由
上告代理人藤島昭、同岩渕正紀、同東松文雄、同山口定男、同古賀義人、同森元龍治
の上告理由について
　　一　本件は、不動産の売買等を目的とする会社である上告人が、被上告人志免町の
水道事業の給水区域内にマンションの建設を計画し、平成2年5月31日、被上告人
に建築予定戸数420戸分の給水申込みをしたところ、被上告人から志免町水道事業
給水規則（昭和41年志免町規則第51号）3条の2第1項が新たに給水の申込をす
る者に対して「開発行為又は建築で20戸（20世帯）を超えるもの」又は「共同住
宅等で20戸（20世帯）を超えて建築する場合は全戸」に給水しないと規定してい
ることを根拠に給水契約の締結を拒否されたので、右の拒否は水道法（以下「法」と
いう。）15条1項に違反するとして、被上告人に対し右給水申込みの承諾等を求める
事件である。
　　二　法15条1項にいう「正当の理由」とは、水道事業者の正常な企業努力にもか
かわらず給水契約の締結を拒まざるを得ない理由を指すものと解されるが、具体的に
いかなる事由がこれに当たるかについては、同項の趣旨、目的のほか、法全体の趣旨、
目的や関連する規定に照らして合理的に解釈するのが相当である。
　　いうまでもなく、水道は、国民の日常生活に直結し、その健康を守るために欠くこ
とのできないものであるが、我が国においては、地形、気象、人口等の自然的社会的
諸条件のため、需要に見合った水道用水の確保は必ずしも容易ではなく、水は貴重な
資源である（法2条1項参照）。市町村は、このような水道事業を経営する責任を負
うものである（地方自治法2条3項3号、4項、法6条2項参照）ところ、法は、
市町村を始めとする地方公共団体に対し、水の適正かつ合理的な使用に関し必要な施
策を講じなければならず（法2条1項）、当該地域の自然的社会的諸条件に応じて、

水道の計画的整備に関する施策を策定、実施するとともに、水道事業を経営するに当たっては、その適正かつ能率的な運営に努めなければならないとの責務を課し（法２条の２第１項）、他方、国民に対しては、市町村等の右施策に協力するとともに、自らも、水の適正かつ合理的な使用に努めなければならないとの責務を課している（法２条２項）。

　右にみたとおり、水道が国民にとって欠くことのできないものであることからすると、市町村は、水道事業を経営するに当たり、当該地域の自然的社会的諸条件に応じて、可能な限り水道水の需要を賄うことができるように、中長期的視点に立って適正かつ合理的な水の供給に関する計画を立て、これを実施しなければならず、当該供給計画によって対応することができる限り、給水契約の申込みに対して応ずべき義務があり、みだりにこれを拒否することは許されないものというべきである。しかしながら、他方、水が限られた資源であることを考慮すれば、市町村が正常な企業努力を尽くしてもなお水の供給に一定の限界があり得ることも否定することはできないのであって、給水義務は絶対的なものということはできず、給水契約の申込みが右のような適正かつ合理的な供給計画によっては対応することができないものである場合には、法１５条１項にいう「正当の理由」があるものとして、これを拒むことが許されると解すべきである。

　以上の見地に立って考えると、水の供給量が既にひっ迫しているにもかかわらず、自然的条件においては取水源が貧困で現在の取水量を増加させることが困難である一方で、社会的条件としては著しい給水人口の増加が見込まれるため、近い将来において需要量が給水量を上回り水不足が生ずることが確実に予見されるという地域にあっては、水道事業者である市町村としては、そのような事態を招かないよう適正かつ合理的な施策を講じなければならず、その方策としては、困難な自然的条件を克服して給水量をできる限り増やすことが第一に執られるべきであるが、それによってもなお深刻な水不足が避けられない場合には、専ら水の需給の均衡を保つという観点から水道水の需要の著しい増加を抑制するための施策を執ることも、やむを得ない措置として許されるものというべきである。そうすると、右のような状況の下における需要の抑制施策の一つとして、新たな給水申込みのうち、需要量が特に大きく、現に居住している住民の生活用水を得るためではなく住宅を供給する事業を営む者が住宅分譲目的でしたものについて、給水契約の締結を拒むことにより、急激な需要の増加を抑制することには、法１５条１項にいう「正当の理由」があるということができるものと解される。

　三　原審の認定した事実関係の概要は次のとおりであり、右事実認定は、原判決挙示の証拠関係に照らし、正当として是認することができ、その過程に所論の違法はない。

　１　被上告人は、福岡市の東部に隣接する全国有数の人口過密都市で、平成５年３月３１日現在の人口は３万５０１８人であり、人口密度は、１平方キロメートル当たり４００２人であって、福岡市をしのぎ、福岡県下で２番目に高く、同市のベッドタウンとして人口集積が見込まれ、平成５、６年に合計２１０９戸のマンション建設計画が持ち上っている。

　２　平成元年度から同３年度までの被上告人の水道事業の概要は、原判決添付の「取水・給水の実績表」及び「取水の内訳表」のとおりである。

　これによれば、認可を受けた水源としては、被上告人の固有の水源である御笠川水源地、吉原水源地、旧馬越水源地、新馬越水源地及び湖水（七夕谷水源地）のほか、福岡地区水道企業団からの浄水受水があり、認可を受けていない水源として、須恵町

からの浄水受水及び宇美川からの取水（鹿田貯水池を経て七夕谷水源地に送水）がある。

被上告人の取水量に対する余力水量（取水量と給水量の差、すなわち取水した原水を浄水とするまでに漏水、ろ過・洗浄等によって失われる水量）の割合は近隣市町村より高いが、他から受水する浄水は余力水量を見込む必要はほとんどないところ、前記3箇年におけるこれらの市町村の浄水受水の取水量に対する割合は被上告人のそれよりも高率であるから、被上告人の余力水量の割合が高いことはやむを得ない。また、被上告人が原水を浄水とするまでに水が失われる原因としては、原水を洗浄するのに年間20万2356立方メートルの洗浄水を必要とすることのほか、貯水池の全面改修を要する底板の亀裂からの漏水があり、他にもその場所を特定することができない漏水箇所が存在することが挙げられる。

また、無効水量（浄水のうち需用者に給水されるまでの間に漏水等によって失われる水量）については、厚生省が水道整備課長通知によりこれを10パーセントに抑制するよう指導しているところ、前記三箇年における被上告人の無効水量の給水量に対する割合は、それぞれ14.05パーセント、12.26パーセント、9.63パーセントであり、しかも右無効水量には本来有効水量に含まれる無収水量（公衆用飲料水等、対価を伴わない給水の量）とすべきものも計上されている。右割合は他に比して際だって高いとはいえず、過去のやむを得ないいきさつから耐久性に乏しい水道管が近隣市町村より著しく高い割合で使用されているため給水管破損が多いことが、右割合を高める原因となっている。

前記3箇年における被上告人の水道事業における浄水受水を含む認可水源からの取水量は、いずれの年度においても給水量を下回っており、これには余力水量が含まれている上、七夕谷水源地からの取水とされているものは実は認可外水源である宇美川からの取水であり、被上告人の固有の認可水源からの取水実績からみると、その取水能力は低下し、認可水量は実態と全くかい離しており、固有水源からの取水で給水量を確保し難い傾向は、容易には改まらないとみられる。福岡地区水道企業団からの浄水受水は、工事の遅れにより早くても平成8年完成予定の鳴淵ダム、平成13年完成予定の大山・小石原ダムが完成するまでは増量する見込みがなく、平成4年度には水量不足により一部削減された。

被上告人は平成3年まで須恵町から浄水を受水していたが、これは同年4月以降停止されている。

被上告人は、給水量を賄うため、農業水利権者との契約により認可外水源である宇美川から取水しているが、これは河川法上の手続を経て取得した水利権に基づくものではなく、実際にも上水道のための水利権を取得することは甚だしく困難である。また、右契約上、農業用水の優先権が認められ、宇美川の流量が少なくなったときには被上告人の取水が制限、停止されることになっている。

このようなことから、被上告人が、確保し得る原水の量や給水し得る水量を需要が超えないようにするための諸策を講ずることなく、漫然と新規の給水申込みに応じていると、近い将来、需要に応じきれなくなることが容易に予測し得る。

3　被上告人の支出している水道施設修繕費の給水収益に対する割合は、福岡県下の他の市町村に比較して高率である。被上告人は、無効水量の減少を目的として、昭和63年度から平成8年度までに6億4900万円を支出し、今後平成22年度までに総事業費70億円を見込んで水道管を全部取り替える予定であり、また、昭和63年10月に11億5000万円の費用をかけて浄水場の増改修を実施し、平成4年10月には7億円の費用を投じて貯水池の増設をするなど、取水量及び給水量の改善のための努力をしている。しかし、被上告人が余力水量や無効水量の改善によって給水能

力を高めるにはそれ相当の期間と資金を要し、一挙にこれを実現することは極めて困難である。

　　四　前記二の考え方に立って、右事実関係に基づき、原審口頭弁論終結時（平成6年5月19日）において被上告人が上告人の給水契約の締結を拒む「正当の理由」があったといえるか否かにつき検討する。

　　右事実関係によれば、被上告人は全国有数の人口過密都市であり、今後も人口集積が見込まれるところ、被上告人の経営する水道事業は、固有の認可水源の取水能力が低下している一方、福岡地区水道企業団からの浄水受水も渇水期には必ずしも万全とはいえない上、その受水量を増大させるためのダムは計画どおりに完成しておらず、受水量の増大が実現するのは将来のことであって、これら認可水源のみでは現在必要とされる給水量を賄うことができず、これを補うために須恵町から浄水を受水していたが、平成3年4月以降はこれも中止されており、やむなく、認可外であり、かつ、河川法上の手続を経て水利権を取得していないにもかかわらず、農業水利権者との契約に基づいて宇美川から取水して給水量を補っているが、法的見地からみても契約条項からみても右取水は不安定といわざるを得ず、被上告人においてこれらの状況を改善するために多額の財政的負担をして種々の施策を執ってきているが、容易に右状況が改善されることは見込めないため、このまま漫然と新規の給水申込みに応じていると、近い将来需要に応じきれなくなり深刻な水不足を生ずることが予測される状態にあるということができる。このようにひっ迫した状況の下においては、被上告人が、新たな給水申込みのうち、需要量が特に大きく、住宅を供給する事業を営む者が住宅を分譲する目的であらかじめしたものについて契約の締結を拒むことにより、急激な水道水の需要の増加を抑制する施策を講ずることも、やむを得ない措置として許されるものというべきである。そして、上告人の給水契約の申込みは、マンション420戸を分譲するという目的のためにされたものであるから、所論のように、建築計画を数年度に分け、井戸水を併用することにより水道水の使用量を押さえる［ママ］計画であることなどを考慮しても、被上告人がこれを拒んだことには法15条1項にいう「正当の理由」があるものと認めるのが相当である。

　　五　以上によれば、右と結論において同旨の原審の判断は、是認することができる。上告人は違憲をも主張するが、いずれも志免町水道事業給水規則3条の2第1項の定める基準に基づいて給水契約締結の拒否の適否を決することをもって憲法違反と主張するものであって、右のとおり、右基準の定めにかかわりなく、本件給水契約締結の拒否は適法であると解されるのであるから、所論は前提を欠く。その余の論旨は、原審の専権に属する事実の認定を非難するか、又は独自の見解に立って、若しくは原判決を正解しないでこれを論難するものであり、採用することができない。

　　よって、裁判官全員一致の意見で、主文のとおり判決する。

　　（裁判長裁判官　大出峻郎　裁判官　小野幹雄　裁判官　遠藤光男　裁判官　井嶋一友　裁判官　藤井正雄）

　　この事件は、第1章Ⅰで例に出した水道法をめぐる事件で、マンションを建設した事業者（上告人）からの給水契約の申込みに対して、福岡県志免町（被上告人）が大規模な住宅に対して給水契約を締結しないと規定した給水規則を踏まえて契約締結を拒否したものです。

　　判決（▶▶第8章Ⅱ）は大きく「主文」と「理由」に分かれています。**主文**は判決の結論です。主文は非常にコンパクトで（例えば「原告の請求を棄却する」「原

判決を取り消す」）、これだけではなぜその判断に至ったのかが分かりません。その判断理由を示しているのが**理由**の部分です。最高裁判決の場合、この理由は上告人の上告理由に対応する形で書かれています。上記の判決では「一」で事案の概要が説明され、「二」ではこの事案で問題となる水道法 15 条 1 項の「正当の理由」に関する最高裁の解釈が示されています。「三」では、原審（ここでは福岡高等裁判所）が認定した事実が書かれています（最高裁は自ら事実認定を行わず、法律問題についてのみ判断するため、原審の判断が適切ならばそのまま引用されます）。そして「四」では「二」で示した判断基準を「三」の事実にあてはめ、「正当の理由」の有無に関する結論を導いています。最後の「五」では、原審の判断を維持するかに関する結論が示されています。このように、判決ではまず当該事案を解決するための一般的な判断基準が示され、次に事実が認定され、最後にこれを判断基準にあてはめて結論を出すスタイルがとられています。これは判決に限らず、法的な主張や判断を提示する文章で共通にみられる「型」です。

　最後に、初学者が誤りやすい判決に関する注意点を 2 つ挙げておきます。1 つは、下級審の判決の「事実及び理由」には、裁判所が認めていない（＝判決の基礎としていない）事実も含まれているということです。下級審は自ら事実認定を行います。その際には両当事者の主張を整理し、証拠調べを行って裁判所としての判断を示します。判決文の「事実及び理由」の中の「争いのない事実」は両当事者がその存否を争っていない点であり、判決の基礎となる事実です。これに対して「争点」の部分の両当事者の主張は、裁判所が両当事者の主張をまとめているだけで、裁判所がそれを正しいと判断したわけではありません。裁判所の判断は「争点に対する判断」に示されており、この部分に裁判所として認定した事実が含まれます。もう 1 つは、判決文の全てが「判例」ではないということです。判決文の中で判例となる部分は、紛争解決にとって重要な法的な問題に対する裁判所の判断のみです（この部分を英米法では ratio decidendi といいます）。この部分にあたらない判決文の部分は傍論（orbita dictum）と呼ばれ、その後の類似の事件の解決の際には先例として働きません。判例集で判決を読むと、しばしば判決に下線・傍線が引かれているところがあります。この部分は判決の中で重要な部分として判例集の編集者が選択したもので、必ずしもその部分が判例となるとは限りません。この「判例」を確定する作業が判例評釈と呼ばれるもので、事例が似ている過去の判決を調べた上で、その判決が何を変更しているのかを明らかにすることで、判例が示す準則の内容が分かってくるのです。

Ⅱ　憲法の役割

1. …………立憲主義と憲法──憲法総論

　社会の中のルールにはさまざまな種類がある。このうち法学が対象としているのは、主として強制力のあるルールに限られている（▶▶第１章Ⅰ）。そこで、ルールが守られない場合にルールを守らせるには、守らない者に対して制裁を加えたり、守られた状態を強制的に実現したりする「力」が必要になる。最も単純な方法は、力が強い者がルールを守らない者を力で従わせる方法である。しかし、この方法では力が強い者がルールを守らないときに、ルールを守らせることができなくなってしまう。そこで、近代以前の社会においては、一方では伝統的な権威をベースに君主がそのような力を握るものの、他方で貴族等の社会階級や宗教勢力にもそのような力が分属し、さらに君主といえども従わなければならない高次の法（自然法）を認めることで、社会の安定を保っていた。しかし、絶対王政のような政治体制をとらず、個人の自由と平等を至高の価値とする近代以降の社会では、このような方法をとることができない。そこで、近代立憲主義の考え方が登場することとなる。

　ホッブズ、ロック、ルソーに代表される近代啓蒙主義は、すべての個人が生まれながらに自由で平等であるという立場（**自然権思想**）から出発し、国家の役割はこのような個人の自由の確保にあると考える。国家のない状態（**自然状態**）では各人が自然権を勝手に行使し合い、その結果、侵略や暴力が繰り返されるおそれがある。そこで、各人は互いに契約（**社会契約**）を結んで国家権力を創設することで、自由と安定した秩序を手に入れた。この国家権力の創設の際に生み出されるのが**憲法**であり、それゆえ憲法の役割は、個人の自由を保護し、国家が個人の自由を侵害しないように権力行使を制限するところに求められる。このような考え方を**近代立憲主義**と呼ぶ。そのために考えられたのは、次の２つの工夫である。１つは、国家権力をいくつかの機関に分割して割り当て、相互に抑制・均衡させる**権力分**

立である。とりわけ、法の定立と法の執行を別々の機関に行わせることで、恣意的・専断的な法の実現が図られることを防止するとともに、法の定立の権限を国民の代表者から構成される合議体（議会）に与えることで国民の自由を制約する法が生まれることを避けようとした。もう1つは、議会の多数派によっても奪うことのできない重要で基本的な権利を**人権**（基本権）として保障することである。近代立憲主義は当初、国民の代表者で構成される議会が国民の権利や自由を保護する役割を果たしてくれることを期待して、人権保障の規定を置かなかったり、人権に対する法律による制約の可能性を広く認めたりしていた。しかし、アメリカ合衆国で裁判所による**違憲審査権**が認められると、議会ではなく裁判所が国民の自由を守る人権の保障者として機能するようになった。現在では、憲法で保障された人権を法律が侵害した場合に裁判所が法律を無効にする違憲審査制は、日本を含む幅広い国々で認められ、ドイツのように専門の**憲法裁判所**を置く国も多い。

　このように憲法は、国家権力を構築するとともに、その権力行使を制限し、国民の自由を守ろうとする特色を有する。すなわち憲法は、法律が作られ、執行され、法律に基づいて裁判が行われる国の統治構造を規定しており、これらの作用に関する権限を国家機関に与えている。そしてその目的は国民の自由を守ることにある（**自由の基礎法**としての憲法）。それゆえ、憲法は**最高法規**と呼ばれ、法律よりも上位に置かれている。法律に対する上位性を確保する工夫として、憲法改正の手続は一般に、法律の制定よりも厳しくなっていることが多い（**硬性憲法**）。日本国憲法でも、法律の制定は衆議院・参議院のそれぞれの過半数の議決で足りるのに対して、憲法改正の場合には衆議院・参議院の3分の2以上の賛成による発議に加え、国民投票または国会の定める選挙の際行われる投票での過半数の賛成が求められている（憲法96条）。

2. ‥‥‥‥‥**法の過程と憲法**──**統治機構論**

　近代の国家は、国民の自由を守ることを目的に誕生した。それ以前の社

会の秩序は、封建的な身分制度を前提とし、国王のみならず社会のさまざまな団体（例えば同業者組合）や宗教団体にも権力が分散していた。この結果、生まれた時の身分によってその人の生き方が決定される構造となっていた。近代国家はこうしたさまざまな社会的権力を解体して国家に公権力を集中させ、生まれながらにして平等な国民を生み出すことに成功した。しかしそうすると、国家の権力が強すぎ、それが個人の自由を侵害するおそれが強くなってしまう。そこで憲法は、国家の統治機構の中で、大きく分けて次の2つの工夫を行っている。

1つは、法の定立から実現に至るまでの過程で必要となる権限を単独の国家機関に集中させずに分散させる**権力分立**である。日本国憲法においては、立法権は国会に（憲法41条）、行政権は内閣に（憲法65条）、司法権は裁判所に（憲法76条1項）それぞれ与えられている。もし権力分立がなければ、法という一般的なルールに基づいて個別の紛争を公平に判断することができず、権力を握っている者の恣意的な判断が通用する危険性が高くなる。日本国憲法ではさらに、それぞれの国家権力が抑制し合ったり、協力し合ったりする場面も予定されている。抑制し合う例として、行政権を持つ内閣の首長である内閣総理大臣は、国会議員の中から国会の議決で指名される（憲法67条1項）。衆議院が内閣不信任を決議したときは、内閣は総辞職するか、衆議院を解散するかのいずれかを行わなければならない（憲法69条）。他方で、協力し合う例として、予算の作成は内閣の権限であり（憲法73条5号）、国会の議決を受けなければならない（憲法86条）。

もう1つは、国家権力の行使といえども法に従って行われなければならず、その法は国民の代表者で構成される議会によって定立されなければならないという考え方である。国家には絶対的な力である「主権」がある（▶▶第14章Ⅰ）とすれば、国家は国民の自由や権利に対して何でもできることになり、国民の側がこれを防御することはできなくなってしまう。そこで、国家権力の行使であっても法に従わねばならず、違法な国家活動は裁判所によって是正されるしくみを憲法で構築する必要がある（**法の支配**）。さらに、個人の自由を至高の価値とする近代国家においては、個人の権利

義務が変動するのは、個人が同意しているときに限られていなければならない。そこで、国民代表から構成される議会が定立した法律に国家活動を従わせることで、個人が国家活動によって自らの権利義務が変動することを事前に承認したと考える（＝擬制する）こととした（**法律による行政の原理**）。そして、この法律に従っていない行政活動があれば、裁判所によってその違法が是正されることになる（▶▶第12章**Ⅲ**）。この結果、個人の自由を守るという目的で自由主義と民主主義が結びつき、法の定立の局面で民主性が特に重視されることになる。

3. ……… 法の内容と憲法——人権論

　近代の国家は、国民の自由を守るために誕生した。前述の通り、近代啓蒙思想では、国家が成立する前の自然状態を想定し、人間であれば誰もが持っている自然権を保障するために国家を創設するものと考えた。この自然権の内容は自由や平等の保障であり、近代憲法はこれらを憲法典の中で条文化して、国家によって侵されない個人の権利として保障した。それゆえこのような人権は、国家からの自由を念頭に置く**防御権**としての性格を持っている。日本国憲法が保障する人権の中でも、思想・良心の自由（憲法19条）のような精神的自由権、職業選択の自由（憲法22条）のような経済的自由権、不当な逮捕からの自由（憲法33条）のような人身の自由はこのような性格を有する権利である。これに対して、国家が成立して初めて観念できる人権も存在する。例えば、選挙権・被選挙権のような参政権（憲法15条）は国家の民主政のプロセスが憲法によって設定されて初めて、そのような権利の成立を語ることができる。また、裁判を受ける権利（憲法32条）も、裁判所が設置されることが権利の実現の前提になっている。このような国家に対して何かを求める**請求権**としての人権も、憲法による保障の対象となっている。

　それでは、こうした人権と法律の関係はどのように理解されるだろうか。ここでは、人権規定が法律による制約を抑制する場面と、法律による制度化を促進する場面とに分けてみてみよう。

① **法律による制約の抑制**　日本国憲法が保障している人権は、その
すべてが絶対的に（＝法律によっても制約できない権利として）保障されて
いるわけではない。憲法上も、人権全般にかかわる規定である 12 条や 13 条
で「公共の福祉」という文言が規定され、さらに個別の人権規定のうち経
済的自由に関する 22 条や 29 条でも「公共の福祉」による制約が想定されて
いる。この**公共の福祉**は、人権同士の衝突を調整するための原理として理
解されている。各個人が憲法上保障された人権を自由に行使すると、互い
の人権が矛盾・衝突し合うことになる。これを調整するのは立法者の役割
であり、国会は法律の形で人権の衝突を調整するルールを作ることになる。
もっとも、国会による立法は自由に行えるわけではなく、憲法による人権
保障を過度に制約してはならない。もし憲法上許されないような人権に対
する制約の強い立法が行われれば、裁判所が違憲立法審査権を行使して、
問題のある法律の条文を違憲無効にすることとなる。その際の裁判所の合
憲性判断の基準である**審査基準論**が、憲法の人権論の中心的なテーマであ
る。裁判所は、法律による人権の制約の目的とその手段に注目し、目的・
手段ともに合理的で、両者の間のバランスがとれていることを合憲性判断
の方法としてしばしば採用している（目的・手段審査）。またその際には、制
約される人権の性格に応じて、合理的と判断する基準の厳格さを変えるべ
きとされる。具体的には、表現の自由のような精神的自由に対する法律に
よる制約は、職業選択の自由のような経済的自由に対する制約と比べて、
より厳しい基準で審査されなければならない（**二重の基準論**）（▶▶第 12 章**Ⅱ**）。

② **法律による制度化の促進**　国家に対して何かを求める請求権とし
ての性格を持つ人権が実現されるためには、法律でそのための制度が構築
されている必要がある。また、防御権としての性格を持つ人権の中にも、
何らかの制度がその実現にとって不可欠なものもある。例えば憲法 29 条
によって保障される財産権は、所有や取引に関する法制度（▶▶第 5 章・6
章）が存在して初めて、その具体的な行使が可能になる。このような場合
に立法者は、憲法がその存在を予定している法制度を自由に作り上げるこ
とができるのか、それとも憲法がその内容に関する何らかの指示を立法者

に与えているのかが問題となる。もし憲法が何らかの指示を与えているとしたら、立法者がこれに反する制度化を行うと、その法律が違憲無効とされる可能性が出てくることになる。このような制度化を必要とする人権に関しては、伝統的には議会による自由な判断（**立法裁量**）を尊重するのが一般的であった。生存権（憲法25条1項）に関するプログラム規定説はまさにそのような考え方であり、憲法は立法者に法制度を創設するように求めているだけで、その内容に関しては一切定めていないと理解する立場である（▶▶第13章**Ⅱ**）。しかし最近では、憲法の諸規定を手がかりに、立法裁量を統制しようとする最高裁判決も目立ってきている。例えば、選挙制度について最高裁は、憲法による投票価値の平等の要求を手がかりに、国民の意思を適正に反映できない選挙制度を違憲としうる姿勢を示している。

法学と政治学との関係　COLUMN

　日本の多くの法学部では、法律と政治の両方の科目が開講されています。これは国際的にみて必ずしも当たり前のことではありません（例えばドイツでは、法学と政治学は別々の学部で授業が提供されることが一般的です）。そこで、法律と政治をともに勉強することの意味はどこにあるのか考えてみましょう。

　政治学を勉強する人にとって、法学とりわけ憲法学の知識は、現実の政治過程が展開される前提となるルールを知る手がかりとなります。憲法は、国家権力をいくつかの国家機関に分け、国民を起点とする民主政の過程を創設するとともに、その中で重視されるべき価値を基本的人権の形で示しています。これらは、政治過程に登場するさまざまなアクターが常に念頭に置くべきルールとしての性格を持っています。これに対し、法学を勉強する人にとって、政治学の知識は、現実がどうなっているかを知る手がかりとなります。第1章**Ⅰ**でも触れたように、法学が取り扱っている内容の多くは「あるべき」姿（**規範論**）であり、あるべき姿の内容と、それを現実の世界で実現する方法が議論の対象です。これに対して政治学の多くの部分では、実際の政治過程や作用がどのように展開されているかを扱っており、そこでは現実を記述することが重視されています。もし法学が現実をまったく知らずに「あるべき」姿を論じるとすると、机上の空論になってしまうおそれがあります。このように、法学と政治学とは相互に密接に結びつき、補完し合う関係にあるといえるでしょう。

Ⅲ　さまざまな法分野

1.…………民事法の基本的考え方

　民事法に含まれる代表的な法律として、民法・商法・民事訴訟法がある（▶▶第3章～9章）。ここではまず、民法の基本的な考え方を紹介する。民法は、財産と取引に関する財産法の部分（民法第1編 総則・第2編 物権・第3編 債権）と、家族制度や相続に関する家族法の部分（民法第4編 親族・第5編 相続）の2つに分かれているものの、ここでは財産法に関する基本的な考え方を4つ紹介する。第1は、**権利能力平等の原則**である（▶▶第3章Ⅰ）。前述のように、近代憲法は、人は生まれながらに自由・平等であることを前提としていた。その民法における現れがこの原則であり、人（自然人）であれば当然に権利や義務の主体となりうる。古代ローマ時代においては、奴隷という形で、人が支配の対象となり権利や義務の主体とならない制度が認められていた。しかし近代民法では、生まれながらの自由・平等を妨げる法制度は認められていない。第2は、**所有権絶対の原則**である（▶▶第5章Ⅰ COLUMN）。近代以前の社会においては、封建的・身分的な支配関係が一般的で、領主は土地と人に対する支配権を、今日でいえば財産権と統治権が混合した状態で保有していた。しかし近代憲法は、領主のような国家と個人との中間的な権力を解体した。これに対応して民法の側でも、物に対する使用・収益・処分を排他的に行いうる所有権を基本とする物権の制度を定め、封建的な支配関係が復活しないように物権の内容は法律で定め（**物権法定主義**）、1つの対象物に対して物権は1つしか成立しない（**一物一権主義**）こととした。第3は、**契約自由の原則**である（▶▶第6章Ⅰ）。近代の法秩序においては、個人の意思決定の自由が重視された。そこで、個人が何らかの義務を負うのは当該個人が同意したときに限られるとの考え方が求められた。民法においては、個人の権利義務を変動させる契約について、契約を締結するかどうか、誰を相手方とするか、どのような内容で契約するか、どのような方法・形式で契約するかについては、

原則として個人の自由とされた。第4は、**過失責任の原則**である（▶▶第7章**Ⅱ**）。私人の行動の自由を確保するためには、どのような場合に法的責任を負うかが明確化される必要がある。近代の法秩序においては、何か悪い結果が生じたから法的責任を負う（**結果責任**）のではなく、悪い結果を生じさせるつもりで（＝**故意**）、または悪い結果が生じうることが分かっていたのに結果を回避するための行動をとらなかった（＝**過失**）場合にのみ法的責任を負うこととされた。法的責任の成立に少なくとも過失を要求することは、行為者の行為から生じる責任の範囲を限定し、その分行動の自由を確保することにつながった。もっとも、これらの原則は現在に至るまでの間に大きな修正を受けている点にも注意が必要である。こうした民事実体法の基本的な考え方は、訴訟の開始や終了を当事者の手に委ねたり（**処分権主義**）、訴訟における主張・立証を当事者に行わせたり（**弁論主義**）するという形で、民事訴訟法にも反映されている（▶▶第8章**Ⅱ**）。

　次に、他の法分野と比較した民事法の特色を2つ紹介することとしたい。1つは、条文そのものが持っている役割の（相対的な）小ささである。民法では、原理・原則のような当たり前とされる内容（例：物権的請求権）が条文化されていないことがある。さらに、民法の財産法の中でも契約法の部分では当事者の意思が尊重される傾向にあり、当事者が特に合意していれば適用されない**任意規定**が多く存在している。このように、法律で規定されているルールは包括的なものではなく、それゆえ状況に最適な規定が法律上欠けている場合には**類推解釈**が広く用いられることになる。もう1つは、対立利害の調整という要素を意識して、条文や法原則が取り扱われることである。民事法が念頭に置いている典型的な場面は、利害関係を異にする2人の当事者であり、その利害をどのように調整することが適切かという視点が前面に出てくることが多い。例えば、民法の物権法では、本来の権利者（所有者等）と、問題となっている不動産を取引によって獲得した人のどちらを保護すべきか（本権保護か、取引安全か）という形で議論が展開される（▶▶第5章**Ⅲ**）。また、商法の会社法では、会社に対して株式という形で出資を行い、会社の意思決定にかかわっている株主と、会社に対

して資金を貸し付けたり取引を行ったりしている債権者の利害をどう調整するかという問題がしばしば登場する（▶▶第4章Ⅲ）。このような、問題状況を解決するのに必要なバランス感覚は、法学のその他の分野を学ぶ上でも重要な資質である。

2. …………刑事法の基本的考え方

　刑事法に含まれる代表的な法律として、刑法と刑事訴訟法がある。刑法に関する最も重要な考え方は、**罪刑法定主義**である（憲法31条）（▶▶第10章Ⅰ）。恣意的な国家権力の行使から個人の自由や権利を守るため、国家が個人に対して刑罰を科す場合には、予めどのような行為が犯罪にあたり、どのような刑罰が科されるのかが、法律で定められていなければならない。法律の定めを要求することにより、個人の側では**予測可能性**を確保して行動の自由を守る一方、国民の代表者で構成される議会が刑罰を定めることで、自己同意の擬制も果たされることになる。さらに刑事罰は、他の手段を使っても目的を達成できない場合にのみ用いられうる**最終手段**（ultima ratio）である。こうした刑罰行使の謙抑性もまた、刑事法の特色と言える。罪刑法定主義の要請と関連して、事後法による処罰の禁止（憲法39条）と類推解釈の禁止が挙げられる。民事法の場合には類推解釈は広く用いられているのに対して、刑事法の場合、ある行為に対する処罰規定がないときには、罪刑法定主義を前提とすれば、別の規定の類推で刑罰を科すことはできない。さらに、犯罪の成立を抑制的に行わせるのが、刑法総則で学ぶ**犯罪論**の体系である。刑法第2編には、さまざまな犯罪と刑罰が規定されており、例えば刑法199条は、「人を殺した者は、死刑又は無期若しくは5年以上の拘禁刑に処する」と規定している。この「人を殺した者」は、犯罪行為の**構成要件**にあたる。それだけではなく、犯罪が成立するためには、2つのフィルターを通過しなければならない。1つは**違法性**（阻却事由）である。例えば、相手が自分を殺そうとして刃物を見せたため、自分の生命を守るために相手方を刺した場合には、正当防衛（刑法36条1項）にあたり、違法性が阻却されて犯罪が成立しない。もう1つは**責任**（阻却事由）で

ある。刑法では故意による犯罪が基本であり（刑法38条）、過失によって犯罪が成立するためには、法律の特別の規定が必要である。また、犯罪当時何らかの理由で判断能力を失っていた（心神喪失状態）場合には、責任が阻却されて犯罪が成立しない（刑法39条1項）。

　次に、刑事訴訟法の最も基本的な考え方は、**適正手続の保障**（憲法31条）である（▶▶第11章**Ⅰ**）。刑罰は、人身の自由を制約し、場合によっては生命をも奪う点でも、また前科という形で刑罰に服した後も不利益が残る点からも、制裁に関する法制度の中で最も重い性格を持っている。それゆえ、問題となった行為が犯罪にあたり、刑罰を科すべきかを判断する手続も極めて慎重なものとなっており、逆にこうした厳格な手続の下で犯罪にあたることが確定された点に、刑事罰を科す正当性も求められる。刑事訴訟法が事案の真相解明（**実体的真実主義**）と並んで個人の基本的人権の保障や刑罰法令の適正な実現を図ることを目的としている（刑事訴訟法1条）のは、このような趣旨と理解できる。刑事訴訟に関しては、憲法で規定された手続的権利も大きな意味を持っている。現行犯逮捕以外は裁判官が発する令状がなければ逮捕されない（**令状主義**）こと（憲法33条、刑事訴訟法199条）や、自己に不利益な供述を強要されない（**自己負罪拒否特権・黙秘権**）こと（憲法38条1項、刑事訴訟法198条2項等）はその代表例である。大きな社会的事件が起き、犠牲者が出た場合には、逮捕された容疑者に対して世間の風当たりは強くなり、厳罰を求める声が大きくなりやすい。しかし、刑事手続で犯罪であることが確定するまでは容疑者（被告人）は有罪ではなく、公正な手続によって冷静に真実を明らかにすべきこと、犯罪行為の遠因となったさまざまな事情にも眼を向けて適正な量刑や犯罪予防のためのしくみを検討することが、法学を学ぶ者には要請されている。このような問題状況を解決するのに必要な冷静さや視野の広さは、法学のその他の分野を学ぶ上でも重要な資質である。

3. ⋯⋯⋯⋯**公法の基本的考え方**

　公法には憲法に加え、多くの行政法が含まれる。また公法では、民事

法・刑事法でみられるような実体法と訴訟法の区別が明確ではない。そこで、公法に属するルールでしばしばみられる基本的特徴を、ここでは3つ紹介することとしたい。

第1は、**自由主義**（国民の権利・自由の保護）と**民主主義**（国民による政治的決定）という2つの見方である。本章で繰り返し述べてきたように、近代憲法は個人の権利や自由を保障することを最大の目標としてきた。そして、法の定立と法の執行を担当する国家機関を分け、法の定立に国民代表を参加させることで、国民の権利を制約する法律が制定されることを抑えようとした。もっとも、近代立憲主義の成立当初、議会が決めなければならないとされた立法事項の範囲は現在より限定的で、また国民代表といっても有産階級の代表者が中心であった。そこで普通選挙制によって国民全体を民主政の過程に取り込むとともに、議会が国政に関するすべてを決めうる理論が模索されてきた。その結果、社会権の実現を重視する所得再分配を求める政治勢力が議会で多数を占め、有産階級の財産の多くを租税等の形で強制的に徴収する法律も生まれうることとなった。この段階に至って、自由主義と民主主義とは場合によっては対立する考え方であることが明確に意識され、公法理論の中でもどちらに軸足を置くかで立場が分かれるようになってきた。

第2は、政策的な事項を法学で制御することの難しさである。自由主義と民主主義という2つの軸のうち、国民の権利や自由を守る自由主義の観点から法学的なコントロールを国家権力に及ぼすことは、それほど難しくない。国民の権利を制約する行政活動に対しては法律が、立法活動に対しては憲法がその防波堤となり、法律や憲法の要件規定に合致する行政・立法活動であったか、それによって個人に大きな被害が生じていないかを考慮することは、裁判所による判断に比較的なじみやすい。しかし、議会によってなされた政策的判断が適切であったか、議会が行政に任せた政策的判断が行政によって適切になされたかという問題は、一般的なルールを個別の事例にあてはめて解決策を示す法学による処理が難しい。そこで、このような政策的判断に関しては、職業裁判官で構成されている裁判所より

も、民主性の高い議会（あるいは議会から間接的に選ばれている内閣が指揮監督する行政機関）の判断を尊重することが、しばしばなされる。**立法裁量**や**行政裁量**という言葉は、このような場面で登場する。

　第3は、憲法が果たす役割の多様性である。我が国では、最高裁が法令それ自体を違憲と判断したケース（**法令違憲**）は、これまで10件程度しかない。また、法令それ自体は合憲でもその適用のしかたに問題があるとしたケース（**適用違憲**）もこれまで10件超にとどまる。しかしそれは、憲法が法秩序に果たす役割が小さいことを決して意味しない。憲法は、国民の権利を人権として保障するとともに、国政上の決定方法として民主政を規定しているから、民主的に選挙された代表者で構成されている国会による決定を裁判所は尊重しなければならず、違憲判断を行う場合には必要最小限の範囲で行わなければならない（**憲法判断回避の準則**）。例えば、法令を文字通り解釈すると違憲の疑いがある場合には、その法令を違憲無効とするのではなく、まず違憲の結果を回避する解釈が試みられなければならず（**合憲限定解釈**）、それが無理な場合に法令の違憲無効が選択される。逆にいえば、憲法の規定がこうした法令の解釈によって反映されている事例が多い。また、これまでみてきたように、民事法や刑事法の基本的考え方の多くは、憲法の基本的原則と密接に結びついている。それゆえ、憲法が日本の法秩序に果たしている役割を正確に理解するためには、法令違憲判決にのみ注目するのではなく、憲法の規定が法令の解釈にどう影響し、法令の制度設計にどう反映されているかも視野に入れる必要がある。本書が憲法に関する単独の章を設けず、本章と第12章・第13章（「規制行政と法」「給付行政と法」）を中心にその内容を説明している意図もここにある。公法は、一方では政治過程との緊張関係にあり、他方では民事法・刑事法の存在を前提としつつこれらを補完する役割を担っている。このように、問題状況から出発して、人権を尊重しつつそれを解決するのに必要な法制度を構想する力は、法学のその他の分野を学ぶ上でも重要な資質である。

事例問題と法学

　法学の記述試験では、大きく分けると2つのタイプの問題が出されます。1つは、ある概念やテーマについて多角的に論じる説明問題で、多くは1行で出題されるため、一行問題と呼ばれます（例：「憲法判断回避の準則について論じなさい」）。そしてもう1つは、具体的な紛争事例の下でどのような法的判断を下すかを問う事例問題です。

　事例問題の解き方には、法学（特に解釈学）の発想方法の特色が強く表れています。事例問題の答案では、論点を摘示した後に、**法的三段論法**（▶▶第1章Ⅱ）と呼ばれるフォーマットを用いることが通例です。まず、法令の条文や判例を手がかりに、その紛争の解決に必要となる判断基準を定立します。そして、問題文に書かれている事実を丁寧に拾って法的な評価を加え、判断基準にあてはめます。この判断基準を適用した結果が結論となります。この作業は何も特殊な技術ではなく、一般的なルールを基準に個別の紛争を解決することで、解決の公平・公正さや合理性を確保しようとする法学の営みそのものといえます。法学は現実の具体的な紛争を解決することを目指しているため、解決の内容が穏当であることも考慮されます。しかしそれ以上に、その解決が正当なものと当事者間で受け入れられるためには、一般的なルールとの関係でその紛争を捉え、法的な知識を持つ別の人が判断しても類似の結論になることが示されることが重要です。こうした紛争解決の（ある程度の）「客観性」を担保し、紛争の終局的な解決に資するのが法的三段論法なのです。

┊ 発展学習のために

【課題】
● 法律と判例の関係について、具体的な事例を素材に検討してみよう。
● 最高裁判所が憲法判断を示した有名な事件を1つ取り上げ、裁判所の判断の内容を立憲主義の考え方と照らし合わせて検討してみよう。

文献案内

◆弥永真生『**法律学習マニュアル**［第4版］』（有斐閣・2016 年）
　法学を学ぶ上での必須の前提知識から、法学を学ぶ際に知っておくと役立つ
さまざまな情報までが網羅されており、法学の学習方法についてもきめ細か
い説明がなされている。

◆毛利透『**グラフィック憲法入門**［第2版］』（新世社・2021 年）
　日本国憲法の構造や憲法の基本的考え方について、平易な文章と分かりやす
い図表で解説がなされている。

第 3 章

人間と法

Introduction

　具体的な実定法の内容の説明の最初となる本章では、人間に注目して法学の基本的な考え方を紹介する。法学の考え方の特色の1つは、人間中心・意思中心という見方である。法学の世界においては、生きている生身の人間（これを「自然人」という）には当然にアクターとしての資格（権利能力）が認められる。しかし、それ以外（例えば、生きている動植物・死者・人工知能（▶▶第15章））にはこうした資格が認められず、権利・義務の主体としての活動はできない。そこでまず、権利能力とは何か、権利能力はいつ始まっていつ終わるのか、死亡するとそれまで所有していた財産はどうなるのかを取り上げる（Ⅰ）。

　権利能力がすべての自然人に認められるとしても、乳幼児や重度の知的障害者のように、契約などを結ぶ上で必要な判断能力がない場面も想定できる。そこで権利能力とは別に、判断力の観点から意思能力・行為能力という制度が設定され、民法では成年者に対しては成年後見制度を、未成年者に対しては親権者が身上監護・財産管理を行うしくみを用意している。判断力に注目するしくみは民法に限られるわけではなく、例えば刑法では責任能力の規定を設け、また未成年者の刑事責任に関しては少年法という別の枠組が設けられている（Ⅱ）。

　権利能力と行為能力の双方を持つ自然人の場合には、自らの判断で契約を行い、これによる権利・義務の変動（法律効果）は契約を行った本人に帰属する。行為能力が不十分である場合には、法律で定められた後見人・親権者等が代わりに契約を行い、その効果を本人に帰属させることができる（法定代理）。こうした契約という行為を行う行為者と、それによる権利・義務の変動を受ける法効果の帰属者を分離する「代理」という法技術は、権利能力と行為能力の双方を持っている場面でも、経済活動を手広く行うという観点から用いられている（任

意代理）。民法総則で扱われる代理には多くの論点が含まれ、複雑で込み入った事項も含まれているため、ここではその基本的な内容のみを紹介することとする（**Ⅲ**）。

Ⅰ　権利能力──法の世界のアクターとなる資格

1. ⋯⋯⋯⋯権利能力平等の原則

　法の世界では、さまざまな関係が権利・義務という要素によって構築されている。その権利・義務の帰属主体となることができる資格のことを**権利能力**という。権利能力があれば、法の世界のアクターとして、例えば契約を締結したり、損害賠償請求を行ったりすることができる。しかし権利能力がなければ、法的には「物」と扱われ、権利能力がある主体の支配・管理の対象となる。近代以前の社会においては、奴隷や農奴などの、所有の対象となる人間が存在していた。しかし近代市民社会においては、すべての人間は生まれながらに平等であるとの考え方が普遍化した。このことから現在では、すべての人間は権利能力を平等に有していると考えられている。民法3条1項の「私権の享有は、出生に始まる」という規定は、出生が人間固有の誕生方法であって、誰もが出生によってこの世に生まれることから、このような**権利能力平等の原則**を定めたものと考えられている。

　生身の人間である自然人には、こうした権利能力が自動的に認められる。これに対して、人の集まりや財産の集まりに法人格が付与されれば、自然人と同じように法の世界のアクターとして活動することができる。こうした組織のことを法人と呼ぶ（▶▶第4章Ⅰ）。このように、自然人以外の存在に対して権利能力を与えるかどうかは立法者が判断すべき事項であり、もし仮にロボット技術が発達してロボットにも人格を与えるべきと将来の立法者が判断すれば、ロボットにも法の世界のアクターとしての資格が認

められるかもしれない（▶▶第15章Ⅰ）。しかし、自然人に権利能力が与えられるという考え方は近代市民法原理や近代立憲主義（▶▶第2章Ⅱ）に根ざすものであり、立法者がこれを自由に変更することは許されない。

2. ⋯⋯⋯**出生と権利能力の始期**

民法3条1項の規定によれば、自然人の権利能力は出生に始まる。ここでいう出生とは体が母体から全部露出した時点と考えられている（**全部露出説**）。この原則に従うと、胎児には権利能力がないことになる。しかし、胎児の父親が胎児の出生前に死亡した場合に、このままでは胎児が出生しても相続人になることができず、また、父親が交通事故等の不法行為によって死亡した場合の損害賠償請求もできないことになる。そこで、この2つの場合について、民法は特別の規定を置いた。

相続については、民法886条1項で「胎児は、相続については、既に生まれたものとみなす」と規定している。「**みなす**」という用語は、後述の「推定する」と異なり、当事者間で合意がなされたり、反証のための主張が行われたりしたとしても、「みなす」規定と異なる判断を許さない意味で使われる。したがって、胎児の父親が死亡した時点で胎児が事実として生まれていたかどうかとは関係なく、その時点で胎児は生まれていたと扱われ、相続人となることができることになる。しかし同条2項は、「前項の規定は、胎児が死体で生まれたときは、適用しない」としているので、具体的な相続の手続は胎児の出産以後になされることになる。

不法行為（▶▶第7章Ⅱ）については、民法721条が「胎児は、損害賠償の請求権については、既に生まれたものとみなす」と規定している。この規定の形は、相続に関する民法886条1項とほぼ同じである。不法行為については民法886条2項に相当する明文の規定はないものの、出生しなければ権利能力を獲得できないため、結論としては相続の場合と同じになる。この点をめぐっては、胎児に代わって母親が損害賠償請求することができるのかという問題と結びついて、解除条件説と停止条件説の2つの考え方の対立がみられる。**解除条件説**は、胎児の時点で権利能力があることを前

提に、死体で生まれた場合には過去に遡って権利能力がなくなると説明する立場である。これに対して**停止条件説**は、胎児の時点では権利能力がないことを前提に、生きて出生した場合に過去に遡って権利能力があったことにすると考える立場である。解除条件説をとると、胎児の時点で胎児に権利能力があることになるから、胎児に代わって母親が賠償請求することは可能になる。判例は後者の停止条件説をとっている。

3. ⋯⋯⋯死亡と相続

　自然人が死亡したとき、権利能力は消滅する。このことを明文で規定した条文は存在しない（ただし、民法882条は、「相続は、死亡によって開始する」と規定している）。また、どのような条件が満たされた場合に死亡と扱われるかについても、民法上の規定はない。他の法律に眼を向けると、1997（平成9）年に制定された臓器の移植に関する法律では、**脳死**した（「脳幹を含む全脳の機能が不可逆的に停止するに至ったと判定された」〔同法6条2項〕）者の身体からの臓器の摘出を一定の条件を満たした場合に認めている。しかし、この規定は脳死を一律に人の死とする趣旨で置かれたものではないと理解されており、脳死によって権利能力が消滅するとは一概にはいえない。

　死亡に関する民法の特別の規定は、生死がはっきりしない場合と、家族の複数人が死亡した場合の時間的先後関係が分からない場合に関して準備されている。まず、生死がはっきりしない場合について、民法は**失踪宣告**によって権利能力を終了させる制度を置いている（民法30条〜32条）。戦争や事故等（条文上は「**危難**」）で死体が確認できない場合、それから1年間生死が不明の状態が続くと、利害関係人の請求があれば家庭裁判所が失踪宣告を行い、権利能力を危難が去った時点で終了させる（特別失踪）。危難がなくても生死不明が7年間継続すると、同じ手続で失踪宣告ができる（普通失踪）。次に、家族の複数人が死亡した場合に、その順番によって相続の方法が変わってくることから、複数人の死亡の順番がはっきりしないときには、これらの者が同時に死亡したと推定する規定が置かれている（民法32条の2）。**同時死亡の推定**の規定が使われると、死亡した者それぞ

れについて相続を考えることになる。この規定は「**推定する**」であって「みなす」ではないから、推定に不満がある場合に反証を行うことができれば、推定を破ることができる。

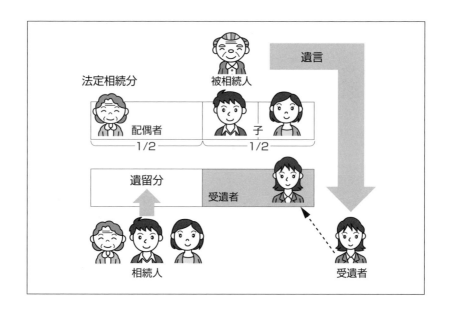

　自然人が死亡した場合、その自然人が持っていた財産は相続法（民法第5編）の定めるところにより相続される。相続法は、民法の財産法（特に物権法）と家族法の両方の要素を含む領域で、民法の中でも応用的な内容を持つ領域であるため、ここでは制度の骨格のみを紹介する。自然人が死亡すると権利能力が失われ、その財産の持ち主がいなくなることになる。死亡した者（相続法では**被相続人**という）が生前に財産をなすことができたのは、本人の努力の結果であると同時に、社会がそのことを支援したからだと考えれば、その財産が被相続人の親族の手に渡ることは論理必然的ではない。そこで、相続という制度の存在理由をどのように説明するかが問題となる。現在有力な理解は、被相続人によって生活が支えられていた遺族の今後の生活を保障するためという考え方と、被相続人の意思を重視する

考え方である。相続法の内容は、民法が定めたルールに従って相続される**法定相続**と、被相続人の**遺言**（いごん）に原則として従って財産が処理される**遺言相続**に大別される。

　法定相続については、**相続人**となりうる資格を民法が定めており、配偶者は常に相続人となるほか（民法890条）、被相続人に子がいれば子が相続人となり（民法887条1項）、いなければ直系尊属（＝直接のつながりのある自分より前の世代の者のことで、具体的には父母や祖父母等）・兄弟姉妹が相続人となる（民法889条）。ただし、被相続人を故意に殺害した場合等には相続人の**欠格事由**に該当して相続人とはならず（民法891条）、また、被相続人との人的信頼関係を破壊した将来相続人となるべき推定相続人を被相続人の意思で除外する**相続人の廃除**（民法892条・893条）がなされると、やはり相続人とならない。被相続人が死亡すると、そもそも相続の対象にならない被相続人の一身専属権（例：慰謝料請求権、生活保護受給権）以外の財産に属した一切の権利義務が相続人に承継される（民法896条）。複数の相続人がいれば、相続財産はこれらの相続人間で一旦**共有**（▶▶第5章**II**）され（民法898条）、最終的には**遺産分割**（民法909条）を経て財産の帰属が決まる。相続の対象は不動産・預貯金といったプラスの資産（積極財産）だけでなく、借金などのマイナスの資産（消極財産）も含まれている。そこで相続人には、3ヶ月の**熟慮期間**の間に相続を無条件に承認するか（**単純承認**）、積極財産の範囲内で消極財産に対する支払いを行うことを条件に承認するか（**限定承認**）、相続を放棄するかを選択することができる（民法915条）。このようにして確定された相続人の間で、相続財産の分割がなされる。民法では法定相続分の規定（民法900条）を置いており、遺言がなければこの割合で相続分が決まる。他方で、被相続人からすでに遺贈・贈与を受けていた特別受益者（民法903条）や、被相続人の財産の維持・増進に貢献した被相続人に対する寄与分を考慮することができる規定も置かれており（民法904条の2）、相続開始後10年以内に限ってこうした調整が可能とされている（民法904条の3）。

　こうした法定相続のスキームと並んで、民法では遺言による**遺贈**も規定

されている。戦後の相続法の通説は私的自治の原則から派生するとされる**遺言自由の原則**を重視し、法定相続制はそのような遺言がない場合に使われるいわば補充的な制度であると考えてきた。民法では遺言の方式や内容を詳細に定めており、遺言者は**包括遺贈**（＝全財産に対する比率による特定）・**特定遺贈**（＝遺贈する財産を特定）の形式で財産の全部または一部を処分できる（民法964条）。しかしこれを無制限に認めると、相続人が財産を得る機会がなくなり、法定相続制が予定していた相続人の生活利益の保障が図られなくなることから、兄弟姉妹以外の相続人に相続財産を留保する**遺留分**（民法1042条〜1049条）というしくみを用意している。さらに、被相続人の親族が被相続人に対して無償で療養看護等を行っていた場合に、その特別な寄与に応じた金銭の支払いを相続人に対して要求できる、特別の寄与に関する制度もある（民法1050条）。

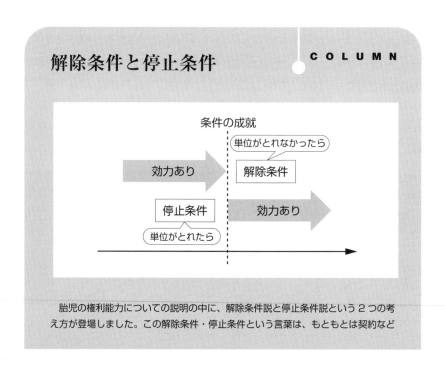

解除条件と停止条件　　C O L U M N

胎児の権利能力についての説明の中に、解除条件説と停止条件説という２つの考え方が登場しました。この解除条件・停止条件という言葉は、もともとは契約など

の法律行為（▶▶第6章Ⅰ）の効力の発生・消滅に関するルールで出てくるものです（民法127条）。法律行為の効力の発生を将来の発生不確実な事実と結びつけることを**条件**といい、発生確実な事実と結びつけることを**期限**といいます。条件が成就するまでは有効で、条件が成就すると効力がなくなるタイプの条件を**解除条件**といい、逆に条件が成就することで効力が生じるタイプの条件を**停止条件**といいます。

　例えば、期末試験が終わった直後に後輩に教科書を渡し、「単位がとれなかったら教科書を返してほしい」と条件を付けた場合には、教科書を譲った時点で贈与契約が有効になり、単位がとれないという発生不確実な事実によってその契約の効力がなくなることになるので、解除条件付の贈与契約となります。期末試験が終わった直後に後輩に「単位がとれたら教科書をあげるよ」と約束した場合には、その時点ではまだ贈与契約の効力が生じておらず、単位がとれるという発生不確実な事実が成就した段階で契約の効力が生じることになるので、停止条件付きの贈与契約となります。何事も成就させるためには、一定の時間的・金銭的な投資が不可欠です。よく使う法学の教科書は自分で購入しましょう！

Ⅱ　行為能力──判断能力と責任

1.…………成年後見制度

　法の世界では、契約によって発生した義務に拘束されたり、不法行為によって相手方に与えた損害を賠償する責任が生じたり（▶▶第7章Ⅱ）、犯罪となる行為をしたことで刑事責任が生じたりする（▶▶第10章）。こうした義務・責任は、権利能力のある者に帰属しうる。しかしそれが判断能力のない状態でなされたものであったとしても、なお義務や責任を負うことになるだろうか。法の世界では、本人にとって負担や不利益になる義務・責任が本人に帰属する理由づけとして、本人の**意思**という要素を重視している。逆にいえば、本人が十分な判断力を持たない場合（その行為を行った時にだけ十分な判断力がなかった場合も含む）には、義務や責任を帰属させない。この考え方が民法上に表れているのが、意思能力・行為能力という考

え方である。

　意思能力とは、自分の行為が法的にどのような意味を持ち、それがどのような義務・責任をもたらすことになるのかを理解する能力のことをいう。権利義務の主体となる「資格」を意味する権利能力と異なり、意思能力の「能力」は日常用語における「能力」を意味する。一般には7歳程度の知能が意思能力の有無の判断の目安となるものの、どのような行為を行うかによって必要とされる水準は変化する。意思無能力の場合の意思表示は無効とされている（民法3条の2）。かつては、契約のような法律行為（▶▶第6章Ⅰ）の前提には有効な意思表示が必要であるから、意思無能力の場合には法律行為が存在しえず、それゆえ誰でも無効主張ができると考えられていた。しかし近年では、無効を認める理由が意思無能力者の保護にあることが強調され、無効主張は意思無能力者にしか認められないという考え方が一般化している。

　意思無能力であれば、確かに契約を無効にすることができる。しかし、そのことを裁判の場で立証することは難しく、本当に契約を無効にできるかどうかは不確定である。また、取引の相手方にとっても、相手が意思無能力であることが後で分かれば契約が無効になってしまうことから、取引の段階では契約の有効性が確定しない。そこで、意思能力と並んで行為能力という制度が設けられている。**行為能力**とは、自分で有効な法律行為を確定的に行う能力のことであり、成人がこのような能力を欠く場合に用いられるのが成年後見制度である。

　1999（平成11）年の法改正以前は禁治産者・準禁治産者という2つの類型が置かれ、戸籍による公示がなされていた。しかしこの類型は行為能力の制約が定型的で過剰である反面、厳格な要件を充足しないと利用できなかったことから、高齢社会に備えてその改正が必要となった。改正を経た現在の成年後見制度は、法定後見制度と任意後見制度に分かれており、前者は民法で、後者は任意後見契約に関する法律で規定されている。**法定後見制度**は、判断能力の違いに応じて**後見・保佐・補助**の3つの類型に分けられている（民法7条・11条・15条）。法定後見が認められるかどうかは、家

庭裁判所の**審判**によって判断され、審判を申し立てることができるのは本人・配偶者・4親等内の親族・任意後見人・市町村長等、法律で規定された者に限られる。家庭裁判所は、法定後見が必要と判断した場合には成年後見人・保佐人・補助人を選任するほか、必要があるときにはその監督人も選任する。また、審判の確定年月日や被後見人・後見人等の情報は後見登記ファイルに記録される。成年後見人等は**財産管理**に関する事務と、**身上監護**に関する事務（被後見人の心身状態・生活状況への配慮）の2つを担う（民法858条）。成年後見人の場合には財産に関するすべての法律行為の代理権が認められる（民法859条）ほか、被後見人が行った個別の契約等に対する同意権・**取消権**もある。これに対して、補佐人や補助人の場合には包括的な代理権は認められておらず、特定の法律行為の代理権と個別の契約等に対する同意権・取消権が認められる。**任意後見制度**は、予め後見事務を委託して代理権を与える契約を任意後見受任者と締結しておき、本人の判断力が不十分になった段階で家庭裁判所が**任意後見監督人**を選任することで効力が発生する制度である。

2. ⋯⋯⋯⋯**未成年者と親権**

18歳に満たない未成年者（民法4条）は、定型的に行為能力が不十分と考えられることから、民法では法律行為の際に法定代理人の同意を得なければならないこととしている（民法5条1項）。ここでいう法定代理人とは**親権者**のことで（民法818条1項）、親権者がいない場合には**未成年後見人**が家庭裁判所によって選任される（民法838条〜841条）。親権者等は、代理人として本人である未成年者に代わって契約することもできるし、同意を与えないまま本人が結んだ契約を取り消すこともできる（民法5条2項）。取り消されると、過去に遡って契約がなかったことになる。他方で、「法定代理人が目的を定めて処分を許した財産」（民法5条3項）については親権者等の同意を得ることなく未成年者が有効に契約等を締結できる。小遣いの範囲での子自身の買い物や、親権者の「お遣い」による買い物はここに含まれる。さらに、営業の許可を受けた未成年者（民法6条）や婚姻した未

成年者（民法753条）は、成年者と同一の行為能力があると扱われる。

　親権は、上記のような財産管理（民法824条）に限られず、**身上監護**も含まれる（民法820条〜823条）。民法では扶養義務のほか、居所指定権・懲戒権・職業許可権が明文で定められているものの、身上監護の内容はこれに尽きるものではない。身上監護の際には「子の利益」が最も優先されなければならない（民法766条・820条）。親権の行使は父母が婚姻していれば共同してなされ（共同親権）（民法818条3項）、離婚後はどちらか一方が行使する（単独親権）（民法819条2項）。

3. …………未成年者の刑事責任

　判断力がない場合に別のルールを適用するという考え方は、刑事法にも見られる（▶▶第10章**Ⅱ**）。刑事法では刑事責任を問う前提として、その行為が違法なものであり、かつ、そのような行為をしないように自己の行動を抑制できる能力が必要であると考えられており、このような能力のことを**責任能力**という。窃盗や暴行といった犯罪行為を行ったとしても、その時点で責任能力がなかった場合には、刑事責任が問われないことになる。刑法では39条で心神喪失・心神耗弱の場合を、41条で未成年の場合を規定しており、41条によれば「14歳に満たない者の行為は、罰しない」。さらに、「20歳に満たない者」（少年法2条1項）に対しては少年法が特別な規定を置いている。これは、未成年者の判断力に十分でない点があるという責任能力の問題に加え、少年の健全育成（少年法1条）という目的を実現するためでもある。少年が犯罪に走る理由の多くは、その生育環境や少年をとりまく社会的状況の困難さにあり、また適切な措置をとれば健全な社会人となりうる可能性がある（少年の**可塑性**の高さ）ことから、少年法では成年に対する刑事手続・処罰とは異なるルールを定めているのである。

　少年法の対象となるのは、犯罪少年・触法少年・虞犯少年である（少年法3条1項）。**犯罪少年**は罪を犯した少年（刑事未成年者は含まれないので、14歳以上20歳未満が問題となる）、**触法少年**は14歳未満で刑罰法令に触れる行為をした少年（刑事未成年者にあたるので罪を犯したことにならない）をいう。

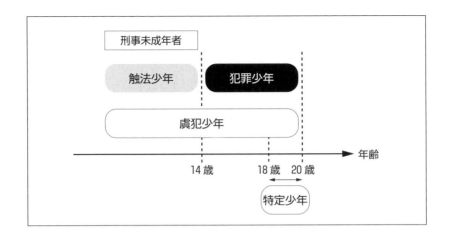

この２つの類型はいずれも、成年者が同じことをすれば刑事責任が問われるような行為をした少年である。それに対して**虞犯少年**は、将来こうした行為をとるおそれがある少年であり、少年法では４つの事由（虞犯事由）を挙げて、これらのいずれかに該当することを虞犯少年の要件としている。その４つとは、保護者の正当な監督に服しない性癖・正当の理由がなく家庭に寄りつかない・犯罪性のある人等と交際・自己または他人の徳性を害する行為をする性癖である。少年法の手続の大きな特色は、家庭裁判所や児童相談所が登場することである。犯罪少年に対する手続は、一般的な刑事手続（▶▶第11章）に類似しているものの、第１審が家庭裁判所であり、しかも捜査機関は原則としてすべての事件を家庭裁判所に送致する（**全件送致主義**）（同法41条・42条）。これは、成年の事件で検察官が起訴を必要と判断する事件だけを起訴する起訴便宜主義がとられていることとは対照的である。その理由は、犯罪行為が軽微であっても少年の環境等に問題がある場合があり、要保護性の有無を全事件について見極める必要があると考えられたからである。これに対して触法少年・虞犯少年は、そもそも刑事責任が問われないので刑事手続との接点はなく、まずは児童福祉法に基づき都道府県等に設置されている児童相談所に通告・送致され（少年法６条の６）、児童相談所が必要と判断した事件に限って家庭裁判所に送致される

（児童福祉機関先議の原則）。家庭裁判所における少年審判手続は非公開で行われ、裁判所が自ら事実関係を調査する職権主義がとられている。現在の少年法制の淵源の1つであるアメリカ合衆国の少年裁判所運動では、裁判官がいわば父親として少年に接する**パレンス・パトリエ**（国父）思想という考え方がベースになっており、日本の少年審判もこのようなイメージで制度が出来上がっている。最終判断についても少年法独自の内容が予定されている。少年に要保護性がない場合の不処分決定（同法23条2項）のほか、非行事実があって要保護性がある場合に家庭裁判所は保護処分の決定を行う（同法24条）。具体的には保護観察・児童自立支援施設等への送致・少年院送致の3種類が規定されている。保護処分でなく刑罰が相当であると判断された場合、家庭裁判所では刑事手続は行えないことから、事件を検察官に送致（**逆送**決定）し（同法20条）、地方裁判所から通常の刑事手続と同じ手続での審理が行われる。ただし、逆送ができるのは死刑・拘禁刑にあたる事件に限られている。また最終的な刑罰についての特則として、行為時18歳未満の場合の死刑禁止（同法51条1項）や、成年者では認められていない**不定期刑**（同法52条）が許容されている。こうした手続は、18歳以上の少年である特定少年（少年法62条1項）にも基本的に適用されるものの、特定少年の場合には原則逆送対象事件が拡大され（同条2項）、起訴された時点からの推知報道の禁止が解除され（少年法68条）、刑事裁判での量刑は20歳以上と同じように扱われることになる（少年法67条）。

COLUMN

児童虐待と親権

　児童虐待に関する悲しいニュースをしばしば耳にします。児童虐待の問題の難しさは、児童の利益を守るべき親権者が児童に対する加害行為を行っていることにあります。児童虐待のような児童の健全育成の問題に対しては、戦後まもない1947（昭和22）年に制定された児童福祉法が基本的な法的しくみを置いています。

それによると、保護が必要な児童（**要保護児童**）を発見した場合には市町村・福祉事務所・児童相談所に通告しなければならず（児童福祉法25条）、児童相談所長が保護のために必要な措置を判断し（同法26条）、①都道府県が保護者に訓戒を与える、②児童を児童養護施設等に入所させる、③家庭裁判所に送致するといった措置をとることになっています（同法27条）。また、2000（平成12）年に制定された児童虐待の防止等に関する法律では、児童虐待を定義し（同法2条）、行政機関の実力行使を伴う強制的な立入調査を可能とする（同法9条の3）ことで、児童虐待への早期対応を図るとともに、児童福祉法にはない面会・通信制限の規定（同法12条～12条の4）を置くことで、被虐待児童と親との引き離しを確保しようとしています。

　ここで問題となるのが、民法の親権、とりわけ**居所指定権**や懲戒権との関係です。通常の場合、児童養護施設等に児童を入所させるには、居所指定権との関係で親権者の同意が必要です。しかし児童虐待の場合には、こうした同意が得られないことが多いため、児童福祉法では家庭裁判所の承認を得ることで、親権者が同意しなくても児童を入所させることができるようにしています（児童福祉法28条1項1号）。また、親が施設に子の取り戻しを求めてきた場合に、親権を理由に施設側がこれに抗しきれなくなることを避けるため、2011（平成23）年の民法改正で**親権停止審判**の規定が設けられました（民法834条の2）。それ以前から親権喪失審判の規定（民法834条）は存在していたものの、その効果があまりに大きすぎることもあって件数は極めて少ない状態にありました。そこで機動的な対応を図るため、停止期間を2年以内に限定した停止という制度を準備したのです。さらに、離婚と虐待との間にも密接な関係があることから、離婚後の親権行使を共同親権の形にすべきとの立法提案も強まっています。

Ⅲ　代理──行為と帰属の分離

1. ………代理の基本的考え方

　権利・義務の帰属主体となる資格である権利能力は自然人の誰にでも認められているのに対して、自分の判断で確定的な法律行為を行うことができる行為能力が認められない場合がある。その場合に対応する法制度として、代理がある。**代理**とは、本人に代わって別の人が契約の締結などの法

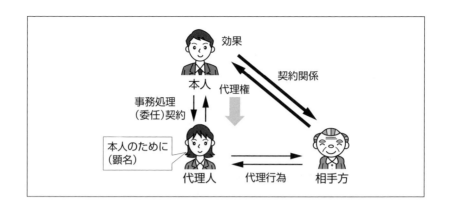

律行為（▶▶第6章 I）を行い、その効果（契約に基づく権利義務関係）を本人に帰属させる制度である。通常の場合には契約を結んだ行為者と、それに基づく権利義務関係が発生する帰属者は同一人物である。これに対して代理が使われると、行為者と帰属者が分かれることになる。このような法技術を使うことで、行為能力が不十分な人も契約を締結できるようになり、法の世界に包摂されることになる。もっとも、代理が用いられる場面はこれに限られない。1人の人間が1日にできる仕事には限度がある。そこで、事業を手広く行いたい場合には、取引を恒常的に誰か別の人に任せることが必要となる。あるいは、契約を結ぶために相手方の事務所に行かなければいけないものの、どうしても都合がつかないときに、その時だけ誰か別の人に契約を結んでもらう必要がある。こうした場面でも代理を用いることで、本人を権利・義務の帰属主体とする契約を締結することができる。この代理の考え方は、法人制度（▶▶第4章 I）とも深く結びついている。

　代理の難しいところは、法関係の当事者が三者関係になることである。単純な契約関係では二当事者だけで解決できるのに対して、代理が用いられると、本人・相手方に加えて、**代理人**が現れる。代理人に対して本人が代理する権限（**代理権**）を与えていなかったら契約はどうなるのか、代理人が本人の利益を図らない取引をしたらどうなるのかといった、二当事者

関係では考える必要のなかった法的問題が多く登場することになる。

2. ⋯⋯⋯法定代理と任意代理

　代理が使われる局面は大きく分けると、代理を使うことで有効な法律行為ができるようになる場面（例：行為能力制度）と、行為能力を持つ本人が必要に応じてその意思により代理人に何らかの法律行為を頼む場面の2つである。前者の場合には法律の規定で代理権が発生することからこれを**法定代理**と呼び、後者の場合には本人が代理権を授与することで代理権が発生することから**任意代理**と呼ぶ。

　民法に含まれる法定代理は、大きく2つに分かれる。1つは、行為能力と結びついているものであり、成年後見制度における成年後見人・補佐人・補助人や、未成年者に対する親権者・未成年後見人が法定代理人となる。もう1つは、財産管理主体がいない場合への対処であり、従来の住所を去った者が財産の管理人を置かなかった場合に家庭裁判所が任命する管理人（民法25条1項）や相続財産の管理人を家庭裁判所が選任した場合の管理人（民法918条3項）がここに含まれる。法定代理の場合には代理権の範囲も法律の規定で決まっている。

　これに対して任意代理の場合には、本人が代理人に対して代理権を授与することから始まる。代理権が与えられる際には、本人と代理人の間で契約（通常は委任契約）が結ばれる。代理人が相手方との関係で契約等を締結する際には、代理人が本人のためであることを相手方に明示し（**顕名主義**）（民法99条1項）、また代理人による行為は本人が授権した代理権の範囲内でなければならない。代理権を越えると無権代理となって、代理人が相手方と結んだ契約等の効力は本人に帰属しなくなる。例えば、車を買う代理権を与えたのに代理人が家を買った場合、その契約の効力は本人には帰属しない。代理権の範囲が定められていない場合には、財産の現状を維持する保存行為や利用行為などの管理行為のみ行うことができる（民法103条）。代理人は、自己や第三者のためでなく、本人の利益のために行動することが求められる（**利益相反行為の禁止**）。そこで民法では、自分が当

事者となる契約でその相手方の代理人になる自己契約と、ある契約の二当事者の双方の代理人になる双方代理を禁止している（民法108条）。代理人が代理権の範囲内で自分自身や本人以外の第三者の利益を図る**代理権の濫用**があった場合、相手方が代理権の濫用であることを知ることができたなら、無権代理と同様にその効果は本人に帰属しない（民法107条）。

3.……**無権代理と表見代理**

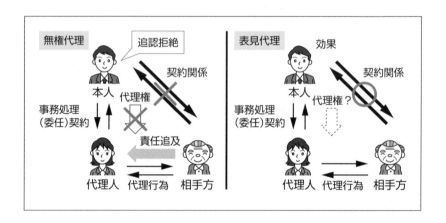

　本人が代理権を与えていないにもかかわらず、代理人が本人のためと称して契約を行った場合、その効力は本人に帰属しないはずである。しかし、そうなると相手方に大きな損害が生じる可能性が高い。また、代理人が行った契約が本人にとっても利益があると本人が判断した場合に、それが無権代理だったとしても、本人に効果を帰属させる可能性を認めても特に不都合はない。このような考慮から、民法では**無権代理**の場合に次のようなルールを定めている。まず本人は、自分に契約の効果を帰属させたいと考える場合には**追認**（民法116条）を行うことで、契約時に遡って代理権があったことになり、その効果を帰属させることができる。逆に、効果を帰属させたくない場合には相手方に**追認拒絶**を行う。次に相手方は、本人が追認するかしないのかを**催告**（民法114条）することができ、相手方

が定めた期間内に確答がなければ追認拒絶とみなされる。このようなしくみを設けることで、権利義務関係が不確定のままの状態を早く解消することができる。また、本人が追認しない間であれば、相手方がその契約を取り消すことができる（民法115条本文）。もっとも、契約関係を解消すると、次に説明する2つの手段は使えなくなる。その1つは、**無権代理人に対する責任追及**（民法117条1項）であり、代理人に対して契約の履行か損害賠償を求めることができる。

　もう1つは**表見代理**（民法109条・110条・112条）の主張である。これは、代理権がなかったにもかかわらず、そうした代理権が存在するものと信じて契約を締結した相手方を保護するものであり、表見代理が認められると、代理権がなかったにもかかわらず相手方と本人との契約関係が成立する。表見代理は、取引の相手方を最も強力に保護しうる。逆にいえば、本人としては代理権を与えていなかったのに、代理人がいわば勝手に結んだ契約に従った行動をとらなければならなくなる。本人がそのような不利益を甘受しなければならない理由は、本人が代理権を付与したようにみえる外観を作り出したことに求められている。このように外観に注目し、本来の権利ではなく外観を信頼した取引の結果を保護する考え方を**権利外観法理**と呼ぶ（その他の例として民法94条2項〔虚偽表示〕や96条3項〔詐欺・強迫〕がある〔▶▶第5章**Ⅲ**〕）。表見代理の類型として、民法は次の3つを定めている。第1は、代理権授与の表示による表見代理（民法109条）である。例えば、本人が自分の名前や商号の使用を他人に許したとすれば、他人に代理権を与えたことを本人が表示したことになるため、表見代理の成立が認められる。ただし、代理権が実際には与えられていないことを相手方が知っていた・知ることができた場合には表見代理は成立しない。この要件を利用することで、代理人や委任の内容について何も書かれていない委任状（白紙委任状）に起因する紛争はある程度解決可能である。第2は、権限外の行為の表見代理（民法110条）であり、もとになる代理権（基本代理権）を越えて代理人が活動した場合に、相手方が代理権の範囲内にあると信ずべき正当な理由があれば、表見代理の成立が認められる。これ

は、権限外の行為を平気で行うような者を代理人に選任した本人がこのような取引の責任を負うべきという考え方に基づく。第3は、代理権消滅後の表見代理（民法112条）であり、実際には代理権が消滅していたとしてもなおそれが残存している外観があれば、それを信頼して取引した相手方を保護する規定である。

内閣総理大臣臨時代理 COLUMN

　代理は民事法にだけみられるわけではなく、行政法（▶▶第12章・13章）にも存在します。行政法の世界では、委任と代理を利用される場面によって区別しており、恒常的に仕事を任せる場合には委任を、一時的に任せる場合には代理を使うことが一般的です。代理に**法定代理**と任意代理（行政法では**授権代理**と呼ぶこともあります）があるのは民法と同じです。現実的によく使われているのは法定代理の方で、これはさらに代理人が法律で決まっている**狭義の法定代理**（例：地方自治法152条1項）と、代理される機関が代理人を指定することができる**指定代理**とに分かれます。内閣総理大臣の臨時代理はこの指定代理に含まれます（内閣法9条）。俗に「**副総理**」と呼ばれている大臣は、実はこの指定代理の第1順位者を指しています（内閣法に根拠のある名称ではありません）。現在の運用では、内閣発足時に臨時代理就任予定者を5名指定して官報に掲載することとされ、原則として第1順位者は内閣官房長官とされます。それ以外の大臣を第1順位に指定した場合に、その大臣を副総理と呼ぶ慣行が定着しています。

発展学習のために

【課題】
- ●児童虐待の現状を調べた上で、虐待を防止するためにどのような法的手段がこれまで設けられ、今後どのような制度改革が必要か検討してみよう。
- ●友人に頼まれて白紙委任状を渡した場合の危険について、代理のしくみを踏まえて検討してみよう。

文献案内

◆大村敦志『**法学入門**』(羽鳥書店・2012 年)

　児童虐待の問題を具体例として、法解釈の問題だけでなく、法と社会のかかわり合いまで視野に収めた読みやすい入門書である。コラムでは、高等学校で学ぶ科目と法学とのかかわりが 5 項目にわたって紹介されており、高等学校の学習との接続関係も意識されている。

◆澤登俊雄『**少年法入門 [第 6 版]**』(有斐閣・2015 年)

　少年法に関する定評ある入門書で、コンパクトながら少年法の基本的考え方や法制度の骨格が分かりやすく説明されている。より本格的な学習には、川出敏裕『少年法 [第 2 版]』(有斐閣・2022 年)や武内謙治『少年法講義』(日本評論社・2015 年)などの体系書の講読を勧める。

第 4 章

組織と法

Introduction

　第3章で学んだように、すべての自然人には権利能力が認められ、権利・義務の主体となることができる。それでは、自然人の集まりである団体（組織）は法学の中でどのように扱われているのだろうか。町内会から株式会社に至るまで、私たちの社会生活において団体は不可欠の存在である。法学の世界では、「法人格」という概念を用いてこうした組織をめぐる権利義務関係を整序しようとしている。そこで本章では、民法・商法（会社法）を中心とした組織に関する法的なしくみを説明する。

　法人制度の最も重要な機能は、法人格が与えられることによる権利義務関係の単純化と、構成員個人の財産からの法人財産の分離にある。法人格は、原則として法律の定める手続によって与えられ、そのしくみにはいくつかのバリエーションがある。法人格が与えられると、組織をめぐる権利義務関係は対外的な関係と対内的な関係とに分けられ、とりわけ対外的関係では代理（▶▶第3章Ⅲ）とよく似た考え方がみられる（**Ⅰ**）。

　法人の基本的な考え方を理解した上で、その具体的なイメージを得るため、非営利法人制度と営利法人制度の概要を紹介する。非営利法人制度としては、一般社団法人・財団法人と特定非営利活動法人（NPO法人）を中心に、個別の法律が定める特別な法人制度を概説する（**Ⅱ**）。また営利法人制度としては、最も代表的な営利法人である株式会社を取り上げ、その特色や内部の組織構造（株式会社の機関）、さらには株主の権利と会社をとりまく他の利害関係者との調整の問題を説明することとしたい（**Ⅲ**）。

Ⅰ　組織と法人格

1.　法人格の意義

　日本社会には多くの団体がある。この団体の中で、**権利能力**が認められるものを**法人**という。団体構成員である自然人には当然に権利能力が認められている。構成員とは別に、団体に対しても法人格を認める意義は次の2つの点に求められている。第1は、権利義務関係を単純化できることである。法人格を持たない団体は、権利・義務の主体となれないので、例えば誰かと契約を結ぶときには、構成員全員との間で契約を結ぶ必要がある。代理（▶▶第3章Ⅲ）を使ってある程度の手間は省けるとしても、法人として契約の当事者となることができればより簡便である。第2は、個人の財産と法人の財産とを区別できることである。例えばある事業を複数人で始める場合、その目的のための財産を法人の財産としておけば、構成員のうちの誰かが破産したとしても、その人が拠出した法人財産は法人の手元に残される。逆に、その法人が事業で失敗して破産（▶▶第9章Ⅲ）した場合でも、（多くの法人では）構成員の責任は法人に拠出した財産を限度とし（有

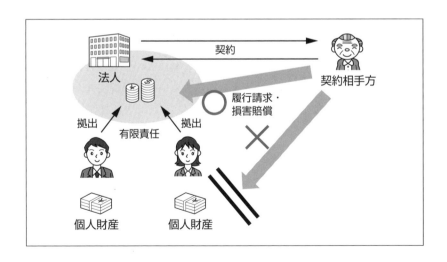

限責任）、法人に残された財産で法人の借金等が完済できなくても、構成員個人の財産で返済する必要はない。このように法人格には、法人の名前で契約等を締結し、また財産を管理することができるという利点がある。

　法人にはいろいろなタイプがある。法人の組織構成に注目した区別として、社団法人と財団法人がある。**社団法人**が人の集まり（団体）に法人格を認めたものであるのに対して、**財団法人**は財産の集まりに法人格を認めたものである。財産の集まりに法人格を与えるという説明は、直感的には理解しにくいかもしれない。例えば事業で莫大な富を得た人が、財産の一部を慈善活動に充てるため、自己の財産の一部を拠出して法人格を得るとする。このようにしておけば、たとえその人が将来事業に失敗して破産しても、慈善活動に充てるために分離した財産だけは、その目的のために使われ続ける。かつては民法の中に社団法人・財団法人の規定が存在していたものの、現在では、「一般社団法人及び一般財団法人に関する法律」（以下「一般社団法人・財団法人法」という）が詳細なルールを設けている。また、法人の目的に注目した区別として、営利法人・非営利法人（・公益法人）がある。営利・非営利という言葉は、日常用語としては利益の獲得を事業目的とするかしないかの区別を指す。法人の区別においても基本的には同じ意味で使われているものの、より正確にいえば、法人の活動によって生じた**剰余金・残余財産**（いわば儲け）を構成員（＝法人に財産を出資した者）に分配すれば**営利法人**、分配しなければ**非営利法人**と呼ばれる。営利法人の典型は株式会社である。これに対して、非営利法人の中でも、幅広く国民一般の利益のために活動する法人を**公益法人**という。公益法人もかつては民法の中に規定が存在していたものの、現在では、「公益社団法人及び公益財団法人の認定等に関する法律」（以下「公益認定法」という）で具体的な内容が決まっている。

　人の集まりの中には、構成員一人一人に運営面での強い決定権があるもの（組合）と、組織としての性格がより強いもの（社団）とがあると伝統的には理解されてきた。そして、後者の性格を有する団体（例えば、特定業種の互助会や長い歴史を持つ同窓会）の中で法人格を持たないものについて、法

人格を持っているのと近い取り扱いを認める判例理論が**権利能力なき社団**という考え方である。これは、「団体としての組織をそなえ、そこには多数決の原則が行なわれ、構成員の変更にもかかわらず団体そのものが存続し、しかしてその組織によって代表の方法、総会の運営、財産の管理その他団体としての主要な点が確定しているもの」（最一小判 1964（昭和 39）・10・15 民集 18 巻 8 号 1671 頁）について、法人格を有しているのとほぼ同等の扱いを認めるものである。この場合には、団体の財産を構成員が分割請求することはできず、また団体の財産だけがその責任財産となる（構成員の有限責任）。これとは逆方向の状況として、個人が自分の財産を守るためにあえて株式会社名義で契約を行い、法人格を盾に個人財産に対する責任追及を封じることがありうる。このような「法人格が全くの形骸にすぎない場合、またはそれが法律の適用を回避するために濫用されるが如き場合においては、法人格を認めることは、法人格なるものの本来の目的に照らして許すべからざるものというべきであり、法人格を否認すべきことが要請される場合を生じるのである」（最一小判 1969（昭和 44）・2・27 民集 23 巻 2 号 511 頁）。この**法人格否認の法理**が使われると、法人格がその事案限りで否定され、個人が行った行為として扱われることになる。

2. ⋯⋯⋯⋯法人格の付与方法

準則主義	法律の定める要件の具備	一般社団法人・財団法人 株式会社、持分会社
認証主義	法律の定める要件の具備＋主務官庁による認証（要件具備の確認）	宗教法人 特定非営利活動法人
認可主義	法律の定める要件の具備＋主務官庁による認可（要件を具備していれば認可）	消費生活協同組合 学校法人、社会福祉法人
許可主義	法律の定める要件の具備＋主務官庁による許可（主務官庁の広範な裁量）	（旧）公益法人
特許主義	特別の立法による法人設立	日本銀行

　法人格の付与は、法律の規定に基づいてなされる（**法人法定主義**）（民法

33条1項)。最も簡便な方法は**準則主義**と呼ばれるもので、法律の定める要件（例えば定款の作成と公証人による認証＋登記）を充足すれば法人格が認められる（例：会社法49条）。法律の定める要件を充足したことを行政機関（主務官庁）が認定判断（＝行政行為）（▶▶第12章**Ⅱ**）する方法がとられると、これよりも法人設立は難しくなる。これらは、主務官庁による認定判断を得るのが簡単な順に**認証主義**、**認可主義**、**許可主義**と呼ばれており、許可主義がとられると法律の定める要件を充足していても主務官庁の自由な判断で法人格の付与を拒否できる。かつての民法に基づく公益法人はこの許可主義を採用していたものの、現在は一般社団法人・財団法人法で準則主義がとられていることから、許可主義の具体例はなくなっている。さらに、特別の法律に基づいて法人格が与えられるタイプの法人も存在しており、**特許主義**と呼ばれることがある。我が国でこのような方法がとられるのは、行政組織か公益性の極めて高い組織に限られている。

　法人格が与えられると、その法人は自然人と同様に権利・義務の帰属主体となる。ただし、法人の場合には自然人にはない**権利能力の制約**を受ける。その1つは法人の性質に基づくものであり、例えば婚姻や養子縁組のような家族関係の形成を法人は行うことができない。もう1つは法令による制限である。個別の法令に基づいて法人の権利能力が制限されることがあり（例：一般社団法人・財団法人法65条1項1号）、こうした権利能力の制限に関する立法裁量の幅は自然人の場合と比べて極めて広い。

3. ⋯⋯⋯⋯**法人をめぐる権利義務関係**

　法人をめぐる権利義務関係は、法人内部の関係と外部の関係とに分けられる。法人内部の関係については、法令で法人の機関に関する定めが置かれ、その詳細は法人の「憲法」にあたる**定款**で定められる。一般的な内部機関の構成は、議決機関・業務執行機関・監査機関の3つである。**議決機関**は当該法人を構成する人（社団法人であれば社員、財団法人であれば評議員）をメンバーとする基本的な意思決定を行う機関であり、定款の変更や執行機関・監査機関の選任・解任などを行う。業務執行機関は理事・取締役と

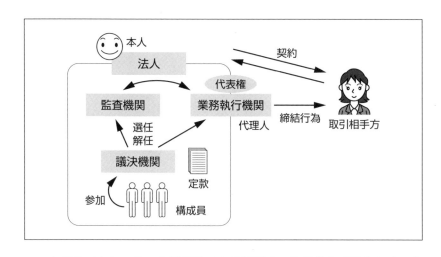

いった名称であり、その合議組織である理事会・取締役会が置かれること
もある。**業務執行機関**は法人の業務を対外的に代表し、契約を締結したり
訴訟を提起したりする権限を持つ。さらに、業務執行機関が適切に業務を
行っているかどうかを監査する**監査機関**が置かれることも多い（監事・監
査役と呼ばれることが多く、その合議体として監査役会が置かれることもある）。

　法人の外部関係では、代表者の行為が法人の権利・義務を左右する。法
人そのものが権利義務関係を変動させることは現実にはできないから、法
人の活動はその代表者（理事・取締役等）が担うこととなり、契約等の法律
行為に関しては法人を本人、代表者を代理人とする代理関係が成立する。
代表者の代理権は法人の事務一切に及ぶ（**包括代理の原則**）。ただし、定款
や法令によりその代理権が制限されることがある。まず定款による制約に
ついては、取引の相手方が法人内部の制限を知ることは容易ではないため、
その制限を知らない第三者（**善意の第三者**）に対抗できない（＝当事者間で
は効力があっても、第三者に対する効力がない）との規定が置かれることが多
い（例：一般社団法人・財団法人法 77 条 5 項）。このような規定があれば、民
法 110 条の表見代理の規定（▶▶第 3 章**Ⅲ**）の場合のように取引相手方が理
事の代理権を調べたかどうか（＝過失の有無）を問題とせず、法人との取引
を有効にできる。次に法令による制約の例として、法人の目的に基づく制

限を挙げることができる（民法34条）。伝統的にはこの規定は、法人の目的の範囲外のことに関しては法人に権利・義務が帰属しないという権利能力の制限と理解されていた（**権限踰越**〔ultra vires〕理論）。しかしこのような制限を認めると、取引の後で法人側が自らの責任を免れるために、それが目的外の取引であったと主張しかねない。そこで判例では、営利法人に関してはほとんどすべての営利行為を目的の範囲に加える立場をとってこの問題の解決を図っている。また学説では、目的の範囲の問題は法人の権利能力という対外的な取引関係に影響を与える問題ではなく、これを法人内部の理事の代理権の制限の問題と捉える見方が一般化してきた。この考え方によると、法人の目的の範囲外の行為は無権代理の問題と同じと考えることになり、追認や表見代理の可能性が出てくるから、取引の相手方が保護される場面が拡大することになる。

Ⅱ　非営利法人制度

1. ⋯⋯⋯一般社団法人・財団法人

　伝統的な法人法制は、公益法人と営利法人に区分され、公益法人は民法が、営利法人は商法が詳細な規定を置くスタイルをとっていた。しかし、公益法人となるためには民法の定める要件を充足した上で主務官庁の許可を受ける必要があり、主務官庁は許可するかどうか自由に判断できたことから、公益法人になることは難しかった。さらにこの区分では、営利も公益も目的としない、同窓会や互助会のようにメンバーの共通利益を目的とする組織に対して法人格を付与することができない。権利能力なき社団という考え方が判例によって形成されてきた制度的な背景には、このような中間法人に対して法人格を付与する法律が欠けていたという事情があった。このうち、公益法人になることが難しいという問題に対しては、**2.** で述べるような**特定非営利活動促進法**（**NPO法**）が 1998（平成 10）年に成立して、行政機関の裁量（▶▶第 12 章Ⅱ）を排除した法人格付与が実現した。また、共通利益を目的とする団体については、2001（平成 13）年に成立した**中間法人法**によって有限責任中間法人・無限責任中間法人という 2 つの法人類型が認められた。しかし、この改革によってもなお公益法人の制度には手が付けられていなかったことから、2006（平成 18）年の法改正によって民法に規定されていた法人法制に関する定めが大幅に削除され、中間法人法を廃止して、一般社団法人・財団法人法と公益認定法という二本立ての構造へと改革がなされた。この結果、現在の非営利法人法制は、一般社団法人・財団法人法と特定非営利活動促進法の 2 つをベースに、一般社団法人・財団法人が公益認定法に基づく公益認定を得て公益社団法人・公益財団法人となるという枠組になった。

　一般社団法人・財団法人法の大きな特色は、設立について**準則主義**を採用したところにある（一般社団法人・財団法人法 22 条・163 条）。すなわち、**定款**を作成して公証人の認証を受け、設立の**登記**がされると法人が成立し、

かつての公益法人のような主務官庁の許可は不要である。一般社団法人・財団法人は**非営利**を前提としており、剰余金・残余財産を社員や設立者に分配する定款の定めは無効とされている（同法11条2項・153条3項2号）。また一般財団法人に関しては、定款（2006〔平成18〕年改正前の民法では**寄附行為**と呼ばれていた）を定め、定款に定められた拠出額（合計300万円以上〔同法153条2項〕とされている）の財産を設立者が**拠出**することが必要とされている。法人を安定的に成立させる目的から、この拠出について法人成立後に設立者が無効や取消しを主張することはできない（同法165条）。

　一般社団法人・財団法人の内部構造においても議決機関・執行機関・監査機関が存在する。まず一般社団法人については、議決機関として**社員総会**（一般社団法人・財団法人法35条）、業務執行機関として**理事**（同法60条1項）を必ず置かなければならない。さまざまな規模の法人が想定できることから、法律で必ず置くこととされている機関はこの2つに限られている。しかし負債総額が大きな法人（**大規模一般社団法人**）では**会計監査人**が必置とされ（同法62条）、この場合には**監事**も置かなければならない（同法61条）。また規模の大きな法人に多い**理事会**（同法60条2項）を置くタイプの法人でも、社員総会の議決事項が限定される（同法35条2項）ことと引き替えに監事が必置となる（同法61条）。理事会が置かれた場合には、理事の中で**代表理事**を理事会で選任し、代表理事が法人を代表することとなる（同法77条1項但書・90条3項）。次に一般財団法人については、社団法人における社員にあたる構成員が存在しないため、議決機関としては**評議員会**が置かれる（同法178条）。**評議員**は3人以上置かれ、評議員会は定款の変更や、業務執行機関である理事や監査機関である監事・会計監査人の選任・解任等を行う（同法176条・178条2項）。もっとも、評議員は設置者の意思を実現するために置かれるものであるから、定款が特に許していない限り法人の目的に関する定款の定めを変更できない（同法200条）。業務執行機関である**理事**は3人以上置かれなければならず、**理事会**によって**代表理事**が選任されて法人を代表する点は一般社団法人と同じである（同法197条）。一般財団法人では監査機関である**監事**は規模にかかわらず必置で（同

法170条1項)、負債総額の大きな大規模一般財団法人では**会計監査人**も必ず置かなければならない(同法171条)。このように一般財団法人では、設置者の意思を設置者以外のメンバーで実現する必要があることから、一般社団法人よりも内部構造に関する法的規律が強い。

2. ………特定非営利活動法人

特定非営利活動法人は、1995(平成7)年の阪神・淡路大震災の際に注目されたボランティア活動等を支援し、2000(平成12)年前後の社会福祉基礎構造改革に伴って生じた福祉・介護サービス事業者の法人格の受け皿となることも想定されて誕生した法人制度である。その特色は、特定非営利活動促進法の別表に列挙されている20の活動(別表第20号により都道府県・政令指定都市の条例で活動を追加することもできる)であって不特定かつ多数の者の利益の増進に寄与することを目的とする特定非営利活動について、**認証主義**に基づく法人格の付与を行うことにある。具体的な活動としては「保健・医療・福祉」や「まちづくり」などが挙げられており、一般社団法人が主として構成員の利益の増進を想定していたのとは異なる。特定非営利活動法人でも剰余金の分配は禁止されており(同法5条1項)、法人解散時の残余財産の帰属先は国・地方公共団体・公益法人・学校法人・社会福祉法人・更生保護法人に限定されている(同法11条3項)。設立の際には定款を作成し、所轄庁(=都道府県知事・政令指定都市の市長)の認証を受ける必要がある(同法10条)。認証の基準は客観的なものであり(同法12条1項)、所轄庁の裁量に基づく自由な判断はできない。認証を得て登記がなされると法人が成立する(同法13条1項)。

特定非営利活動法人には議決機関として社員総会が置かれる(同法14条の2)。また執行機関として理事3人以上、監査機関として監事1人以上が必置である(同法15条)。理事は特定非営利活動法人のすべての業務について当該法人を代表する(同法16条)。特定非営利活動法人のガバナンスの大きな特色は、**対外的な情報開示**による透明性の確保にある。同法28条では、事業報告書等の備え付けと利害関係者への閲覧の規定があり、同法29

条・30条では事業報告書等を所轄庁に提出し、所轄庁が条例に基づいて、請求があれば誰に対しても閲覧・謄写させなければならないとしている。

3. ……………法人制度と公益性

さまざまな設立目的に対応できる非営利法人の類型である一般社団法人・財団法人と特定非営利活動法人以外にも、個別の法律で非営利法人の設立が認められている。ここでは代表的な法人を3つ紹介する。

第1は、**労働組合**である。労働者と使用者との関係は一般的に使用者の方が優位に立っているため、労働者の利益を守るためには労働者が団体を結成して使用者に対抗し、賃金や労働時間などの雇用条件に関する対等な交渉力を獲得する必要がある。そこで労働組合法では「労働者が主体となって自主的に労働条件の維持改善その他経済的地位の向上を図ることを主たる目的として組織する団体又はその連合団体」(労働組合法2条柱書)を労働組合と定義し、労働者の**団結権**(憲法28条)を尊重する観点からその設立にいかなる届出・認証等も求めないこととしている(**自由設立主義**)。他方で、労働組合法が定めている不当労働行為に関する救済手続等を利用するためには、労働委員会での資格審査を受ける必要がある(**適格組合**)。

第2は、**学校法人・社会福祉法人**である。これらはいずれも、かつての民法の公益法人(財団法人)から派生したものである。国・地方公共団体以外で学校を設立できるのは、原則として学校法人だけである(学校教育法2条1項)。学校法人の設立の際には、寄附行為について所轄庁(文部科学大臣等)の**認可**を受けなければならず、その際には私立学校審議会等の意見を聴く手続が設けられている(私立学校法31条)。必置の理事・監事の数は一般財団法人より多くなっている(同法35条)。こうした特徴は社会福祉法人にも共通してみられる(社会福祉法22条以下)。これは、「公の支配に属しない慈善、教育若しくは博愛の事業」に対する公金支出を禁止した憲法89条と深く関係している。私学助成や社会福祉事業に対する補助金の交付を行う場合に、違憲となることを避けるために、通常の法人制度よりも機関に関する定めを詳細にし、かつ助成を受けた場合にさらに強度の行政

監督に服させる（私立学校法 59 条・60 条、私立学校振興助成法 12 条、社会福祉法 56 条・58 条 2 項・3 項）ことで「**公の支配**」に属していることにする方法が、ここでとられているのである。

第 3 は、弁護士会・税理士会等の**士業団体**である。これらの団体の大きな特色は、**強制加入**にある。例えば税理士として活動しようとすると、税理士名簿に登録されなければならず（税理士法 18 条）、この登録は日本税理士会連合会が行う（同法 19 条 2 項）。これは各地の税理士会の連合組織で、税理士会は国税局の管轄区域ごとに 1 つずつ設立されねばならず（同法 49 条 1 項）、登録を受けると当然に税理士会の会員となり（同法 49 条の 6 第 1 項）、登録が抹消されると自動的に退会となる（同法 26 条 1 項・49 条の 6 第 7 項）。これは、高度専門職の活動に対する規律を自律的に行わせることを目的としており、士業団体は行政組織に似た働きをしている。このような強制加入の団体の活動について、最高裁は法人の目的による制限（民法 34 条）を厳格に解しており、税理士会が政治献金を行うために会員から会費を徴収する決議を行ったことについて、税理士会の目的の範囲外の行為であるとして決議を無効としている（最三小判 1996（平成 8）・3・19 民集 50 巻 3 号 615 頁）。

法人制度と税制度

COLUMN

　本章の **Introduction** では、法人制度の核心は法人格が与えられることによる権利義務関係の単純化と構成員個人の財産からの法人財産の分離にあると説明しました。非営利法人の場合にはさらに、法人化によって税制面での優遇が受けられるという要素が加わります。もちろん、非営利法人になれば直ちに税制優遇が受けられるわけではなく、法人税法や個別の法律で税制優遇措置が規定されないと、こうしたメリットはありません。

　非営利（公益）法人関連の税制優遇のポイントは 3 つあります。第 1 は、**公益事業に対しては課税されない**ことです。ただし収益事業に対しては、かつては普通の法人よりも低い税率が適用されていたものの、現在ではその差がほとんどなく

なっています。第2は、収益事業で発生した儲けを公益事業の支出に充当することができる**みなし寄附金**です。原則として収益事業で得られた所得の50%まで、このような方法で公益事業の支出に充当し、その部分については課税対象から外される扱いが認められます。第3は、法人に寄附してくれる市民や企業に対する優遇措置です。法人への寄附を行うと、寄附者はその分を一定の条件の下で**損金**に算入でき、あるいは課税対象となる所得から除外することができます。つまり、寄附を行うことで本来支払うべき税金を安くすることができます。これは、税を支払うか、自分が望む公益事業への寄附を行うかの選択を認めるものともいえます。一般社団法人・財団法人が公益認定を得て**公益社団法人・公益財団法人**となると、これらの特例がすべて適用されます。特定非営利活動法人の場合には、公益事業への非課税は適用されるものの、寄附関連の優遇は認められていません。これが認められるためには、さらに所轄庁の認定を得て**認定特定非営利活動法人**（特定非営利活動促進法44条～57条）になる必要があります。

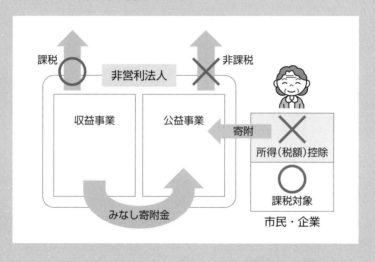

Ⅲ　営利法人制度

1. …………株式会社の特色

　営利法人の代表が会社であり、2005（平成17）年に商法から独立した会

社法では、**株式会社**と**持分会社**（合名会社・合資会社・合同会社）の２つの類型が規定されている（それ以前に存在した**有限会社**は株式会社と統合され、会社法施行時に設立されていた有限会社のみ特例有限会社として存続している）。ここでは、最も代表的な会社組織である株式会社を取り上げる。

　株式会社は**準則主義**によって設立され、会社に対して出資を行った株主が**株主総会**で会社の運営の方針を決め、会社の営業活動によって得た利益を**配当金**の形で獲得する組織形態である。このような特性を捉えて、株式会社は出資者が**所有者**となると表現されることがある。とはいえ、出資者が責任を持つのは出資額までであり、たとえ会社の事業がうまくいかなくなって会社の借金が膨らんだとしても、出資者の個人財産がその補填に使われることはない（**有限責任**）。また、経営上の意思決定は株主総会で選任された取締役に委ねられており、所有と経営がはっきり分離している。株式会社の最大の特徴は、出資者が出資している会社の財産（**出資持分**）が**株式**という譲渡しやすい形で**証券化**され（▶▶第９章Ⅰ）、株式市場等を通じて売買されることにある。これらの特徴はいずれも営利を目的とする活動に適したものであり、誰もが知っている大企業から身近な中小企業に至るまで株式会社形態の組織が多い理由もここにある。

2. ⋯⋯⋯⋯株式会社の機関

　株式会社の経営が適正に行われ、活動の適法性が維持される（**コンプライアンス**）ためには、内部機関の設計が極めて重要である。とりわけ1990年代以降、株式会社の意思決定が不適切に行われてさまざまな不正が生じることが問題となった。また、株式会社の意思決定のあり方が経済の動向とも深くかかわることが認識され、企業内部の意思形成の問題は、もはやその企業だけの関心事ではなくなってきている。このような企業統治（**コーポレート・ガバナンス**）の最適化を目指して、日本の会社法は新たな組織モデルを導入するとともに、会社の規模に応じて定款による機関構成の変更を緩やかに認める方向性を示してきた。すべての株式会社で設置しなければならない最もシンプルな機関の構成は、株主総会と取締役である（会

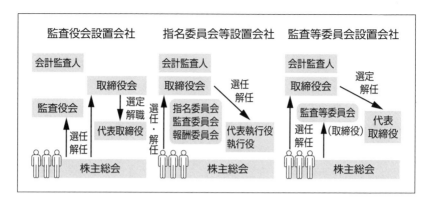

社法 326 条 1 項）。大企業を中心に従来から一般的だったのは、株主総会が
業務執行機関としての取締役を選び、取締役会で代表取締役が選ばれると
ともに、会社の経営が会社法令等を遵守し、また適切に行われているかを
監査する監査機関として監査役・監査役会（同法 390 条）を設置する**監査役
会設置会社**である。これは、会社の具体的経営方針を決めてそれを実現す
る取締役会が業務を執行し、監査役会がその監視・監査を行う**マネジメン
ト・モデル**である。これに対して近時、**社外取締役**を選任し、取締役会が
経営上の重要な意思決定に関する監督を行い、業務執行は**代表執行役**
（Chief Executive Officer: CEO）や執行役が担う**モニタリング・モデル**が注目
されている。これは、社内の取締役が社長との関係で自由に意見を述べる
ことが難しい現状を前提に、社外取締役が第三者としての立場から経営を
監視し、適切な意思決定ができる構造を会社に設定することを目指すもの
である。まず 2002（平成 14）年の法改正で、監査役を置かない委員会等設
置会社（現在は「**指名委員会等設置会社**」という）のしくみが設けられ（同法
400 条～ 422 条）、委員会を中心に取締役会が執行役を監督する形態が誕生
した。さらに 2014（平成 26）年の会社法改正では、監査役を置かない代わ
りに、取締役会に構成員の過半数が社外取締役の監査等委員会（同法 399 条
の 2 ～ 399 条の 14）を置く**監査等委員会設置会社**も追加され、取締役会の過
半数が社外取締役である場合に重要な執行業務の決定を取締役に委ねるこ
とができることとされた（同法 399 条の 13 第 5 項）。この改正では同時に、監

査役会設置会社においても、社外取締役を置いていない場合には定時株主総会でその理由を説明しなければならない規定（comply or explain）（同法327条の2）が追加された。その後、2019（令和元）年の会社法改正では、この規定が改められ、監査役会設置会社にも社外取締役の設置が義務付けられることとなった。

3. ⋯⋯⋯⋯株主の権利

株式会社においては株主が会社を所有しているとされる。株主の権利は、会社の事業によって得られた経済的な利益を配分してもらう経済的な権利（**自益権**）と、会社の意思決定に関与する権利（**共益権**）から成る。

株主は、会社の事業によって得られた剰余金の配当を受ける権利や、会社が解散する際に残った残余財産の分配を受ける権利を有する（会社法105条1項1号・2号）。こうした経済的利益は、株式を1株でも持っていれば得られる利益である。他方で、会社をとりまく利害関係者は株主だけではない。会社は、株式を発行することによって資金調達する方法（**エクイティ・ファイナンス**）と並んで、銀行から借り入れを行ったり、社債（同法676条～742条）を発行したりして外部から資金調達（**デット・ファイナンス**）を行うこともできる。この場合の株主と債権者との利害調整もまた、会社法の重要な課題である。会社法では、剰余金の配当については分配可能額の規定（同法461条2項）を設け、また清算時には債務の弁済を残余財産の分配に優先させる（同法502条）こととして、両者の調整を図っている。

株主の権利は経済的な内容に尽きるものではなく、会社の経営に関与する権利も有しており、その代表が株主総会における**議決権**（会社法105条1項3号）である。ただしこの議決権は、株式のうちの一定割合を確保していなければ会社の意思決定を左右しえない。さらに、株式の内容は必ずしも均一である必要はなく、定款で優先株式を定めることで、普通株式と優先株式という複数の**種類株式**を発行することもできる（同法108条）。例えば、剰余金の配当に差を付けた株式や、議決権の行使ができる事項を制限した株式（**議決権制限種類株式**）、さらにはその種類株式を持っている株主

だけでの株主総会に重要な意思決定を行う株式（**拒否権付種類株式・黄金株**）を発行することができる。**株主平等の原則**（同法109条）の中には株式の内容が同一であるべきとの要請は含まれておらず、株式の内容が同一である限り同一の取扱いがなされることがその主要な内容である。これに対して、1株でも株式を持っていれば利用できるのが**株主代表訴訟**をはじめとする会社関係の訴訟である。会社の取締役等が会社に損害を与えた場合、会社がもっている賠償請求権を取締役が自主的に行使することは期待できないので、会社法は株主がその請求権を代位行使（▶▶第9章Ⅰ）する訴訟を認めている（同法847条）。この株主代表訴訟は、6ヶ月前から株主になっていれば誰でも利用できる。近時は、別の会社の株式を保有するのみでそれ自体は事業を行わない**持株会社**を使ってさまざまな子会社を束ねることが一般化したことから、持株会社である親会社の株主が、一定の条件を満たした場合に子会社・孫会社の取締役等に対する責任を追及できる**多重代表訴訟**が2014（平成26）年改正で導入されている。

　自益権と共益権の両方の要素が問題となるのが、会社の合併等の**組織再編**の場面である。合併が行われる場合には、吸収される会社の株主に対しては存続会社の株式を交付するのがもともとのルールであった。しかし会社法が制定された2005（平成17）年の段階で、存続会社の株式でなくても金銭等の交付でよいとする**対価の柔軟化**が図られ、少数株主を締め出す（株式を強制的に買い取って株主でなくすことから**キャッシュアウト**と呼ばれる）ことが可能になった。ここでは、その際に使われる代表的な方法を2つ紹介する。1つは、**全部取得条項付種類株式**である（会社法171条〜173条の2）。これは前述の種類株式の一種であり、株主総会の決議で会社が全部を強制的に取得することができる株式である。もともとは、経営不振に陥った会社を建て直すため、すでに発行されている株式の価値がゼロになっていることを前提にそれらを会社が全部取得し、救済のために資金を出してくれたスポンサーに対して株式を新たに発行し直す（いわゆる**100%減資**）ことを目的として導入された制度であった。しかし、この方法で組織再編を行うと課税が避けられることから、少数株主の締め出しにも用い

られるようになった。この場合の少数株主の利益を保護するしくみとして、株式買取請求権（同法116条）・裁判所の価格決定申立権（同法172条）に加え、2014（平成26）年改正で全部取得条項付種類株式の取得の差止請求（同法171条の3）も導入されている。もう1つは、**特別支配株主による株式等売渡請求**（同法179条〜179条の10）である。これは議決権の90%以上を保有する特別支配株主が、その一方的な請求によって、他の株主の株式を買い取ることを認めるものである。手続的なルールとしては、全部取得条項付種類株式の取得と同様の内容が定められているものの、株主総会の決議が不要で、その代わりに取締役会決議を受ける必要があるとされている（同法179条の3）。会社法の目的を会社の適切な運営確保に重点を置いて理解し、また株主の利益が剰余金配当請求権等に尽きるとすると、適切な対価による買い取りがなされていれば特に問題はないのかもしれない。しかし、その会社の意思決定に参画する機会を得たいとか、いわゆる株主優待のサービスを受けたいという目的で株式を所有することは、少数株主の締め出し措置がとられると実現できなくなる。このような制度の登場は、株券という財産を「所有」することの意味（▶▶第5章**Ⅱ**）を改めて考えさせる契機となるかもしれない。

COLUMN

民営化と株式会社

　公共部門においても法人格は重要な役割を果たしています。国・地方公共団体は法人格を持っており（地方自治法2条1項。国に関しては法人格を付与する旨の明文規定はないものの、当然に法人格を持っているとされます）、その機関（**行政機関**。対外的な権限行使に注目する場合には**行政庁**と呼ばれます）である大臣や都道府県知事・市町村長が法人（**行政主体**）を代表してさまざまな権利義務関係を取り結ぶ判断を行っています。

　1980年代以降、それまで公共部門が担っていた業務を民間部門へと移す**民営化**が幅広くなされてきました。その際に用いられる手法の1つが、株式会社の設立です。例えば、かつて三公社と呼ばれていた国鉄・電電公社・専売公社は、各地の旅客鉄道株式会社と日本貨物鉄道株式会社（JR各社）、日本電信電話株式会社

（NTT）、日本たばこ産業株式会社（JT）となっており、かつての日本道路公団は各地の高速道路株式会社（NEXCO）に、郵便局は日本郵政株式会社・株式会社ゆうちょ銀行・日本郵便株式会社・株式会社かんぽ生命保険に組織変更されています。これらの株式会社は、その設立時には個別の法律を立法して設立されており、その法律の中で国が株式の一定割合を保有する義務や、民営化によってサービスが低下しないための規制を設けることが一般的です。このような特別な立法でできた株式会社は、**特殊会社**と呼ばれています。こうした特別の立法による国の株式保有義務から外れ、株式が全て株式市場に上場されると、法形式の上では通常の株式会社と変わらなくなります（**完全民営化**）。例えば、国鉄の分割民営化の際に誕生した6つの旅客鉄道のうちJR東日本・東海・西日本・九州の4社はすでに完全民営化を達成しています。

発展学習のために

【課題】

● ニュースで話題になっている団体を取り上げ、それがどのような組織形態をとっているのか調べ、なぜその組織形態が選ばれているのかを考えてみよう。

● 株式会社に関する法制度は、近時、頻繁かつ大規模に変化している。株式会社に関係する近年の事件や訴訟を調べ、その理由を考えてみよう。

文献案内

◆ 橘幸信『知っておきたいNPO法［改訂版］』（財務省印刷局・2002年）

かつて民法が規定していた伝統的な公益（非営利）法人制度に大きな変容をもたらすきっかけとなったNPO法に関する簡明な解説書である。その内容の中には現在では古くなっている部分もあるものの、現在の非営利法人法制がどのような背景から生まれたのかを知るのに好適である。

◆ 神田秀樹『会社法入門［新版］』（岩波書店・2015年）

会社法学の第一人者の手による入門書で、最新の改正内容まで反映された記述となっている。複雑で難解な会社法の重要部分や基本的な考え方を分かりやすく説明しており、組織をめぐる法制度に関する基本的なものの見方を会得するのにも有用である。

第 5 章

財産と法

Introduction

　第3章と第4章では、法学の世界におけるアクターである自然人・法人を中心にその重要な内容を説明した。これに対して本章では、こうした自然人や法人が支配する物＝財産に焦点を当てることとしたい。財産に関する基本的なルールは民法（物権編）で定められており、その内容を理解することがまずは重要となる。本章と第6章の内容は、単に民法の基本的な考え方を理解するのみならず、法学全体に通底する「ものの見方」を知るという点でも重要な内容である。法学の他の分野でみられる概念や考え方の多くは、この財産法を下敷きにしているからである。やや複雑で込み入った印象を持つ部分ではあるものの、最後まで読み通してほしい。

　財産権の原型となるのが、民法で規定されている所有権である。そこでまずは、所有権の特色を確認し、その上で民法が規定している制限物権の内容を説明する。さらに、民法以外の法律が規定している物権類似の権利を概観することとしたい（**I**）。

　次に、所有権の内容と制約を、民法の規定を中心に説明する。まず、所有権と密接な関連を持っている占有（権）を取り上げ、所有権と占有の内容とを比較しながら、所有権の内容（とりわけ物権的請求権）について紹介する。また、所有権に対する制約として民法上規定されたものとして、法令に基づく制約のほか、相隣関係・共同所有・権利濫用を説明する（**II**）。

　最後に、物権法の中でも最も重要な物権変動について、その基本的な考え方を紹介する。物権変動論の基盤となる見方は「静的安全の保護」（本来の権利者の保護）と「動的安全の保護」（取引の保護）の2つであり、この見方が物権変動の現場でどのように反映されるかを、不動産・動産のそれぞれについて説明する（**III**）。

I 財産権としての物権

1.……………物権法の特色──所有権を中心に

　財産制度を規定している民法の財産編のうち、第2編は「物権」、第3編は「債権」という表題が付けられている。法学の世界では、自然人や法人が保有する財産を大きくこの2つに分けて取り扱っている。**物権**は、物に対する支配権である。最も代表的な物権である**所有権**を例にとると、所有権者は所有している物を自由に**使用**（＝自分自身で利用すること）・**収益**（＝他人に使用させてその対価を得ること）・**処分**（＝売却してその対価を得ること）できる。このような支配権の行使にあたって、所有者以外の人の了解や同意を得る必要はない。これに対して**債権**は、特定の人（債務者）に対して何らかの請求を行うことができる権利であり、債務者以外には請求を行うことができない。両者の違いを説明する具体例として、ある土地を通行することができる権利を考える。

　次頁の図のようにAとBは隣同士で、Bの家の敷地からバス停に向かうには階段を通らなければならない。そこでBはAと交渉して、Aの敷地に隣接するバス停からB敷地までの網掛部分を通行できるようにしてもらい、AとBの間の塀を網掛部分については作らずに門扉を設置し、そこに鍵を付けて鍵をAがBに貸すこととした。このとき、物権の一種である**地役権**を設定しておくのと、地役権を設定せず単純にAとBとの約束（契約）だけで済ませておくのとでは、Aの土地の所有者が変わった場合に大きく異なる。地役権は物権であり、その土地と結びついた制約なので、Aの土地の所有者が別人に代わってもなおBはその土地を通行することができる（民法286条）。しかし単なる約束であれば、BはA（＝債務者）との関係においてのみ通行権を主張でき、新しい所有者が通行を拒んで鍵を交換してしまった場合には、新たな所有者と新たな約束を結ばない限り通行することができなくなる。このような物に注目した支配権である物権は、その物との関係であらゆる人に対して支配・管理を貫徹できることから、債権よ

りも強い権利であると考えられている。

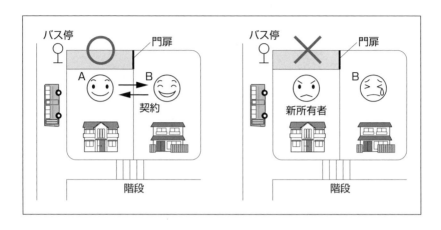

　民法では、支配の対象となる「物」についての基本的な規定を第1編の総則に置いている。まず、物とは「**有体物**」を指すとされる（民法85条）。これは、強力な支配権を及ぼす対象を、明確に把握できるものに限定する趣旨とされる。ただし、民法以外の法律では無体物に対する物権類似の権利（例えば特許権・著作権等の知的財産権）も認められている。次に、物は大きく「**不動産**」と「**動産**」に分けられている。土地とその定着物（例えば建物）は不動産とされ、それ以外は動産とされる（民法86条1項・2項）。日本では土地と建物は別個の不動産とされ、立木についても登記等がされれば土地と独立した取引対象となる。不動産と動産には、物権変動の際に異なるルールが適用されるため、その区別は重要である。さらに、支配権の対象を画する際に重要な概念が「**主物・従物**」と「**果実**」である。一軒家に設置した屋外電源コンセントのようなものを従物と呼び、主物（この例では一軒家）の処分に従った処分がされる（民法87条）。また、果実とは物により得られる収益のことであり、農産物のように物の用法に従い収取する産出物を天然果実（民法88条1項）、賃料のように物の使用の対価として受けるべき金銭その他の物を法定果実（同条2項）という。天然果実は、これを分離する時に収取する権利を有する者に帰属する（民法89条1項）。

2. ……… 所有権と制限物権

　物権は債権と比べて強力な権利であることから、新しい物権を私人間の約束である契約で作り出すことはできず、物権の内容は法律で定められなければならない（**物権法定主義**）。近代啓蒙主義は個人の自由や平等を重視し（▶▶第2章Ⅱ）、それを背景に成立した近代国家においては、それ以前の封建社会で広くみられた土地の保有と支配の混合状態（＝封建領主が土地の保有者であると同時に、そこに居住する人に対する支配者でもある状態）が排除され、1つの土地には1つの所有権しか成立しないこととされた（**一物一権主義**）。物権法定主義と一物一権主義はこのように、近代国家の財産制度の核心を形成しており、所有権は物権全般の基本型である。民法では所有権のほか、その一部の機能を制限した**制限物権**が列挙されている。

　制限物権は大きく、その物を利用する権利である用益物権と、その物の財産的価値を借金等の担保とする担保物権に分けられる。**用益物権**としては、地上権・永小作権・地役権・入会権がある。このうち、他人の土地で農業や牧畜を行う権利である永小作権（民法270条）や、集落単位で里山等を共同利用する入会権（民法294条）の利用は、今日では限定的である。また、他人の土地の上に工作物や竹木を所有するための土地の使用権を意味する**地上権**（民法265条）についても、日本では賃貸借契約が使われることが多く、モノレールや地下鉄・道路などをその土地の上空・地下に通す場合に用いられることがあるに過ぎない。すでに例に出した**地役権**は、土地と結びついた形で一定の役務を提供するように求めることができる権利で、ある役務（上記の例では通行のための土地の利用）を必要とする土地を要役地、負担を引き受ける土地を承役地という。地役権の特徴は、人に対してではなく土地に対して設定されること（新たな所有者にも効力を及ぼすこと）、承役地の所有者もその土地の利用が可能であることにある。

　担保物権は、借金等の相手方に支払わなければならない債務が払えなくなった場合のために、その物の財産的価値を担保にするための物権である（▶▶第9章Ⅱ）。支払わなければならない債務の額が自分の財産を大きく上回り、支払うことができなくなると、最終的には破産手続がとられる。

その際には、債務者が現に有している財産を債権者に対してその債権額の比率に従って按分することになる（**債権者平等の原則**）。こうなると、ほとんどの場合、債権者は債権額の満額は支払ってもらえないことになるので、自分に優先的に支払ってもらうために担保の設定が行われる。担保には、代わりに支払ってもらう人（**保証人**）を決めておく**人的担保**と、ある物から優先的に支払いを得ることができる**物的担保**があり、民法の物権編では物的担保の規定が置かれている。このうち、私人間の約束（契約）を前提とするタイプを**約定担保物権**と呼び、支払いがあるまで質に入れた物を返さない**質権**（民法342条）と、支払いがなされなければその物を売却してその対価から支払いを得る**抵当権**（民法369条）がある。これに対して法律で内容が決まっている担保物権を**法定担保物権**と呼び、対価支払いがあるまで対象物を相手に引き渡さない**留置権**（民法295条1項）と、共益費用や雇用関係に基づく支払いなど法定された債権を、他の債権に優先して支払う**先取特権**<ruby>先取特権<rt>さきどりとっけん</rt></ruby>（民法303条）が含まれる。

3. ··········**物権類似の権利**

物権の内容は、法律で定められなければならない。逆にいえば、物権を法律によって作り出すことは可能である。ここではその代表的な例として、著作権を紹介する。書籍や音楽、美術や写真などの人の思想や感情を表現したものを**著作物**と呼ぶ（著作権法2条1項1号）。その本質は情報であって、書籍や楽譜といった物（有体物）が対象となっているわけではない。著作権法では、民法上有体物に限られている「物」を無体物に拡張した上で、これに物権類似の保護を与えている。本来誰でも使えるはずである情報に「著作権」という排他的な利用権を認めている理由は、情報を作り出すことに対するインセンティブを与え、多様な文化の発展を図ることにあるとされている。著作権はこのように政策的に認められた権利であるため、民法で規定された物権と異なり**存続期間**の定めがあり、原則として創作者の死後70年を経過すると消滅することとなっている（同法17条・51条）。

著作権の大きな特色は、利用形態ごとの**支分権**が規定され、その束とし

て保護の範囲が決まっていることである。例えば複製権（著作権法21条）、上演権・演奏権（同法22条）などが法律で規定されている。そして権利行使の面での大きな特色は、**差止請求権**（同法112条）が認められていることである。著作権は譲渡でき（同法61条）、利用許諾を与えることができ（同法63条）、質権の設定も可能である（同法66条）。これに加えて、権利者でない者が例えば著作物を勝手に複製した場合には、その者の主観的事情を問わず、そのような行為を禁止する差止請求権が認められている。言い換えれば、著作権は著作物に注目し、その排他的な利用権を内容とするものであり、この点に物権的な性格が認められている。

COLUMN

所有権絶対の原則

　所有権絶対の原則は、近代民法の基本原則の1つとされる重要な原則です。近代以前の封建社会においては、1つの土地に対して、それを耕作している農民、農民を支配している封建領主、さらには教会や皇帝といった多層的な構造が存在し、土地に対する支配権が経済的なものにとどまっていませんでした。封建領主の裁判権も土地に対する支配権を前提にしたものであり、1つの土地に下級所有権・上級所有権といった複数の所有権が観念できる状態にありました。近代国家は、封建領主に代表される中間権力を取り除いて公権力を国家に集中させ、所有権を純粋に経済的な支配権にすることで、所有者が他人の干渉を受けずに土地を自由に使ってよい権利として所有権を構成し、その安定性を確保するために物権の内容は法律でしか定められないこととしました。このような経緯からすると、所有権絶対の原則を法律による所有権規制からの自由と理解することは、明白な誤りであることが分かります。民法上も、所有権は法令の範囲内で行使しうることが明確に規定されています（民法206条）。

　近代国家は同時に、所有権を基本的人権として憲法上保障することが通例です。他方で所有権は法律で定めるとすると、立法者は自由に所有権のあり方を決められるのか、それとも憲法によって立法者に対して所有権の内容形成の限界が設定されているのかという点が問題となってきます。憲法上明確なのは、すでに持っている財産権が公共目的のために奪われる場合（収用）には、その損失を補償してもらえることです（憲法29条3項）。しかし、土地利用規制のように土地を取り上げる

わけではない場合には、必ずしも損失補償がなされず、またその立法が合憲かどうかは目的と手段の合理性に注目した審査基準で判断されることになります（▶▶第2章Ⅱ・12章Ⅱ）。

Ⅱ 所有権の内容と制約

1. ………所有権と占有権

　民法第2編「物権」では、物権法全体に関するルールである「総則」の直後に、物権の基本形である所有権の規定を置かず、第1章「総則」と第3章「所有権」の間に第2章「占有権」の規定が挟まれている。この**占有権**は所有権や制限物権と同じ意味での「権利」ではなく、現実の支配に基づいてその支配が保護される地位を意味する。所有権を持っていれば、その物に対する排他的な支配を実現することができ、例えばその物を奪った者がいれば、訴訟によってそれを取り返すことができるはずである。しかし、所有権は目に見えるものではないため、現実にその土地を支配している人が本当に所有権を持っていることを証明することは意外と難しい。また取引の場合でも、本当は所有権を持っていない無権利者がその物を支配しているとすると、取引相手は通常の場合、相手が無権利者かどうかを容易に判定することができない。このような場合に、所有権（これを**本権**と呼ぶことがある）のような支配を正当化する**権原**の所在をひとまず棚上げして、現実の支配関係をそれとして保護しようとする法制度が、所有権と並んで構築されている。占有権の内容は所有権の内容と深く関係しているので、次の所有権の内容の部分で併せて説明する。

　占有が成立するためには、自己のためにする意思をもって物を所持する必要がある（民法180条）。ここでは単に現実にその物を支配（＝所持）し

ているだけでなく、自己のためにする意思（**占有意思**）も必要とされる。また、占有取得の方法として民法は次の4つを想定している。第1は、実際に物の所持者が変わる**現実の引渡し**（民法182条1項）である。第2は、すでに相手方がその物を所持している場合に、意思表示によって占有を獲得する**簡易の引渡し**（同条2項）であり、例えば、友人から本を借りている状態で、本を貸してくれていた友人が「その本をあげるよ」と言った場合に、簡易の引渡しがあったことになる。第3は、自分が持っている物の所有権が相手方に移ってもなお所持を続けており、相手方のために所持していることを示す（**代理占有・間接占有**）ことでなされる**占有改定**（民法183条）である。友人に本を譲ることを伝えたものの、その友人の引っ越しが終わるまで一時的に預かっておく場合がこれにあたる。第4は、自分の所有物を別の人が占有している場合に、その別の人に対して今後は新しい所有者のために占有するように指図することで占有が移転する**指図による占有移転**（民法184条）である。誰か別の第三者に本を貸していて、その本を友人に譲る場合、その第三者に今後は友人が所有者だと伝えるのがこれに

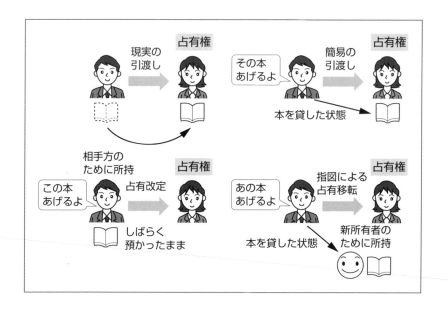

該当する。現実の引渡しであれば、占有移転は誰の目にも明らかである。しかしそれ以外のタイプでは、現実に物の所持者が変わることはない。こうなると、所有権のみならず占有権でも、実際に持っている人と権利者とが一致しない（**占有の観念化**）ことになるのである。

2. ·········所有権の内容

民法206条は、「所有者は、法令の制限内において、自由にその所有物の使用、収益及び処分をする権利を有する」と定めている。制限物権は所有権の内容のうちの一部分を取り出した物権であり、制限物権がその物に存在すると、その分だけ所有権の内容が縮小し、制限物権が消滅すると所有権の内容が復元されることになる（**所有権の弾力性**）。

その物を自由に使用・収益・処分できる権利が与えられているとしても、その物が奪われたり、使用や収益を妨げる行為がなされたりすると、所有権の本来の効用を所有者が得ることはできなくなる。そこで認められているのが**物権的請求権**（**物上請求権**）である。民法上、この物権的請求権に関する明文規定はない。これは、当然のことだから規定されていないと説明されている。その手がかりとなるのが、占有に関する**占有訴権**の規定であり、こちらは明文の定めが置かれている（民法197条〜202条）。具体的には、占有保持の訴え・占有保全の訴え・占有回収の訴えであり、占有権の行使を妨げる相手方に対して裁判によってその妨害を排除したり予防したりできる。このような強力な権利が、事実上の支配である占有権でさえ認められているのだから、それよりも強い権利である所有権には当然に認められるはず（類推解釈〔▶▶第2章 **I**〕の一種である**勿論解釈**）なのである。所有権に基づく物権的請求権の場合には、占有訴権に対応させる形で**物権的妨害予防請求権・物権的妨害排除請求権・物権的返還請求権**が認められる。例えば、自分の所有物を勝手に奪った者がいれば、その者に対して物権的返還請求権を行使することになる。

3. ⋯⋯⋯所有権に対する制約

　もっとも、所有権の行使は無制約に許されるわけではない。すでに民法206条が「法令の制限内」という条件を付けている。財産権の内容を法律で定めるとする物権法定主義を前提とし、財産権の内容と財産権に対する制約とが実際には明確に区別しにくい関係にあることを前提とすると、ここでいう法令は形式的意味の法律（あるいは少なくとも法律の委任を受けた命令等の行政基準）に限られると考えられる。民法以外の法律でこのような制約を定めているのが、**行政法**である（▶▶第12章）。例えば都市計画法では、市街化を促進する地域と抑制する地域を分ける都市計画を策定し、抑制する地域での開発の条件を厳しくしている。都市計画法に基づいてある地域の土地利用が決まると、その条件を満たさない建物を建築しようとしても、建築基準法に基づく建築確認が得られず、建物を建てることができない。これらは直接的には使用に対する制約であるものの、それが土地の経済価値にも反映されることから処分に対する制約ともいえる。

　また、民法自身が所有権に対する制約となるルールを定めている。それが相隣関係と共同所有の諸規定である。これらは、問題となる所有権の性格・態様に根ざした制約（**内在的制約**）を条文の形で明確化したものともいえる。まず**相隣関係規定**は、隣接する土地の使用や境界の扱い等を定めたもので、地役権のような双方の合意に基づく用益物権の設定がない場合に用いられる。所有権に関する規定では最も多くの量を占めている（民法209条〜238条）ものの、実際上重要な意味を持つ規定はそれほどない。次に**共同所有**は、1つの対象物を複数人で所有する場合のルールを定めたもので、共有者が持っている権利（の割合）である**持分**はいつでも共有者が自由に処分でき、また共有者は共有物の分割を請求できる（民法258条1項）。共有関係にある間は、共有者は共有物の全部について持分に応じて使用でき（民法249条1項）、その保存行為は共有者が単独でできる（民法252条5項）ものの、売却を含む共有物の変更の場合には、原則として共有者全員の合意が求められる（民法251条1項）。この共有に関する特別法が建物区分所有法であり、マンションをめぐる権利義務関係に対応した多くの特則が設

けられている。

権利濫用と受忍限度

　所有権の内容の中心は、他人の干渉を受けることなく自由に所有物を使用・収益・処分できることにあります。しかしそれが権利の濫用にあたる場合には、所有権の行使が認められません。有名な宇奈月温泉事件（大判1935（昭和10）・10・5民集14巻1965頁）では、温泉の湯を引く管が通る土地の一部の所有者が、物権的請求権に基づく撤去請求を行いました。大審院は、土地がごく一部であるのに対して法外な使用料を要求していた点に**権利濫用**を認め、この請求を認めませんでした。終戦直後の民法改正では、この権利濫用禁止が条文化されました（民法1条3項）。

　ただし、権利濫用が認められる場面は非常に例外的です。これに対して、日照や騒音・振動といった被害が近隣の住民等に及ぶ場合に、土地の所有者であるから高い建物や工場などを建てて土地を自由に使用してよいのかという問題が、戦後大きくなってきました。この場合に被害者からの損害賠償（場合によっては行為の差止め）を許容する判断基準が、**受忍限度論**です。これは、ある一定の受忍限度までは周辺の住民等は土地所有者による使用を我慢しなければならないものの、その受忍限度を超えれば損害賠償が認められるとするものです。所有権者は、確かに他人の干渉を受けることなく自由に所有物を使用できるものの、それは他者に迷惑をかけない範囲で認められるのです。

Ⅲ　物権変動の基礎

1. ⋯⋯⋯静的安全の保護と動的安全の保護

　所有権を取得する場面は、大きく2つに分けられる。1つは用益物権・担保物権などの制限物権の制約を受けずに所有権を取得する**原始取得**で、例えば所有者がいない物を獲得する先占や埋蔵物の発見者は、この原始取得の形で所有権を獲得する。もう1つは、制限物権の制約が付着したまま

所有権を取得する**承継取得**で、契約や相続のように誰かから権利を移転する場合がこれにあたる。原始取得はどちらかというと例外的な場面であり、多くの取得は承継取得である。契約によって取得する場合を**特定承継**、相続や会社の合併（▶▶第4章Ⅲ）のように権利・義務をまとめて承継する場合を**包括承継**という。

　原始取得に関連して重要な法制度は、**取得時効**（民法162条）である。これは、所有の意思を持って平穏かつ公然と他人の物の占有を開始し、一定期間（善意・無過失の場合は10年間、そうでない場合は20年間）その状態が継続すると、所有権を原始取得するものである。取得時効が成立すると、本来の権利者の権利が失われてしまう。それにもかかわらずこの制度が認められている理由は、事実状態の継続を保護すること、年数が経過すると所有権があることを証明できる資料が少なくなって所有権の有無の判断が難しくなることにあるとされる。

　以下では、主として承継取得（特に契約によって所有権を取得する特定承継）を念頭に置いて、物権変動の基本的な考え方を紹介する。この部分は民法でも難関の1つであり、関連する判例・学説も多く、分かりにくい印象を与える。そこで本章では、その輪郭のみをシンプルに説明することとしたい。物権変動を理解する上では、何のためにこのような議論を行っているのかをつかむことが重要である。その際に重要な見方が、静的安全と動的安全である。**静的安全**とは真の権利者がその権利を保持し続けることであり、**動的安全**とは取引の結果である買主の権利（あるいは信頼）を保護することを意味している。すでに述べたように、所有権を代表とする物権については、本来の権利者が誰なのか外から分かりにくいという特色がある。そのために占有権という所有権とは別の概念が存在しているものの、その占有でさえ事実状態が占有権者と結びついていないことも起こりうる。こうなると、物を買うときに、売り手に本当に所有権があるかどうかを買い手が十分に調査しなければならなくなる。もし調査したにもかかわらず、実際には所有権がない相手から購入した場合にはその取引が無効となり、その物を獲得することができなくなる（静的安全の保護）。しかし、これで

は取引を安心して行うことができないので、場合によっては売り手が本来の権利者でない場合でも、その売り手から買った買い手の信頼を保護して買い手に所有権を移転させ、本来の所有者の所有権を認めない扱いも必要となってくる（動的安全の保護）。日本の判例・学説ではこれまで、どちらかというと動的安全を重視する議論が目立ってきたものの、近時は静的安全の保護とのバランスを重視した見方も強まっている。また、静的安全と動的安全のどちらをどの程度優先するかという問題は、不動産の場合と動産の場合で大きく異なっている。そこで以下では、この2つに分けて物権変動の基本的な輪郭を紹介することとしたい。

2. ⋯⋯⋯⋯**不動産──対抗要件主義**

　民法176条は「物権の設定及び移転は、当事者の意思表示のみによって、その効力を生ずる」と規定している。不動産の物権変動に関しても、当事者間の意思表示の合致（契約）（▶▶第6章Ⅰ）によって効力が生じることになる。しかし、物権は真の権利者が誰なのかが分かりにくいという特徴を持っており、もし無権利者から不動産を購入した場合に、契約した後になって相手に権利がなかったことが分かると、目的の不動産を獲得することができず、取引の安全が害されることになる。そこで民法177条では、「不

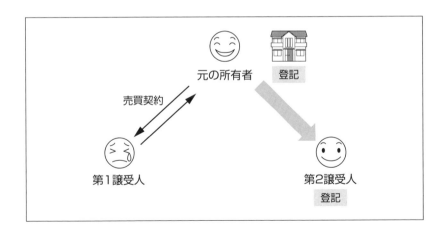

動産に関する物権の得喪及び変更は、不動産登記法（平成 16 年法律第 123号）その他の登記に関する法律の定めるところに従いその登記をしなければ、第三者に対抗することができない」とし、誰が物権を持っているのかを登記簿で表示し（**公示の原則**）、その登記簿を確認することによって真の権利者が分かるしくみを前提に、取引の相手方以外の第三者に対しては登記を備えていないと**対抗**できない（＝自分に所有権があることを主張できない）こととした。例えば、ある不動産の所有者が第 1 譲受人との間で売買契約を締結し、登記を移転する前に別の相手方である第 2 譲受人とも同じ不動産に関する売買契約を締結して登記を移転したとする。このとき、第 1 譲受人は元の所有者との間では、民法 176 条によって当事者間では意思表示のみで物権変動がなされるから、自分に所有権があることを主張できる。しかしこの取引の当事者ではない第 2 譲受人との関係では、民法 177条により登記を持っていないと自分に所有権があることを主張できないので、この場合には所有権は第 2 譲受人に帰属することとなる。このように、当事者間では意思表示によって物権変動がなされるものの、第三者との関係では登記という対抗要件を備えていないと所有権が自己に移転したことを主張できないとする法制度を**対抗要件主義**という。

　民法 177 条の適用範囲をめぐっては、さらに複雑な問題がある。まず対象となる物権変動について、契約がここに含まれることは明確であるものの、それ以外の物権変動（取消し・解除・取得時効・相続等）の場合に適用があるかをめぐり、さまざまな議論がある。判例では概ね、第三者を保護する特別な規定が適用できる範囲ではその規定を適用し、そうでない場合で上記の二重譲渡と類似する状況と考えられるものには民法 177 条を適用する考え方をとっている。例えば、元の所有者と次の所有者との間で不動産の売買契約が締結され、次の所有者が新しい所有者にその不動産を転売した後になって、元の所有者が詐欺を理由に元の売買契約を取り消したとする（次頁の図の①→②→③）。契約が取り消されると、過去に遡ってなかったことになるため（▶▶第 6 章**Ⅱ**）、元の所有者がその不動産の所有権を取り戻すことになる。しかしそうすると、転売先の新しい所有者は不意に

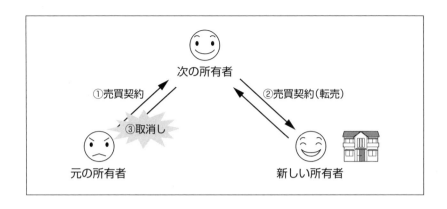

①売買契約
③取消し
元の所有者
次の所有者
②売買契約（転売）
新しい所有者

不動産の所有権を失うこととなってしまうので、民法96条3項は「善意で
かつ過失がない第三者に対抗することができない」、つまりこの間の事情
を知らず、事情を調べようとしても分からない新しい所有者に対して、元
の所有者が自己の所有権を主張できないこととしている。では、元の所有
者が売買契約を取り消した後に、次の所有者が新しい所有者に転売した場
合はどうなるだろうか（上図の①→③→②）。判例はこのような場合に、取
消しによって次の所有者から元の所有者に所有権が移転し、またこれと並
行して次の所有者と新しい所有者との間で売買契約が結ばれているため、
二重譲渡類似の状況が生じていると考え、どちらに所有権が帰属するかは
登記の先後によると判断している。これに対して学説では、取消しの前後
で取り扱いが変わることは不当と考え、その前後を問わず民法96条や94
条2項を類推する解決策（＝第三者が善意かどうかで決める方法）や、一元的
に民法177条の問題とする解決策（＝登記を先に備えたかどうかで決める方
法）が主張されている。次に、登記を必要とする「第三者」の範囲につい
ては、不動産登記法5条1項が「詐欺又は強迫によって登記の申請を妨げ
た第三者」を対象から除外しているほか、不法占拠者もこれに含まれない
とされる。問題となるのは、二重譲渡を知っている（＝悪意の）第2譲受人
の扱いである。民法177条の条文上は、二重譲渡を知っているかどうかは
要件に含まれていない。もっとも、判例では、ただ知っているのみならず

第1譲受人を積極的に害することを意図した（信義則違反の）第2譲受人のような**背信的悪意者**については、民法177条の適用対象外として、登記がなくても対抗できることとしている。

3. ………動産——公信の原則

　民法178条は、動産に関する対抗要件として「引渡し」を規定している。もっとも、占有権（Ⅱ1.）で説明したように、現実の引渡し以外の方法でも「引渡し」は可能であるから、現に動産を支配しているからといっても、その支配者が本当の権利者とは限らない。そこで民法では、占有者から売買契約等の取引によって動産を取得した第三者を保護する**即時取得**（民法192条）の規定を置いている。この規定によると、取引行為によって平穏かつ公然と動産の占有を始めた場合に、善意・無過失（無過失の推定は働く）（＝動産の前の持ち主は動産の権利を有していると考え、そのことについて取引上通常要求される注意を怠らなかったこと）であれば、取引の相手方が無権利者であったとしても、所有権を取得する。動産の取引の場合は一般に登記簿のようなものがなく、また不動産と違って即座に取引が行われるのが通例である。それゆえ民法では、相手方が取引対象物を占有していれば、相手方に所有権があるものと信頼して取引した人を保護することとしている。このように、たとえ無権利者からの取得であっても、権利者である外観をしている場合にその取引の結果を保護する考え方を**公信の原則**という。

COLUMN

二重譲渡 !?

　法学を学び始めたばかりの頃に二重譲渡の話を聞いて、非常に分かりにくく混乱した覚えがあります。ここでは、二重譲渡を少しでも理解するためのヒントを3つ紹介します。

　第1に、二重譲渡は法的に許されているのかという問題です。物権法の授業では、最終的に所有権が誰のものになるかしか論じられないため、それでは普通に契

約した第1譲受人が損をするだけなのでかわいそうだと思う人もいるかもしれません。確かに、第1譲受人は第2譲受人との関係で所有権があることを主張できません。しかし、売主との間では売買契約に基づく権利を持っており、契約の不履行を理由に契約解除や損害賠償といった手段で、経済的な穴埋めをしてもらうことはできます。また場合によっては刑事責任（一般的には横領罪）が問われることもあります（▶▶第10章Ⅲ）。

　第2に、二重譲渡は法的に可能かという問題です。第1譲受人との間で契約が成立すると同時に所有権が移転したとするなら、なぜ元の所有者が第2譲受人との間で（もはや所有していないはずの）不動産の売買ができるのかという疑問が生じます。かつては、登記を移転するまでは所有権は不完全な形で移転しているという考え方（**不完全物権変動説**）がとられていました。近時では、民法176条・177条の規定があるからこのような取り扱いが可能なのだという見解（**法定取得説**）が有力になっています。つまり、民法177条は登記を移転している者に所有権を取得させることを法定し、そのような法律の規定であるがゆえに、登記を得ていない者は失権すると考えるのです。

　第3に、二重譲渡は法的な制度設計ミスなのかという問題です。登記ですべてを決する法制度にしておけば、こんな難しい議論をする必要はないのではないかと考える人もいるかもしれません。例えば、**形式主義**を採用するドイツでは、登記を信頼して取引した人に不動産の所有権が認められる公信の原則がとられています。日本で公信の原則が不動産について採用されていないのは、不動産登記における審査が形式的なものにとどまり、本当に権利者かどうか確認する必要がないから（**形式審査主義**）といわれています（それでもできるだけ実体的な権利関係に適合する内容となるようにするため、不動産の売主と買主が共同で登記を申請しなければならない〔**共同申請主義**〕とされています）。もちろんこのような法制度を改正して、実体的な権利変動も登記の審査対象にした上で法務行政組織の人員を増強し、民法上は公信の原則を採用することもできます。ただし、行政資源を拡充することは一般に困難であり、また公信の原則は本来の権利者の保護を劣後させる考え方でもあるため、不動産のような重要な財産についてこのようなしくみをとるべきか、慎重に検討される必要があるでしょう。

発展学習のために

【課題】
- ●二酸化炭素などの温室効果ガスのいわゆる排出権に関するしくみを調べ、排出権がどのような性格の権利なのか検討してみよう。
- ●公示の原則と公信の原則の内容を比較し、具体的な物権変動を念頭に置いてその違いを整理してみよう。

文献案内

◆米倉明『民法の聴きどころ』（成文堂・2003 年）
　　民事法を中心とする定評ある法学入門書の 1 つであり、民事実体法だけでなく民事手続法にも目配りがなされている。

◆大村敦志『新基本民法 2 物権編 ［第 2 版]』（有斐閣・2019 年）
　　物権に関する法制度を平易かつコンパクトに紹介し、同時に民法（財産法）の基本的な考え方も説明している。

第 6 章

取引と法

Introduction

　分業で成り立っている現代社会において、財やサービスの交換（本章では、この意味で「取引」という言葉を使う）は人間生活を維持する不可欠の要素である。本章では、こうした取引に関係する法制度である契約を取り上げる。契約は日常用語の約束と同じように、両当事者の考え（意思）が合致することで成立するものの、約束と異なり契約に基づく義務（債務）を履行しない場合には、最終的には裁判所によって強制的な実現を図ることができる。

　契約にはこうした国家による強制力が付与されることから、契約が有効に成立する条件を民法が規律している。そこでまず、民法が契約をどのようなものと捉えた上で、その成立要件についての定めを置いているのかを説明する（**Ⅰ**）。

　次に、典型的で代表的な契約である売買契約を例に、契約の効力を取り扱う。契約によって生じる権利・義務の内容や、契約上の義務を履行しなかった場合にどうなるか、さらに契約の拘束力を否定するために用いられ得る契約の無効や取消しについても取り上げる（**Ⅱ**）。

　契約は社会のあらゆる分野で用いられていることから、民法が規定している契約が唯一のモデルとはいえない。構造的に情報を獲得しづらく適切な意思形成が難しい消費者や、構造的に力関係が不対等で交渉力が弱い労働者の場合には、民法とは別の法律で契約に関する規律が置かれている。さらに、水道・電気・介護サービスといった公共サービスの場合には、行政法（▶▶第 13 章）との連携もみられる。こうした契約という法制度の広がりと多様性にも注意を向けることが重要である（**Ⅲ**）。

I　契約の成立

1.┈┈┈┈意思表示と法律行為

　財やサービスの交換のために、法の世界においては権利・義務の変動が必要になる。この権利変動の原因として、当事者の意思を要素に含んでいるものを**法律行為**という。本章が取り上げる**契約**のほか、**単独行為**である遺贈（▶▶第3章Ⅰ）や**合同行為**である一般社団法人の設立（▶▶第4章Ⅱ）はいずれも法律行為にあたる。これに対して相続（▶▶第3章Ⅰ）や不法行為（▶▶第7章Ⅱ）のように当事者の意思とは関係なく、法律の規定に基づいて権利・義務が変動するものもある。これらの権利変動原因の中で法律行為（とりわけ契約）は、民事法の中核に位置づけられている。その理由は、権利変動の原因として当事者の意思が重視されているからである。近代立

```
┌─────────────────────────────────────────────────┐
│  ┌──────────┐                                    │
│  │ 法律行為 │                                    │
│  └──────────┘                                    │
│   ┌──────┐   典型契約                            │
│   │ 契約 │   ┌ 売買契約・贈与契約・交換契約      │
│   └──────┘   │ 賃貸借契約・消費貸借契約・使用貸借契約│
│  申込み・承諾 │ 雇用契約・請負契約・委任契約・寄託契約│
│              └ 組合契約・終身定期金契約・和解契約  │
│                                                   │
│               非典型契約                          │
│                                                   │
│   ┌────────┐  遺言                               │
│   │ 単独行為│  取消権の行使                       │
│   └────────┘                                     │
│  単独の意思表示                                   │
│                                                   │
│   ┌────────┐  一般社団法人の設立                 │
│   │ 合同行為│                                     │
│   └────────┘                                     │
│  合同の意思表示                                   │
│                                                   │
│  法律の規定に基づく権利義務の変動                 │
│  事務管理・不当利得・不法行為・相続…              │
└─────────────────────────────────────────────────┘
```

憲主義（▶▶第2章Ⅱ）の下では、人々の自由を守ることが最も重要な課題とされた。その物権法における表れが物権法定主義であり（▶▶第5章Ⅰ）、さらに民事法全体に通底する考え方として**私的自治の原則**を挙げることができる。これは、私的な領域（自分自身の問題）については自分で決めることができるという考え方で、その実現のための中核的な法制度の1つが法律行為である。法律行為は、個人の意思表示の通りに権利義務関係を変動させ、それによって生じた義務を守らない場合には国家が裁判所を通じてその内容の実現に助力する法制度であり、自分自身に関する内容決定を個人に行わせることを保障するものである。本章では、法律行為の代表例として契約を取り上げることとする。

　契約は、対立する複数の意思表示の合致によって成立する。例えば、スーパーでリンゴを3個400円で購入したとすると、法的には買主が400円払うことを表示して契約締結の申込みを行い、売主がこれを承諾してリンゴの所有権を買主に移転することを表示することで売買契約が成立したことになる。この契約の締結にあたっては、特別な方式（例えば書面）が要求されることは原則としてなく（**方式の自由**）、契約の相手方として誰を選んでもよく（**相手方選択の自由**）、契約の内容は当事者の話し合いで自由に決めることができ（**内容決定の自由**）、交渉した結果合意できない場合には締結しないという選択肢もある（**締結の自由**）。こうした**契約自由の原則**（民法521条）もまた、私的自治の原則を支える要素である。もっとも、契約の内容を当事者が自由に決めてよいとはいえ、その細かい部分まで当事者が決めていなかったり、当事者の力関係が不対等で一方の当事者に極めて不利な内容が決められていたりすることがありうる。そこで民法では、日常生活で頻繁に使われる契約を13種類の類型にまとめて規定を置いている。これらを**典型契約**という。売買契約もこの典型契約の一種であり、ほかに贈与契約・賃貸借契約・雇用契約・組合契約などが民法で定められている。もちろん、これにあてはまらない契約も社会には多数存在しており（例：クレジット契約・リース契約）、これらは**非典型契約**と呼ばれる。

　契約の大きな特徴は、その内容が当事者の行動を拘束し、もし契約の通

りに行動しない場合には裁判所を通じた強制的な履行や損害賠償が求められるところにある（▶▶第9章Ⅰ）。そこで、契約に縛られたくないと考える当事者は、契約が有効に成立していないことを主張するか、成立過程に問題があるため契約の取消しができると主張することが考えられる。契約の成立のための条件は、意思の完全性と内容の妥当性とに分けられる。意思表示に基盤を置く契約において、当事者の意思が完全なものであることは、法的拘束力を認める前提条件といえる。また、契約内容を当事者が決めてよいとはいえ、国家がその実現に助力する以上、社会的にみて妥当でない契約内容であれば、その効力は否定されることになる。

2.⋯⋯⋯⋯意思の完全性

　意思の完全性に関する前提となっているのが、**意思表示理論**と呼ばれる考え方である。これは19世紀のドイツで説かれていたもので、日本に民法が導入される際に持ち込まれた。この考え方によると、意思が形成されて

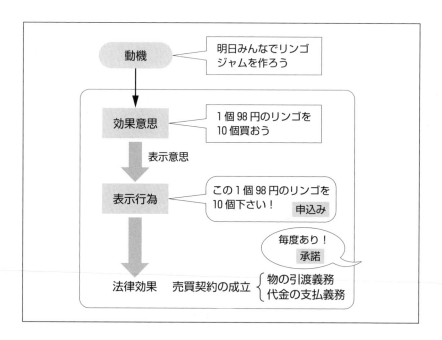

表示されるまでは、大きく3つの段階に分かれる。まず、意思表示がされる前提として何らかの**動機**が想定される。「明日みんなでリンゴジャムを作ろう」とか「このリンゴ安いな」といった心理は、いずれも動機にあたる。しかし、意思表示理論にとっては動機が何であるかは問題とならない。むしろ大事なのは、動機によってできあがった**効果意思**である。この効果意思（「1個98円のリンゴを10個買おう」）は、それが表示されることでその内容通りの権利義務関係の変動をもたらす意思である。この効果意思が**表示意思**によって外部に表示されれば（表示行為）、契約の場合にはこれが**申込み**となり、相手方が**承諾**すれば契約が成立し、契約に基づく権利・義務が生じることになる。この考え方では、権利・義務の変動をもたらす契機である効果意思が重視されている。それゆえ、契約の成立条件の1つである意思の完全性の問題は、もともとこの効果意思との関係で議論されてきた。例えば、冗談（＝心裡留保）の場合には、表示行為に対応する効果意思（＝真意）が存在しないため、**意思の不存在**（意思の欠缺）とされて契約は無効とされうる。これに対して、騙された（＝詐欺）あるいは脅された（＝強迫）ことで契約を結ばされた場合には、効果意思はあるとはいえ、その形成過程に問題があるため、**意思表示の瑕疵**とされて契約は取消し可能とされる。もう少し詳しくみてみよう。

　嘘・冗談による意思表示のことを**心裡留保**という。心裡留保の場合には、意思表示した人が自分の真意ではないことを認識して（＝表示行為に対応する効果意思がないことを知りながら）表示しているので、効果意思が存在しない意思の不存在の類型に含まれる。とはいえ、嘘・冗談で意思表示した人を保護する理由はないので、そのような意思表示が無効となるのは、相手も意思表示者が嘘・冗談で言っていることが分かっていた、あるいは知ることができた場合に限られる（民法93条）。

　相手方と示し合わせて真実でない意思表示を行うことを**虚偽表示**という。この場合には互いに意思表示が真意に基づくものでないことが分かっているので、意思表示は無効となる（民法94条1項）。このような虚偽表示が使われる典型的な例は、借金を抱えている人が財産の差押え（▶▶第9章I）

から逃れるために名義を別の人のものにすることである。この場合、名義人となった人が、通謀した相手方以外の第三者にその財産を売却してしまったら、第三者のもとに所有権は移るのだろうか。この点を規定したのが民法94条2項であり、当事者間では意思表示が無効でも、それを善意の（＝虚偽表示していることを知らない）第三者に主張できないこととされている。同条項を類推適用する方法で、土地取引における第三者の取引の安全を図る判例法理が発達している（▶▶第5章Ⅲ）。

　表示した内容と効果意思とがずれていることを表示者が認識していないことを**錯誤**という。錯誤の場合も、表示した内容に対応する真意が欠けるから、意思の不存在の類型に含まれる。しかし、勘違いの責任が表示者にある以上、このようなあらゆる勘違いについて意思表示を無効とし、常に表示者を保護するのは不適切である。そこで2017（平成29）年改正前の民法では、錯誤に基づく意思表示を無効にする条件として、**法律行為の要素**に錯誤があったこと、表意者に重大な過失がなかったことを要求していた。このうち法律行為の要素の錯誤とは、法律行為の本質的部分のことであり、例えば売買契約であれば、どの物をいくらで買う（民法555条）という内容がこれにあたる。この点を、リンゴ売買契約の具体例で考えてみよう。1個98円のリンゴ10個を買おうと思っていたのに、100個と言い間違った場合には、表示上の錯誤にあたり、法律行為の要素の錯誤に含まれる。これに対して、**動機の錯誤**は法律行為の要素の錯誤にはあたらないと伝統的に考えられてきた。ジャムを作ろうと思ってリンゴを買ったら、先週作ったジャムの残りがまだ家にあったとか、このリンゴは安いと思って買ったら別のスーパーのリンゴの方が安かったという事情も、確かに勘違いではある。しかし、これらはいずれも動機のレベルでの問題なので、法律行為の要素の錯誤にはあたらない。ただし、動機を相手方に表示していれば、法律行為の要素となるとするのが判例の理解である。一般に、動機は相手方には表示されないので、動機が間違っていたからといって売買を無効にされたのでは、相手方の信頼が保護されないことになる。これに対して動機も表示されていれば相手方も買う理由が分かっているので、要素の錯誤

にあたりうる。このような動機の錯誤を錯誤無効の対象から外す考え方は、意思表示（特に効果意思）を重視するものである。しかし、動機の錯誤と表示の錯誤は明確に区別できず、また契約の相手方の事情を考慮すべきことが学説によって強く主張された。そこで、錯誤を意思の欠缺ではなく「不本意な意思表示」と捉えた上で、法律行為の重要部分に関するもので相手方が錯誤を知っていたか知ることができた場合に、意思表示を無効にすべきという見解が有力化してきた。また、錯誤に関する規定の趣旨は、勘違いした表意者を保護するためのものであるから、条文上「無効」とされていても、無効を主張できるのは表意者だけで、取引の相手方は含まれないものと判例・学説は理解してきた。そこで2017年の民法改正により、①要件として「法律行為の目的及び取引上の社会通念に照らして重要なもの」に関する錯誤であることを明確に定め、②動機の錯誤については「その事情が法律行為の基礎とされていることが表示されていたとき」に限ることを明示するとともに、③効果として従来の無効を「取消し」に改め、法律行為の効果の否認が一方当事者（表意者）にしか認められないことと平仄を合わせることにした（民法95条）。

　相手を欺罔して錯誤に陥らせる行為を**詐欺**といい、相手に恐れを生じさせて意思表示させることを**強迫**（刑事法で用いられる「脅迫」とは別の字を使うことに注意）という。これらはいずれも、表示に対応する効果意思はあるものの、その効果意思が形成される過程に問題があった場合であり、意思表示の瑕疵に含まれる。効果意思が一応は存在することに注目して、従来から「無効」ではなく取り消すことができるという規定になっており、詐欺による意思表示の取消しは第三者に対抗することができない（民法96条）。

3. ⋯⋯⋯⋯内容の妥当性

　契約が有効であるためには、さらに内容が国家による強制的な履行にふさわしいものであることも必要である。具体的には、契約内容が確定していること（**確定性**）、契約内容が実現可能であること（**実現可能性**）、内容が適法であること（**適法性**）、内容が社会的にみて妥当であること（**社会的妥**

当性）の4つが含まれる。このうち確定性・実現可能性については民法上明確な条文はなく、適法性・社会的妥当性については民法90条〜92条がこれと関連する。

　契約の内容を国家が強制的に実現するためには、契約に基づく債務の内容が確定し、かつそれが実現可能でなければならない。しかし、契約の内容が詳細にわたるまで明確には決まっていない場合や、契約文言の理解をめぐって両当事者の理解が異なる場合もありうる。このような場合には、**契約の解釈**と呼ばれる作業が必要になる。契約の解釈は、最終的には裁判官によって確定される。その際には取引慣行や条理、信義則（▶▶第2章 I）が手がかりとなるほか、民法の典型契約に関する規定も参照される。また、場合によっては契約条項を修正した解釈がとられることもある。とりわけ、一方当事者が作成した**約款**が契約条項に含まれている場合に、こうした必要性が高くなる。約款は、一方当事者が事前に作成した画一的な契約条項のことで、消費者契約をはじめ、さまざまな場面で広く使われている。それはしばしば作成者に有利で、相手方はその内容を詳しく知らない可能性が高く、仮に知っていたとしても交渉によって変更することが著しく困難である。それゆえ、こうした法技術によって問題のある契約条項の効力を否定することも行われる（民法548条の2第2項）。

　契約の内容が確定したとしても、国家がその内容を強制的に実現する以上、契約が違法なものであったり、違法とまではいえなくても社会的にみて妥当性を欠くものであったりすると、契約の有効性を認めることはできない。このうち、契約が適法であるかどうかという問題は、実は判断が難しい。民法をはじめ、さまざまな法律で、契約の内容・方式等を規律する規定が置かれている。例えば売買契約であれば、民法555条〜585条に比較的詳細な規定がある。しかし、そのいずれかの規定に違反すれば契約が違法になるとは考えられていない。民法の規定の中には、当事者の合意があれば適用されない**任意規定**（民法91条）と、合意内容と関係なく適用される**強行規定**とがあり、契約が違法になるのは強行規定違反に限られるからである。契約に関する民法のルールは、私的自治・契約自由の原則を反

映して任意規定とされるものが多く、典型契約に関する規定もほとんどは任意規定である。それでは、民法以外の法律、例えば行政法（▶▶第12章）に違反する契約は無効となるだろうか（**法令違反行為効力論**）。比較的多くの行政法では、ある事業を営むのに許認可や免許を取得することを要求している。これらを受けていない事業者が営業活動を行い、その中で締結した契約は、行政法の規制に違反して無効といえるだろうか。これについても、契約が無効になる行政法のルールはごく一部に過ぎないと考えられている。行政法の中でも、違反した場合に民事上の効力を否定することが明確に書かれている規定に違反すれば、契約は無効となる（このような規定を**強行規定**あるいは**効力規定**という）。しかし多くの行政法では、ある行為を禁止し、その違反には罰則を用意しているものの、違反時に契約を無効にするとまでは書かれていない。このような**取締規定**の場合には、次に説明する民法90条違反の考慮要素になると考えられている（例：最三小判2021（令和3）・6・29民集75巻7号3340頁）にとどまり、行政法違反が直ちに契約の無効をもたらすわけではない。

　公序良俗に反する法律行為は無効とされる（民法90条）。ここには違法ではないものの社会的に妥当ではないものに加え、取締規定違反や犯罪行為といった、立法者が明確に契約を無効にすることを規定していない違法類型にあたるものも含まれる。具体的には、人倫違反行為、賭博行為、暴利行為、個人の自由や尊厳を極度に制限する行為が想定されており、これらの内容を含む法律行為は無効となる。

パンデクテン方式　COLUMN

　民法では、第3編「債権」の第2章が「契約」と題されており、六法を見た初心者は、ここに契約に関する規定がすべて置かれていると思うでしょう。しかし、契約に関する民法の規定はここにだけ置かれているわけではありません。契約締結の前提となる当事者の権利能力・行為能力や、意思の完全性に関する規定、さらに

は契約内容の妥当性に関する規定はいずれも、民法第1編「総則」に置かれています。また、契約に基づいて生じた債務の履行やその履行確保については、第3編「債権」の第1章「総則」が取り扱っています。このように規定がまとまっていないのは、日本の民法が**パンデクテン方式**と呼ばれる方式を採用しているためです。これはもともとローマ法大全の**学説彙纂**のことで、共通ルールを先に説明し、個別のルールを後回しにする方法で編纂されていました。ドイツ民法や日本民法はこの方式をとり入れています。パンデクテン方式は、体系的に条文が並んでいるため、その体系が頭に入っていれば条文を探しやすく、また共通ルールを先に括り出しておくことで似たような条文を重複させないことができます。しかし、紛争事例に応じて条文を探そうとすると、先に述べたようにあちこちに条文が散在することになり、分かりにくい印象を与えてしまいます。とりわけ民法では、紛争状況に対処できる条文を探すことができるかが、まずは重要な能力といえます。六法さえあれば紛争が解決できるわけではなく、法学部・法科大学院できちんと授業を聞いたり基本書を読んだりして勉強しなければならない理由の1つは、こうした条文の編成上の特色にあるのです。

Ⅱ　契約の効力

1. ………契約と債務

　契約が有効に成立すると、契約に基づく権利・義務が発生する。これを**債権・債務**という。権利・義務は相対的なものなので、同じ内容でも主体が誰かによって権利であったり義務であったりする。例えば売買契約の場

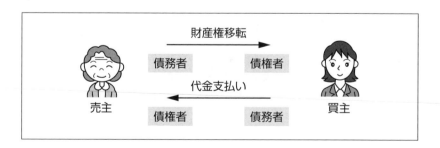

合、その基本的な内容（基本的債務）は、財産権移転義務と代金支払義務である（民法555条）。財産権移転義務は売主からみた表現であり、買主からみれば財産権移転を受ける権利となる。

売買契約の基本的債務以外の内容が当事者の合意で決まっていない場合には、民法555条〜585条の売買契約に関する規定によってその補充がなされる。まず代金支払義務については、相手方が債務を履行する（＝売買の対象となっている物の所有権を移転させる）まではその支払いを拒むことができる（民法533条）。これを**同時履行の抗弁**という。また、契約の成立後に両当事者の帰責性がない事情によって契約の履行ができなくなった場合（例えば、ある中古車の売買契約を結んだ後に水害で中古車が流されてしまった場合）、その経済的な損失をどちらが負担するかという**危険負担**の問題についても、民法が規定を置いている。2017（平成29）年改正前の民法では、売買契約に関して、中古車のように特定の物を引き渡す約束をしている場合（**特定物売買**）には、買主、すなわち引き渡すことを内容とする債務の債権者がこれを負担するものとされていた。つまり、物が引き渡されなくても、買主は代金を売主に支払う必要があった。これに対して、ボールペン10本のように引き渡す対象物が特定されていない売買（**不特定物売買**）の場合には、引き渡す物が確定した時点から債権者が危険負担することとされていた。しかし、このような危険負担のルールには合理性がないことから、2017年改正後の民法では、すべての場合で債務者が危険負担することとされ、物が引き渡されない場合には代金を支払う必要はないこととされた（民法536条）。

次に、財産権移転義務に関しては、契約不適合責任の規定が置かれている（この責任は担保責任と呼ばれることがあるものの、担保物権〔▶▶第5章Ⅰ・9章Ⅱ〕とは直接の関係はない）。具体的には、他人の権利を売買の目的としたり、制限物権が付いている物権を売買したりする場合には、売主は他人から権利を取得しなければならず（民法561条）、制限物権が付着した物権の場合には、買主は一定の条件の下で追完請求・代金減額請求・契約解除・損害賠償ができる（民法565条）。また、目的物が契約の内容に適合し

ないことが判明した場合、例えば、土地と建物を購入し、引き渡されて数年経ってから、土地の基礎工事に欠陥があって建物が傾いた際にも、同様に追完請求等が可能であり、そのためには買主が種類・品質の不適合を知った時から1年以内にその旨を売主に通知しておかなければならない（民法566条）。この規定の理解として、かつては、特定物売買の場合には、その特定された物さえ引き渡せば契約上の責任がなくなり、そうなると後で欠陥が見つかった場合に買主を保護することができないから、民法570条が特別に瑕疵担保責任の規定を置いたという考え方（**法定責任説**）が有力であった。この立場では、契約上の義務は特定の中古車や中古住宅等の特定物をともかく引き渡したことですでに果たされている（**特定物ドグマ**）ことから、瑕疵担保責任は契約責任とはまったく異なる性質のものと理解された。しかしその後、瑕疵担保責任も契約責任の一種であり、履行後の特殊な責任を法律で規定したに過ぎないとの考え方（**契約責任説**）が一般化してきた。そこで改正後の民法では、引き渡された目的物が契約の内容に適合しない場合に、買主が売主に対して履行の追完を求める請求権があることを一般的に規定し（民法562条）、特定物ドグマを否定して、契約責任説を採用することを明確化した。そして、契約不適合の場合にとられうる損害賠償請求や契約解除は、債務不履行責任であって、次に説明する民法415条によることが確認されている（民法564条）。さらに、売買契約については、代金減額請求権を認める規定も置かれている（民法563条）。

2. ⋯⋯⋯**債務不履行**

　契約と単なる約束との違いは、すでに述べた通り、当事者が任意に履行しない場合には裁判所を通じた強制ができることにある。このような一方当事者が債務を実現しない状態のことを**債務不履行**といい、売買契約については、一方当事者に責任がない場合（＝前述の危険負担の問題）を除いて、その相手方は履行強制・損害賠償・契約の解除ができる。このうち履行強制・損害賠償は第9章Ⅰで扱うので、ここでは解除について説明する。

　契約の解除とは、一方の当事者が解除権を行使することで、契約がなか

った状態に戻し、契約に基づく義務から免れることをいう（民法545条・546条）。契約を解除することで、取引に関する不確定な状態を解消することができ、例えば別の相手方と契約を締結することも容易になる。契約が解除されると、当事者は契約がなかった状態に戻す義務（**原状回復義務**）を負う。ただし、第三者の権利を害することはできない（民法545条1項但書）。また、解除と損害賠償とを併せて求めることもできる。解除には大きく分けると、当事者の合意に基づく解除（**約定解除権**）と法律の規定に基づく解除（**法定解除権**）とがある（民法540条）。約定解除権は、当事者が契約の中で一定の条件の下で解除できることを合意しておくことで生じる。民法が定める法定解除権は、催告による解除と、催告によらない解除とに分けられる。当事者の一方がその債務を履行しない場合、その相手方である債権者は期間を定めて履行の催告を行い、それでも債務者が履行しないときは、契約を解除できる。この場合に債務者の帰責性の有無は解除権の成立に影響を与えないものの、不履行が軽微な内容に過ぎない場合には解除はできないこととされている（民法541条）。これに対して、催告を行っても債権者が契約によって期待した内容の履行がなされないことが明らかな場合（例えば履行不能・履行拒絶）、債権者は催告をすることなく、契約を解除できる（民法542条）。

3. ⋯⋯⋯**無効と取消し**

契約に基づく債務を相手方が履行しない場合には、最終的には契約の解除によって自分自身も債務を免れることができる。しかしそうでない場合には、契約に基づく債務を履行する必要がある。このような場合に債務を免れようとするなら、先に述べた契約の有効性が欠けていることを主張し、契約の無効主張または取消しを行うこととなる。無効も取消しも（解除も）、契約に基づく債務がなくなる点では共通である。

はじめから契約の効力が否定されるタイプを**無効**と呼び、心裡留保・虚偽表示の場合や公序良俗違反の場合がこれにあたる。契約の効力ははじめからないので、無効は誰でもいつでも主張できるのが原則である。これに

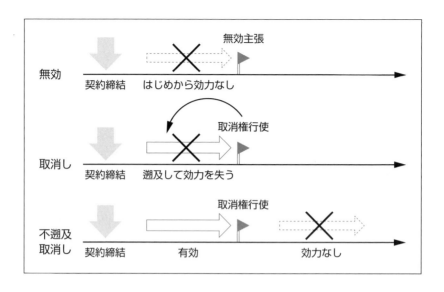

対して一旦は有効に成立した契約が取り消すという行為によって過去に遡って効力を失うタイプを**取消し**と呼び、錯誤や詐欺・強迫あるいは制限行為能力者の行為（▶▶第3章Ⅱ）の場合にはこの扱いとなる。取消権が行使されれば無効と同じ状態になるものの、手続的にみると、取消権者が限定され、しかも一定の期間内に取消権を行使しなければならない点が無効と異なる。もっとも、無効の場合にははじめから効力がないといっても、当該契約が無効かどうかを最終的に確定するのは裁判所であり、当事者が無効を主張しない限り有効なものとして通用することになる。このように考えると、手続的にみた無効と取消しの違いは、効力がないことを主張できる人と期間に関する制限の有無に集約される。さらに、取消しの場合には一定の事由（例えば全部または一部の履行）があれば追認があったものとみなされて契約が有効に確定されたり（民法122条・125条）、賃貸借契約や雇用契約のような継続的関係については取消しの遡及効が否定されうることがあったり（**不遡及取消し**。なお、賃貸借契約の解除については民法620条が明文規定を置く）する点でも、無効との違いがみられる。

　契約が無効とされ、取り消され、あるいは解除されると、契約がなかっ

たことが確定し、契約に基づいて変動した財産上の権利はその「法律上の原因」を欠くことになる。例えば売買契約の場合には、買主は売主に対して目的物を返還し、売主は買主に対して代金を返還することになる。このように法的に正当化できない利得を返還させる制度を**不当利得**制度といい、民法 703 条〜 708 条にその規定が置かれている。不当利得制度も後述の不法行為制度（▶▶第 7 章**Ⅱ**）と同じように、当事者の意思によってではなく、法律の規定に基づいて発生する債権債務関係である。

任意規定の役割

　民法の規定の中に、当事者の意思によって別異の定めをすることができる任意規定があることは、初学者には衝撃的かもしれません。法＝守らなくてはならないもの、というイメージからすると、任意規定はいかにもひ弱で、何のためにそんな規定が置かれているのかと思う人もいるでしょう。任意規定の役割は、大きく分けると次の２つにまとめられます。

　１つは、当事者が細かいことを決めていないときに、契約の内容を補充的に決める役割です。売買契約の場合、「これを」「この金額で」売買することは当事者間で合意しなければなりません（このような契約の中核部分〔＝基本的債務〕が決まっていないとそもそも契約の有効性が認められません）。しかし、代金をいつ支払うかとか、後から欠陥があることが分かったらどうするか、といったことは当事者の合意で決まっていないこともあります。この場合に民法の典型契約の規定（民法562 条〜 564 条・574 条）が使われるのです。そしてもう１つは、契約の標準的なルールを示す役割です。契約の中核部分以外については、多くの買主を相手にする売主が約款の形で内容を定めていることが多く、例えばその中で契約上の責任を売主に有利な形で規定していることがあります。それが当事者の公正な関係からみてバランスを失するものであるかどうかを判断する基準としても、典型契約の規定が用いられます。**Ⅲ 1.** で説明するように、消費者契約においてはこのような任意規定の役割が明示されており、消費者の利益を一方的に害するような契約条項は無効とされています（消費者契約法 10 条）。

Ⅲ　当事者の特性と契約規律

　民法で規定している契約のルールが前提としている人間像は、意思決定のための情報を十分に有し、合理的な判断力があり、対等な力関係の下で契約内容の交渉ができる当事者である。しかし、契約が社会において利用されている場面は非常に幅広く、このような人間像があてはまらないこともありうる。そこで、当事者の特性に注目して、法律が契約ルールに関して民法とは異なる規律を置いていたり、判例によって特別な取り扱いがなされたりすることがある。ここではそのような例として、消費者契約、労働契約、公共サービスに関する契約を取り上げる。

1.…………消費者と契約規律

　事業者同士の契約と比較した場合、消費者が一方の当事者となる契約では、消費者の次のような特性を考慮する必要がある。1つは、消費者には財やサービスに関する十分な情報がなく、あるいは情報を評価する十分な知識を持たないことが多い。例えば、複雑に設計された金融商品（例：投資信託、FX取引）を消費者が購入する場合、事業者側は金融商品に関するリスクを十分に知る立場にあるのに対して、消費者側がそれと同等の情報・知識を得ることは容易ではない。もう1つは、消費者には十分な交渉力がないことが多い。先に述べたように、事業者側は約款を作成し、それを契約条項に取り込もうとする。消費者側はこれに不満があれば、事業者側と交渉したり、そのような約款条項を持たない別の事業者と契約したりすることが理論的には考えられる。しかし、約款の条項について個別に交渉する事業者は現実には存在せず、またその事業者が市場において一定以上のシェアを占めていたり、競合事業者も同じような約款条項を持っていたりすると、消費者側には選択の余地がなくなる。このような2つの問題に対応して、消費者契約法は次のような規定を置いている。

　1つは、事業者の行為によって消費者が誤認・困惑した場合に消費者側

に取消権を認めることである（消費者契約法4条）。具体的には、事業者側が重要事項について事実と異なる内容を告げたり（**不実告知**）、将来における変動が不確実な事項について断定的判断を示したり（**断定的判断の提供**）、事業者が消費者の居所等から退去しなかったりした場合には、消費者が契約の申込み・承諾の意思表示を取り消すことができるとした。これは、民法上の錯誤・詐欺のルールを拡張するものである。そしてもう1つは、事業者の損害賠償責任を免除したり、消費者が支払う違約金額が平均的な事業者の損害額を超える額であったり、任意規定と比べて消費者の利益を一方的に害する条項を無効とすることである（同法8条〜10条）。この**不当条項規制**は、民法上の公序良俗違反のルールを拡張するものである。

2. ⋯⋯⋯⋯労働者と契約規律

　労働者と事業者の間の関係では、さらに複雑な要素が加わる。労働力が極端に不足している例外的な状況を除けば、労働者は事業者に対して構造上弱い立場にある。労働者が個別に事業者と契約内容について対等な立場で交渉するのは事実上不可能であり、それゆえ労働契約に関しては、集団的な意思形成過程が準備されている。労働契約に関しても**強行規定**による規律が予定されており、その内容は一般的な民事契約と比べると豊富である（例えば、最低賃金法が定める最低賃金を下回る労働契約は無効となり、法律で定める条件に契約が書き換えられる）。また、労働分野では判例による法形成（▶▶第2章**I**）が発展しており、**解雇権濫用法理**などその一部は労働契約法で条文化されている。このような強行規定と個別の労働契約との間に、次の2つの集団的な意思形成の手法が挟み込まれている。

　1つは、**労働協約**である。これは、使用者と労働組合（▶▶第4章**II**）とが法定の様式に従って締結する合意である（労働組合法14条）。労働協約を結ぶと、協約を結んでいる労働組合の組合員について、個別の労働契約でこれに反する内容が無効となり、労働協約で定められた内容に置き換えられる（同法16条）。さらに、ある事業場の労働者の75%以上に同じ労働協約が適用される場合には、組合員以外の労働者にもその内容が及ぼされる

（同法 17 条）。もう 1 つは、**就業規則**である。これは使用者が作成するもの
で、強行規定と労働協約に違反しない範囲で労働条件の詳細を定めている
（労働基準法 89 条）。使用者が就業規則を作成する際には、事業場の過半数
組合または過半数代表者の意見を聴かなければならない（同法 90 条 1 項）。
就業規則には、その水準を下回る労働契約の条項を無効としてその内容を
書き換える効力（**最低基準効**）が認められている（労働契約法 12 条）。

3. ⋯⋯⋯⋯⋯公共サービスと契約規律

　公共サービスの提供にあたっても契約は広く使われている。例えば、公
共交通機関（地下鉄・バス）や上水道の供給は契約に基づく。また、福祉・
介護サービスの提供も利用者と事業者との契約に基づいて提供されている。
こうした場面で使われる契約には、一般の民事契約ではあまりみられない
法的規制がなされている。

　その代表例は、**契約締結強制**である。契約自由の原則の中には、相手方
選択の自由が含まれている。しかし、公共サービスの場合、提供者が相手
方を選り好みすることを許すと、必要なサービスが提供されないおそれが
ある。そこで、契約の申込みがあった場合には、承諾しなければならない
との規定が置かれていることがある（例：水道法 15 条 1 項〔▶▶第 2 章Ⅰ〕）。
また契約内容について、法律でその大枠を決めたり、内容形成の手続を定
めたりすることがある。例えば、契約約款を行政機関に届出した上で、必
要があれば行政機関が約款の変更命令を出す方法（電気通信事業法 19 条 2
項）や、対価の上限を定めて行政機関の認可を受けなければならないとす
る方法（鉄道事業法 16 条 1 項）がある。

商事売買と契約規律　　COLUMN

民法と並んで民事実体法に関する基本的な規定を置いているのが商法です。もと

もと**商法典**（「商法」という名前の法律）には、現在の手形法・小切手法や会社法の部分も含まれていました。しかし、手形法・小切手法が1930年・1931年に採択されたジュネーブ統一法条約によって商法典から1932年・1933年に分離され、2005年には商法典の中心部分である会社法が単独の法律となり、現在の商法典は総則・商行為・海商の3つの部分から成っています。歴史的にみれば、商法は商人の組合（ギルド）の自治法として発展し、フランスやドイツでは近代以降も民法典とは別の法典として位置づけられ、フランスでは現在でも商事裁判所が一般民事事件を管轄する裁判所とは別に存在しています。日本では裁判権は分離されておらず、商人の営業と**商行為**について商法典が適用されます（商法1条1項）。

　商法が適用される**商事売買**のルールは、民法の売買契約のルールとやや異なっています。例えば、売買契約に従って相手方に目的物を引き渡そうとしたのに相手方が受領しない場合には、民法では目的物を供託所に供託し、さらに裁判所の許可を得て競売できます（民法494条・497条）。これに対して商事売買では、供託するか競売するかを売主が自由に判断でき、競売の際の裁判所の許可は不要です（商法524条1項）。このような取り扱いが認められているのは、商事売買は件数や金額が大きく、また権利義務関係を早期に確定する必要性が民事の売買契約よりも大きいためです。また、売買契約によって引き渡された目的物の種類・品質が契約の内容に適合しないものであるときに民法では、買主がその不適合を知った時から1年以内に売主にその旨を通知すれば、履行追完請求・代金減額請求・損害賠償請求・契約解除ができる可能性があります。しかし商法では、買主がこうした責任を追及するためには、目的物を受け取って直ちに検査し、瑕疵を売主に通知しなければなりません（商法526条1項・2項）。商事売買の当事者は取引のいわばプロであり、民法の売買契約のような長い時間的猶予を与える必要はなく、また権利義務関係を早期に確定させる方がより重要であると考えられたことが、こうした規定の背景にあります。

発展学習のために

【課題】

●建売住宅（土地と建物の両方を購入する新築分譲住宅の形態）を購入したXは、購入から5年後に住宅の雨漏りがひどくなり、販売業者とは別の業者に見てもらったところ、ずさんな工事がなされていることが分かった。この場合に販売業者に対してどのような責任を追及することができるか考えてみよう。

●日常生活の中で契約が使われている分野を挙げ、その契約に対してどのような
　法的規律がなされているか、その必要性はどこにあるのかを検討してみよう。

文献案内

◆**大村敦志『新基本民法 5 契約編［第 2 版]』**（有斐閣・2020 年）
　初心者にも分かりやすく民法の輪郭を説明する基本書の契約編で、民法の改
　正案の内容も含め、契約法の重要な部分を明快に説明している。
◆**内田貴『制度的契約論』**（羽島書店・2010 年）
　対等な当事者間の意思の合致という民法が前提とする契約モデルでは説明が
　付きにくいさまざまな契約を素材に、制度的契約という概念で説明しようと
　しており、契約の社会的な機能を知ることができる。

第 7 章

事故と法

Introduction

　事故には遭いたくないものである。ましてや、起こしたくもないものである。では、事故が起こった場合、法的にはどのような対処がなされるのだろうか。事故への対応で直ちに思い浮かぶのは、事故を起こした人から損害を賠償してもらうことである。確かに民法の中にある不法行為法は、事故への法的対応の中心的な制度であり、どのような場合に責任追及が可能となり、具体的にどのような内容の救済が被害者に与えられるのかを知っておくことは重要である。しかし、事故への法的な対応はこれだけではなく、刑事責任や行政上の責任が追及されたり、被害者の範囲がより広い場合には保険という技術を使った被害者救済が行われたりする。本章では事故を切り口に、事故に関係する法的なしくみを取り上げ、その特色や利用条件・課題を整理することとしたい。

　法学の分野は大きく民事法・刑事法・公法の３つに分かれており（▶▶第１章**Ⅲ**）、それぞれの世界で同じ事故に対する責任追及のしくみが働くことになる。そこで本章ではまず、私たちの日常生活にとって（残念ながら）比較的身近な事故である自動車事故を具体例に、これら３つの責任がどのような形で追及されるのかを説明する（**Ⅰ**）。

　次に、民事上の責任を追及する不法行為法について、その基本的な考え方を紹介する。具体的には、どのような条件が揃った場合に不法行為責任が認められるのか、不法行為に対する法的救済としてどのような内容があるかを紹介し、より複雑な不法行為の形態についても簡潔に触れることとする（**Ⅱ**）。

　民事の不法行為法に基づく救済は、典型的には加害者や被害者の数が限定されている場合を念頭に置いている。これに対して、国民誰もが加害者になりうるとか（**Ⅰ**で取り上げる自動車事故はその典型例で

ある）、被害者が国民の大多数にのぼるような事案では、民法の一般的な制度とは異なる法制度が必要となる。事故のリスクを避ける為に用いうるしくみとして保険があり、商法の一分野である保険法がこれと関係している。また、薬害のように被害の規模がより大きくなる場合には、国家賠償や補償法が用いられることがある。こうした集団的・制度的な対応もまた、法学の課題である（Ⅲ）。

Ⅰ　事故に対する法的責任

1.‥‥‥‥‥刑事上の責任

　自動車の運転に限らず、故意に（＝わざと）人を殺した場合には殺人罪（刑法 199 条）、怪我をさせた場合には傷害罪（刑法 204 条）に問われることになる。交通事故でも故意による場合がないわけではないものの、多くは過失（＝不注意）が問題となる。刑法でも過失傷害（刑法 209 条）・過失致死（刑法 210 条）の規定があるほか、かつて多くの自動車事故で適用されていたのが**業務上過失致死傷**（刑法 211 条）であった。過失傷害や過失致死は最高でも罰金刑にしかならないのに対して、業務上過失致死傷の場合には 5 年以下の懲役・禁錮（現在は拘禁刑）または 100 万円以下の罰金が予定されており、通常の過失傷害等よりも重い刑となっていた。しかし、飲酒運転や無免許運転などの危険な運転による事故が減少しないことが社会的な問題と認識され、2013（平成 25）年に自動車の運転により人を死傷させる行為等の処罰に関する法律が制定され、自動車（いわゆるオートバイを含む〔道路交通法 2 条 1 項 9 号〕）・原動機付自転車に関しては、**過失運転致死傷**（同法 5 条）が適用されることとなった。その刑は、7 年以下の拘禁刑または 100 万円以下の罰金である。また飲酒運転を行っていた場合には**危険運転致死傷**（同法 2 条）が適用され、負傷させた場合は 15 年以下の拘禁刑、死亡させた場合は 1 年以上の有期拘禁刑となる（▶▶第 10 章Ⅰ）。

こうした刑事上の責任の追及にあたっては、刑事訴訟法に基づく手続がとられることになる（▶▶第11章）。まず警察官が事件の捜査を行い、検察官に引き継がれ、検察官が起訴すると裁判所における刑事訴訟手続に進むことになる。

2. ⋯⋯⋯⋯行政上の責任

自動車の運転に関しては、**道路交通法**という行政法（▶▶第12章Ⅰ）が存在する。自動車の運転を行うためには免許を取得する必要があり、この運転免許制度も道路交通法に基づく制度である。道路交通法は、道路の交通ルールを規定しており、義務違反に対して制裁を準備することで、その義務が守られることを目指している。これに対して刑事上の責任は、事故という悪い結果が発生したことに注目した責任である。例えば、飲酒運転をしても事故を起こしてはいない場合には、危険運転致死傷罪の問題にはな

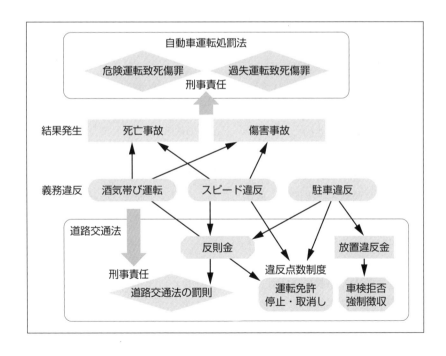

らず、酒気帯び運転してはならない道路交通法上の義務に違反したことが問題となるだけである。もちろん、酒気帯び運転によって事故を起こせば、刑事責任のみならず、ここで説明している行政上の責任も併せて追及されることになる。

　行政上の義務違反に対する広い意味での制裁として、道路交通法は大きく3種類のしくみを設定している。第1は、**道路交通法違反の罰則**（道路交通法115条～124条）である。これも刑事責任の一種ではあるものの、行政上の義務に違反した場合の罰則として設けられている（**行政刑罰**）（▶▶第10章**Ⅲ**）。行政上の義務違反に対する制裁であるとはいえ、刑事責任に含まれているので、罰則を科すには通常の刑事上の責任と同様に刑事手続を経る必要がある（▶▶第11章）。しかし、スピード違反や駐車違反などの比較的軽微な違反に対しては、**反則金**を払うことにより、刑事手続に進まない特例が設けられている。道路交通法は、実効性確保手段として刑事罰に幅広く依存した、行政法の中でもかなり特殊な法律であり、それゆえ反則金という実効性の高い制裁手段を用いることができる。反則金を払わないと刑事手続がとられるため、ほとんどの違反者は反則金を支払うことを選択し、徴収の効率性が高いのである。

　第2は、駐車違反の事案に対してのみ使われる**放置違反金**である（道路交通法51条の4）。これも金銭を払わせる点では反則金と似ているものの、こちらは刑罰とは連動していない（**行政上の秩序罰**）。放置違反金は反則金とは異なり、運転者ではなく車の使用者が支払うもので、支払わないと税金と同じように強制徴収され、また支払わない限り車検の拒否がなされる。

　第3は、**運転免許の停止**や**取消し**である。道路交通法上の義務違反や交通事故を引き起こす運転者に対しては、運転免許の効力を一時的に停止したり免許を奪ったりして、車を運転させないという制裁がとられる。その際に用いられうるのが**違反点数制度**である（道路交通法施行令38条・別表第3）。違反行為や事故の重大性に合わせて点数が決まっており、その点数と過去3年間の行政処分歴（免許停止・取消し歴）で、免許の停止や取消しが決まる。例えば行政処分歴がない場合には、違反点数が15点以上になる

と、免許取消しとなって車の運転ができなくなる。こうした行政上の責任追及は、警察署や公安委員会が行うことになる。

3. ....民事上の責任

さらに、車の運転者は、怪我をさせた者、または死亡させた者の遺族に対して、民事上の責任も負うことになる。このルールが**不法行為法**と呼ばれており、民法 709 条以下に規定が置かれている。自動車事故の場合には、被害者救済を手厚くするために、民法の特別法として自動車損害賠償保障法が制定され、運転者の責任を重くするとともに、強制加入の保険制度を設けている。自動車事故の特別なルールについては**Ⅲ**で説明することとし、**Ⅱ**ではまず、民事の不法行為法の基本的な構造を紹介する。

COLUMN

道路管理の責任

これまでの話は、事故の責任がすべて自動車の運転手にあることを前提としてきました。しかし、交通事故の中には、道路の管理に問題があったことに伴うものもあります。例えば、道路上に落石が生じて、石が車を押しつぶした場合や、道路が冠水していることに気が付かずに車がそこに進入してしまった場合です。道路を管理しているのは一般に国または地方公共団体であり、このような事故の場合には道路を管理している行政に対する賠償責任の追及がなされることになります。

国や地方公共団体の違法な行政活動に基づく損害に関しては、民法の特別法として**国家賠償法**という法律が制定されています（▶▶第 12 章**Ⅲ**）。道路管理に問題があった場合の責任は、**公の営造物の設置・管理の瑕疵**（国家賠償法 2 条 1 項）の問題とされ、道路が通常有すべき安全性を欠いていたかどうか、道路管理者が十分な安全確保措置をとっていたかどうかが損害賠償責任の成否を決める重要な要素になります。

Ⅱ　不法行為法の基礎

1.　………不法行為の成立要件

　民法709条は、「故意又は過失によって他人の権利又は法律上保護される利益を侵害した者は、これによって生じた損害を賠償する責任を負う」と規定する。不法行為責任が成立するためには、「**故意・過失**」「**権利・利益侵害**」「**損害**」「**因果関係**」の4つが必要になる。例えば、自転車がスピードを出しすぎて、ある家の垣根を壊してしまった場合、スピードを出しすぎて運転したという不注意（＝過失）が原因で（＝因果関係）、垣根という他人の財産権を侵害し（＝権利侵害）、その修理代相当の経済的なマイナスを発生させた（＝損害）とすれば、不法行為責任が成立し、自転車の運転者はその損害を賠償しなければならない。こうした自分の行為によって損害が生じた場合の責任（**一般不法行為責任**）だけでなく、民法では、他人の行為による損害（例：被用者が起こした事故の責任を使用者が負う使用者責任）や、物に起因する損害（例：家の外壁が崩れて通行人に当たり怪我をした場合に家の占有者・所有者が責任を負う工作物責任）の規定も置かれており、これらは**特殊不法行為責任**と呼ばれている。

　不法行為責任の成立要件に関する大きな特色は、法的に保護されるべきものが侵害されたという客観的な悪い結果（権利侵害）と、行為者の故意・過失という主観的な要素の2つが必要とされていることである。被害者の救済を徹底するなら、客観的な要素である悪い結果が生じただけで、損害賠償責任を認める制度も考えられる（このような責任を**結果責任**ということがある）。しかし、もしそのような不法行為制度にすると、悪い結果が少しでも出そうな活動（例：車両の自動運転システムのような新技術の開発（▶▶第15章Ⅰ））を人々が避けるようになり、社会の活力が失われてしまうかもしれない。悪い結果だけでなく、その結果を避けることができたのに避けなかったという主観的な要素を要求するこの考え方を**過失責任の原則**といい、近代民法の基本原則の1つとされている。過失責任の原則の採用は、人々

の行動の自由を保障し、自己責任のもとでさまざまな活動が行われる社会を構築するという選択である。もっとも、その内容は時代とともに変遷している。過失の概念はもともと、行動者個人に注目した不注意（＝ついうっかり、ぼんやり）を意味していた（**主観的過失**）。しかし例えば、食品工場で働いている人が衛生面に気を付けながら（ぼんやりせずに）食品加工を行っていたとしたら、たとえ食中毒が発生したとしても、不法行為責任は成立しない。このような不法行為の範囲の限定は、産業革命と近代化の際には企業活動を保護する方向で機能した。それが、公害問題をはじめとするさまざまな被害を生じさせる一因となった。こうした場合の責任追及を可能とするため、現在では、過失とは損害発生の予見可能性があったのにこれを回避する行動をとらなかったこと（**結果回避義務違反**）と捉えるのが一般的である（**客観的過失**）。行為者本人を基準にその心理状態を問題にするのではなく、通常の人であればこの程度は気を付けるべきなのに気を付けていなかった行為（例：ウイルス性胃腸炎の罹患が疑われる状態にあったのに食品調理に携わっていた行為）に注目して過失を認めるのである。

　次に、客観的な結果についても考えてみよう。民法 709 条は、2004（平

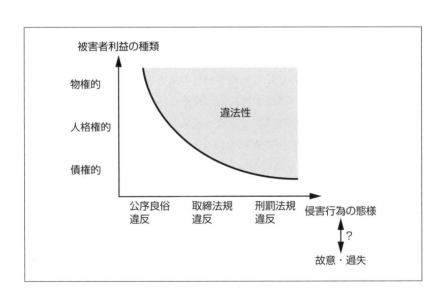

成16）年の民法現代語化改正以前は「他人ノ権利ヲ侵害シタル者ハ」と規定しており、**権利侵害要件**と呼ばれていた。例えば、ある事業者が鳩の捕獲の事業を行った結果、近所で野生の鳩を見かけなくなってしまったとしても、鳩を見ることができなくなったことが損害賠償責任の対象となるような悪い結果の発生だとはおそらくいえない。それは、"鳩を愛でる権利"なるものがないと考えられるからであり、権利侵害要件とは広い意味で「自分のもの」（＝法的に保護されるべき権利・利益）が侵害されたことを要求するものである。この要件について、大正時代初期の判例は権利として保護されていなければ権利侵害要件に該当しないと厳格に判断していた。しかし、大正時代末期には権利でなく一定の利益のようなものでも、その侵害によって権利侵害要件を充足するという判例が登場した。そこで学説は、このような拡大傾向を支えるべく、権利侵害の要件を**違法性**に置き換える方向性を選択し、違法性の内容を被侵害利益の種類と侵害行為の態様の相関関係で判断する**相関関係説**が通説となった。つまり、結果の悪さと行為の悪さの両方を考慮するという考え方がとられたのである。例えば、被侵害利益が契約上の権利のようにあまり保護の程度が強くないものであっても、侵害行為の態様が刑罰法規違反であれば、不法行為法上違法とされることになる。しかし、行為の悪さを問題にするのであれば、故意・過失という主観的な要素と重なり合ってくる。そして、前述の過失の客観化によって、過失の判断の際にも被侵害利益の重大性が考慮されるようになると、権利侵害と故意・過失を理論的に整然と区別することができなくなる。そこで、こうした権利侵害と故意・過失という区別をやめて、過失の問題に一元化して考える学説も有力になっている。他方で、上記の"鳩を愛でる権利"はともかく、高層ビルが建つことによる日照問題の発生や、景観の悪化といった状況が賠償を必要とするかに関する判断の際には、日照・景観という利益が法的に保護されるべきなのかという点を考慮する必要があり（▶▶第5章Ⅱ COLUMN）、そのような意味で権利・利益侵害の要件がなお機能すると考える立場も同様に有力である。

2. ⋯⋯⋯不法行為責任の内容

　不法行為責任が成立する場合、その効果としては損害賠償が原則で、名誉毀損については回復処分（実際には**謝罪広告**が多い）も使われる（民法723条）。また条文上は規定がないものの、差止めを認めることも考えられる。

　損害賠償の対象となる損害は、財産的損害と精神的損害に分けられる。多くの場合、権利・利益侵害があれば損害の事実が生じている。この事実を次のような方法で金銭的に評価したものが「損害」で、損害があることは損害賠償請求権の成立要件でもあり、賠償額算定の重要な要素でもある。財産的損害については、事故に遭った結果必要となった治療費などの現実に支出した費用（**積極的損害**）と、事故に遭わなければ得られたであろう賃金などの収入（**消極的損害・逸失利益**）の双方が含まれる。これらは、実際にかかった費用などを当事者が主張・立証し、最終的には裁判官が判断する。一般的には、事故がなかったら存在したはずの利益・経済状態と、事故が起こったことによって生じている経済状態との差額を損害と考える理解（**差額説**）が基本となっている。これに対して精神的損害に対する**慰謝料**（**慰藉料**）には、算定根拠を示す必要はなく、裁判官が自由に決めることができる。

　損害賠償の範囲は、不法行為と事実的な因果関係がある損害であり、**条件関係**（「あれなければこれなし」）が認められるかどうかで判断がなされる。しかし、風が吹けば桶屋が儲かるという表現にもみられるように、因果関係の連鎖は延々と続くことが普通であり、その中でどこまでが損害賠償の成立を基礎づける**事実的因果関係**であり、またどこまでが損害賠償の範囲に含まれるのか（これを**保護範囲**という）を線引きする必要がある。伝統的にはこの問題は一括して、**相当因果関係説**という考え方で処理されてきた。これは債務不履行（▶▶第6章Ⅱ）に関する民法416条の規定を不法行為にも類推適用して、通常生ずべき損害（例：怪我に対する治療費）と、特別の事情によって生じた損害（例：怪我の治療のため診察を受けた医師が誤診したことで生じた治療費）のうち当事者が予見可能であった損害（診察した医師の誤診は予見可能とはいえない）が賠償責任の範囲に含まれるとするもので

ある。これに対しては、債務不履行に関する民法416条の規定は、契約により生じるリスクという観点から予見可能性を要求しているものであり、突発的に発生する不法行為にこの考え方をあてはめることは制度の性格上不適当という批判が学説から寄せられている。

　このようにして算定された賠償額は、次の2つの場面で減額される可能性がある。1つは、**過失相殺**（民法722条2項）である。これは、被害者の側にも帰責性がある場合に、賠償額を減額するものである。ただし、ここでいわれている過失は、先に述べた結果回避義務違反としての過失とは意味が異なる。現在の最高裁判例によると、子どもが飛び出して交通事故が発生した場合には、被害者に事理弁識能力（一般には6歳程度の能力）があれば過失相殺は可能で、不法行為の場合の責任能力（一般には12歳程度の能力）がなくてよい。しかも、事理弁識能力がない子どもが被害者の場合でも、その家族のように生活関係上一体とみなしうる監督義務者に過失があれば、過失相殺ができる（**被害者側の過失の法理**）としている。つまり、過失相殺でいわれる「過失」は、損害発生に関する被害者側（＝被害者本人だけでなく被害者と関係の深い周囲の人も含まれる）の寄与という意味で用いられており、このような意味での寄与があれば、損害のすべてを加害者に負わせることは公平ではないという考え方がその根底に存在する。過失相殺を行うかどうか、またどの程度の金額を相殺するかは、裁判官の自由な判断に任されている。もう1つは、**損益相殺**である。これは、不法行為を契機に獲得した利益を賠償額から引くというものである。その具体例としてまず思い浮かぶのが、生命保険や損害保険の保険金である。しかしこれらは払い込んだ保険料に対する対価の性格を持つから、損益相殺の対象とはならない（保険制度の枠内での調整については**Ⅲ**で説明する）。これに対して、労働者災害補償保険法に基づく労災保険の給付金に関しては、保険料を使用者が負担することにも注目して、保険から給付される金額までは使用者の民事不法行為法上の賠償責任が免除される。

　金銭賠償の手段以外の不法行為責任に基づく救済としては、名誉毀損事例における謝罪広告のほか、**差止め**の可能性が議論されている。例えば、

近くに工場が建設され、有毒な汚染物質を排出している場合に、これに基づく損害賠償（のみ）ではなく、排出行為そのものをやめさせるのが差止めという救済方法である。我が国では、不法行為法の条文上、金銭賠償が原則とされていることから、不法行為に基づく救済の内容として差止めが含まれるとする理解は有力ではない。一般的には、物権的請求権（▶▶第5章Ⅱ）を根拠とするか、**人格権**に基づく差止請求（例：産業廃棄物処理施設の操業差止め）が利用されている。

　損害賠償請求には、2種類の期間制限が設けられている（民法724条）。1つは、損害・加害者を知った時から3年間であり、この期間は**消滅時効**と考えられている。一定の事実状態がある期間継続することにより、権利・義務の内容を事実状態に合わせる時効は、権利を取得する取得時効（▶▶第5章Ⅲ）と権利が消滅する消滅時効に分けられる。もっとも、継続的な被害や当初予想できなかった後遺症が出た場合には、3年間という期間はあまりに短すぎるため、判例では損害を知った時点（**起算点**）を現在に近づけることで事案の解決を図ることがある。また、2017（平成29）年の民法改正により、人の生命・身体を侵害する不法行為による損害賠償請求権の消滅時効は、5年間とされた（民法724条の2）。もう1つは、不法行為の時から20年間であり、この期間は2017年の民法改正前には**除斥期間**と考えられていた。時効の場合には、例えば債権者が訴訟を提起するなどして権利行使を行うと、それまでの時効の進行がリセットされる（これを**時効の中断**という）（民法147条・157条1項）。また、時効は当事者が**援用**しなければならず、当事者からの主張がないときには裁判所が時効によって判断を示すことはできない（民法145条）。これに対して除斥期間の場合には、中断はなく、援用も不要とされ、起算点は権利発生時とされる。しかし、改正後の民法724条2号は、20年間の期間制限を消滅時効と明示し、従来の判例の立場を変更した。加えて、債務不履行（▶▶第6章Ⅱ）による損害賠償請求権について、改正後の民法167条は、人の生命・身体の侵害による債務不履行に係る損害賠償請求権の消滅時効を、権利を行使することができる時から20年とした。これにより、生命・身体の侵害に関する損害賠償請

権は、債務不履行に基づくものと不法行為に基づくもので期間制限に関する差異が消滅することとなった。

3. ……………特殊な不法行為責任

　行為者本人の不法行為責任ではない特殊な不法行為責任として、民法は714条〜719条に規定を置いている。以下では、この中でも重要性の高い使用者責任、工作物責任、共同不法行為の内容を簡単に紹介する。

　使用者責任（民法715条）とは、被用者が業務を遂行中に第三者に損害を与えた場合に、使用者が損害賠償する責任である。例えば、民間バス会社に雇用された運転手が運行するバスが交通事故を起こして歩行者が負傷した場合には、使用者である民間バス会社に損害賠償責任が認められる。使用者責任が成立するためには、使用関係が存在し、事業の執行に関する職務の範囲に含まれ、被用者自身の不法行為責任が成立し、使用者が被用者を選任・監督することに関する過失がないこと（ただし、この点が裁判で認められることは実際にはほとんどない）が必要である。このうち、被用者自身の不法行為責任の成立は、条文上は明確に書かれているわけではない。これは、使用者責任の性質が、被用者の不法行為責任を使用者が代わりに引き受ける（**代位責任**）ものであると考えられているからで、それゆえ被用者自身について民法709条の要件を充足している必要があるとされている。「代わりに」といっても、使用者責任によって被用者の不法行為責任が消滅するわけではなく、被用者個人に対する不法行為責任の追及も並行して可能である。使用者責任の規定は、賠償責任がある者を十分な資力を持つ使用者にも広げることで、救済の実効性を高める意味を持っている。使用者が代位責任を負わなければならない実質的な理由として、被用者を使って利益を得ていること（**報償責任**）、使用者自身が業務に伴う危険を制御できる立場にあること（**危険責任**）が挙げられることが多い。

　工作物責任（民法717条）とは、建物の外壁や塀のような土地に接着して人工的に設置された物の設置・管理に問題があり、それが壊れて第三者に被害を与えた場合に成立する責任であり、その工作物の設置や管理が本来

の安全性を欠いていること（瑕疵）が要件となっている。第一次的には占有者が責任を負い、占有者に過失がなかった場合には所有者が責任を負う。所有者については過失がなくても責任が発生する（**無過失責任**）。**Ⅰ** の**COLUMN** で取り上げた国家賠償法 2 条 1 項の責任は、この工作物責任の特別なルールであり、国・地方公共団体が設置・管理する公共施設等に適用される。

　共同不法行為（民法 719 条）とは、数人が共同の不法行為によって他人に損害を加えた場合の損害賠償責任である。例えば、ある地域の複数の工場から有害物質が排出され、それによって周辺住民に健康被害が生じた場合がこれにあたる。一般不法行為責任では、原則として行為者の加害行為と因果関係がある損害のみを賠償すればよい。しかし、数人が共謀して 1 つの加害行為を行ったり、共謀ではないとしても複数の加害行為が 1 つの損害を発生させたり、複数の加害行為のうちどれが損害に結びついたのかはっきりしない場合に、この原則を貫くと、加害者を正確に特定できなければ損害賠償がなされないことになる。共同不法行為は、このような場合に損害と因果関係が一対一で対応していなくても、複数の加害者が連帯して賠償責任を負うことを規定したものといえる。ここでの連帯という意味は、債務者相互の結びつきが弱く、加害者の 1 人について生じた免除や時効などが他の加害者には及ばない**不真正連帯債務**（▶▶ 第 9 章**Ⅱ**）とされる。被害者としては、複数の加害者のうち資力がある者から賠償を支払ってもらえる（加害者内部の負担調整は、加害者のうち誰かが被害者に賠償を支払ってから求償によってなされる）ことから、被害者救済の実効性が高い。

不法行為責任の成立阻却事由
COLUMN

　一般不法行為責任の成立要件として、「故意・過失」「権利・利益侵害」「損害」「因果関係」の 4 つが必要となることはすでに説明した通りです。これらがすべて認め

られれば、被害者は損害賠償を請求できます。これに対して、これらが認められたとしてもなお、不法行為責任の成立が妨げられる要素が２つあります。１つは**責任能力**です（▶▶第３章**Ⅱ**）。民法では、**責任弁識能力**がない未成年者（上述の通り、判例では12歳前後を基準としています）の責任を否定し（民法712条）、この場合には未成年の保護者などの監督義務者等に賠償責任を負わせています（民法714条）。また、精神上の障害により責任弁識能力を欠く場合も同様です（民法713条本文）。

　もう１つは、一般に**違法性阻却事由**と呼ばれている内容で、条文上明確なのは正当防衛・緊急避難であり、他に被害者の承諾・正当行為・自力救済が挙げられます。このうち**正当防衛**と**緊急避難**は、刑法でも同じ言葉が出てくるものの（刑法36条・37条）、民法上のそれとはその意味が異なっていることに注意が必要です。刑法の場合には、正当防衛は加害者に対しての侵害行為、緊急避難は加害者以外の第三者に対する侵害行為を意味します（▶▶第10章**Ⅱ**）。これに対して民法では、正当防衛は原因が他人の不法行為であることに、緊急避難は原因が他人の物から生じていることに注目した定義になっています（民法720条）。刑法の場合には、物から生じた危険について緊急避難はありえません。しかし民法の場合には、物から生じた危険について、その物を壊すことで危険を避けることを緊急避難と呼んでいます。

Ⅲ　事故への集団的・制度的対応

1. ⋯⋯⋯⋯保険技術の利用

　事故は起こしたくないものである。しかし、統計的にみると、事故は一定の確率で発生している（大数の法則）。そして、事故が発生すると（一定の要件の下で）上記のような損害賠償責任が生じる。そこで、事故が起きた場合に備えて予め金銭をプールしておき、事故が起きた場合にそこから金銭を支払う方式が考えられる。このような方法を保険といい、商法の一分野でもある**保険法**という法律がさまざまな規定を置いている。また、社会保障制度としての医療保険や年金保険も、この保険という技術を使っている（社会保険）（▶▶第13章**Ⅱ**）。

　保険法の基本的な考え方は、次の３つに集約される。第１は、**収支相等**

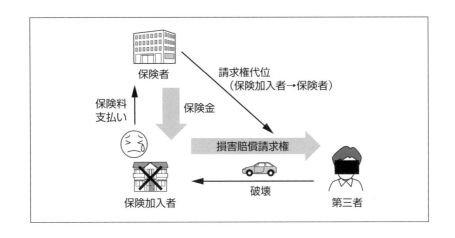

の原則である。これは、保険契約者全体が支払う保険料と、保険者の払う
保険金のそれぞれの総額が等しくなるようにする原則であり、保険事業の
存立というマクロの問題にかかわる。これが成り立たないと、保険でカバ
ーされるべき保険事故が発生しても保険金が得られず、リスク分散として
の保険の意味がなくなってしまう。そのため、保険契約の**約款**では一般に、
何が保険金支払いの対象となるかを事細かに規定しており、少しでも対象
から外れた事故になると支払われない可能性が高い。第2は、**給付反対給
付均等の原則**である。これは、保険事故が発生するリスクが高い加入者や、
事故発生時の保険金を高く設定している加入者ほど、保険料を高くする原
則であり、個々の保険加入者の保険料設定というミクロの問題にかかわる。
例えば、生命保険に入ろうとすると過去の病歴を記入させる欄があり、任
意の自動車保険に入ろうとすると過去の事故歴が尋ねられる。これらはい
ずれも、加入者のリスクを正確に測定し、それを保険料に反映させるため
に行われている。もしその際に嘘の情報を提供すると、**告知義務違反**とな
って保険金が支払われない可能性もある。第3は、**利得禁止原則**である。
ひとたび保険事故が発生すると、巨額の保険金が支払われることも多い。
そうすると、金銭目的で保険事故を故意で発生させることが考えられる
（いわゆる保険金殺人はその代表例である）。このような場合に保険金を支払

うと、保険の悪用を認めることになり、保険制度が成り立たなくなる。そこで、故意の事故に対しては保険料を支払わないという原則が認められ、加えて事故に伴う損害を塡補する損害保険の場合には、事故によって保険加入者が利得を得ることも許されないとする考え方がみられる。

　この第3の点と関連するのが、**保険代位**である。ある人が家屋保険（ホームオーナーズ保険）に入っていたところ、第三者が運転する車が突っ込んできて、家の一部が損壊したとする。このとき保険加入者は、保険会社に対しては保険金を請求することができ、家を壊した第三者に対しては損害賠償を請求できる。しかし、利得禁止原則からすると、その両方を保険加入者が受け取ることはできない。損害賠償請求を行うには、示談あるいは訴訟のために時間がかかるので、多くの場合は保険金を受け取るのが先になる。この時点で保険加入者が第三者に対して持っている損害賠償請求権は、保険者に移ることになる。これを保険代位という（▶▶第9章**Ⅰ**）。

　事故の発生確率がある程度あり、あるいは事故による損害が大きいことが予想される場合には、法律で保険加入を強制し、加入しない限り危険のある活動を行わせないしくみが設けられることがある。その代表が自動車損害賠償保障法に基づく**自動車損害賠償責任（自賠責）保険**である。この法律は、自動車の普及により交通事故が増加し、その被害者の救済が十分なされない事態になることを防止するため、自己のために自動車を運行の用に供する者（**運行供用者**）に対して、人身事故の場合の不法行為の立証責任（▶▶第8章**Ⅱ**）を転換することで、実質的に無過失責任のしくみを採用した。通常の不法行為責任では、その成立要件をすべて充足することを被害者側が立証しなければならず、裁判官がその事実があると認めるほどに十分な立証ができなかった場合、請求は認められない。しかし自動車の人身事故の場合には、運行供用者の側が、①自己および運転者が自動車の運行に関し注意を怠らなかったこと、②被害者または運転者以外の第三者に故意または過失があったこと、③自動車に構造上の欠陥または機能の障害がなかったこと、の3つの要件を立証できない限り、運行供用者に過失が認められ、賠償責任を負うこととされた（自動車損害賠償保障法3条）。そし

て、この賠償責任の履行を担保するため、自賠責保険契約の締結が強制され、契約を結んでいない限り自動車の運行が行えないこととされている（同法5条）。もっとも、この強制保険で塡補されるのは人身事故の被害に限られ、その保険金支払限度額は法令で決められている（同法13条1項）。これでは塡補されない人身損害や物的な損害、あるいは自損事故や車両損害については、**任意自動車保険**に加入することでカバーされることになる。

2. ⋯⋯⋯⋯**国家賠償による対応可能性**

　公害に代表される比較的広い範囲に損害を与える不法行為の場合には、国家賠償によって被害者を救済するという選択肢も存在する。**国家賠償と**は、国（地方公共団体等も含む）に対して不法行為責任を追及する制度で、民法709条以下の不法行為法の特則としての性格を持つ。公害のような危険な物質の使用や処理に関しては、法律で規制のしくみが設けられ、行政機関に事業者に対する監督権限が与えられていることが多い（▶▶第12章）。法律によって与えられた行政上の権限が適法に行使されていない場合（**不行使**）、それによって国民に損害が生じたとすると、国家賠償法1条1項に基づき損害賠償請求権が生じる。

　ただし、国家賠償法を用いた救済にはいくつか難点がある。第1に、損害の原因が国家の違法な行為に起因すること（**国家起因性**）が必要である。民間企業の工場が排出する有害物質が原因で生じた公害の場合には、排出行為そのものは民間企業によるものであるから、国家賠償責任が成立するためには、国家の行政機関に与えられた権限が違法に行使されず、その結果損害が発生したことが必要になる。第2に、権限の不行使が違法とされるためには、国家に一定の権限を行使しなければならない義務（作為義務）がなければならない。しかし、規制のしくみにおける監督権限の多くは、行政機関に権限の行使が「できる」と規定しており（**行政裁量**）、権限を行使しなかったならば直ちに違法となるわけではない。権限の行使を行わなければ生命や健康といった重要な法益が侵害される可能性が高いことが事前に行政に分かっており、権限を行使すればそのような結果を回避するこ

とができた（結果回避可能性）という事情が、賠償責任の追及には不可欠となる。第3に、行政に権限を与える法律が制定されていないと、権限不行使を追及することはできない。もっともこの場合に、汚染物質を排出している企業に対して排出を抑えるように要請する（**行政指導**）ことを怠っていたとか、そもそも危険な物質の排出を規制する法律を制定していないことが違法（違憲）である（**立法不作為**）といった方法で国家賠償責任を追及することは可能ではある。ただし、これらが認められるハードルは、一般的な権限不行使の違法よりもさらに高い。

3. ⋯⋯⋯⋯補償法の立法

比較的広い範囲で多くの被害者が存在し、原因者も複数存在していて個別的な因果関係がはっきりしない場合、法律によって特別な損害賠償のスキームが設定されることがある。このような法律を**補償法**という。例えば、公害による健康被害に対しては、公害健康被害の補償等に関する法律（公害健康被害補償法）が制定され、大気汚染・水質汚濁の原因企業から（具体的な因果関係の存否を問わず）**賦課金**を集め、被害者に対して行政機関が簡易迅速な手続で公害病かどうかを判断し、補償金を支給するしくみが設けられている（▶▶第13章**Ⅲ**）。また、アスベスト（石綿）による健康被害に対しては、2006（平成18）年に石綿による健康被害の救済に関する法律が制定され、政府・地方公共団体からの公費、石綿を使用していた企業等からの特別拠出金、すべての労働災害保険適用事業主から集める一般拠出金を財源として、被害者に対する給付を実施している。このような立法措置がとられると、被害者は民事訴訟によって不法行為責任の要件が充足されていることを立証することなく、行政機関による簡易な手続によって補償金の給付が受けられることとなる。他方でその給付水準は一般に低く、また原因者に対して相応の負担を求める構造になっていない立法も存在する点が問題とされている。

消費者被害と不法行為法

　消費者被害の救済の分野では、本文で述べた状況とはまた異なる2つの問題があります。1つは、個々の消費者が抱える被害額が小さく、一人一人が訴訟をするにはコスト面で割に合わないために、事業者側に対する賠償が請求しにくい場面です。このような状況に対応するため2013（平成25）年に消費者の財産的被害の集団的な回復のための民事の裁判手続の特例に関する法律が制定され、2016（平成28）年10月から施行されています。この法律では、一定の条件を満たした特定適格消費者団体が、消費者の被害額を束ねて事業者を相手に共通義務確認訴訟を提起し、全体の賠償額を確定します。そして、その額を前提に、個別の消費者に支払われる賠償額を確定させます。この2段階の手続を設けることで、少額被害に関しても損害賠償請求が有効に働くようにしたのです。

　もう1つは、事業者が得た違法な利益が事業者の手元に残ってしまうという問題です。上記の消費者被害の少額性に加え、社会的損失（例：カルテル行為によるコスト上昇）のように消費者個人の被害額が観念できないことや、罰金刑が機能する場面が少ないことなどによって、事業者の得た違法な利益は結果として事業者の手元に残ってしまいます。そのため、事業者の違法行為がいつまでも続いてしまうという問題が指摘されています。そこで、民事の損害賠償法における損害の捉え方を変えたり、行政上の課徴金制度を導入したりすることで、こうした違法利益を剝奪する制度を設けるべきとの議論が続いています。このように、被害が拡散すると、民事の一般不法行為責任と民事訴訟での解決が困難となり、より集団的・制度的な解決のスキームが必要とされるのです。

発展学習のために

【課題】

●自転車の運転者が事故を起こした場合に、刑事上・行政上・民事上の責任はどのように追及されうるかを検討してみよう。

●過失責任の考え方と保険技術の利用とを比較し、不法行為制度がどのような目的を持っているのかを考えてみよう。

文献案内

◆潮見佳男『**基本講義 債権各論Ⅱ 不法行為法 [第4版]**』（新世社・2021年）

不法行為法にも造詣の深い著者が、法学初心者を念頭に置いて不法行為法の基本的な内容を、具体例を交えて説明した入門書的な基本書である。不法行為法は著者によって体系的な構造が大きく異なっており、土地勘をつかむまでは同じ著者の基本書を読んだ方が混乱を避けることができる。クリアな体系を持ち、発展的な内容を記述しつつも初学者に配慮した説明がなされている本書は、不法行為法の学習の手引きとして好適である。

◆加藤雅信『**現代不法行為法学の展開**』（有斐閣・1991年）

本文でも触れたように、不法行為法の目的をめぐっては、人々の行動の自由から説明する立場と、被害者救済の拡大に着目する立場があり、後者を徹底させると保険技術を幅広く活用したり、社会保障制度と連携させたりする法制度が望ましいと考えることになる。本書はそのような立場の論者の研究書であり、不法行為法が何のためにあるのかを考える1つの有力な手がかりとなる。

第 8 章

権利の実現手続

Introduction

　第7章まで、どのような場合にどのような内容の権利・義務が発生するのかという実体法の問題を取り扱ってきた。当事者間でその権利・義務の内容に関する共通理解があり、かつ当事者がそれに従って自主的に義務を果たしていれば、少なくとも民事法上は大きな問題はない。しかし、権利・義務の存否や内容に関して当事者間に争いがある場合や、当事者が義務を履行しない場合には、紛争を解決し、権利の内容を現実化するしくみが必要となる。自らが考える権利・義務の内容を自分で実力を行使して実現する自力救済は禁止されているので、こうした場面では裁判所を介して権利の実現を図ることが必要になる。本章では民事訴訟法を中心に、権利の実現手続の概要と基本的な考え方を紹介する。裁判所を通じた義務の強制的な履行に関する民事執行法は、権利の実現保障の問題として第9章で扱う。

　権利・義務の成立条件（要件）や内容（効果）を規定している実体法は、事実を規範にあてはめることで一定の内容の権利義務関係を発生・消滅させる構造を持っている（▶▶第2章・6章・7章）。この構造を前提に、民事訴訟がどのような働きを持っているのかをまずは説明し、併せて民事訴訟以外の紛争解決手段の特徴も紹介する（Ⅰ）。

　次に、権利・義務の内容に関する終局的な判断を示す手続である民事訴訟について、その大まかな流れと基本的な考え方を説明する（Ⅱ）。

　最後に、民事訴訟と時間の問題を扱う。よく知られているように、訴訟には時間がかかる。訴訟を進めているうちに債務者が争いの対象となる財産を売り払ってしまったり、事故に遭って労働ができずに生活に困窮したりしては、訴訟を通じた権利の実現が不可能になってしまう。民事保全法がこのような場合に対処する仮の権利救済を規定しており、その内容と手続を紹介することとする（Ⅲ）。

Ⅰ　実体法と手続法

1.………権利・義務の成立

　法学では、社会における人々の関係を権利・義務に分解して問題を解決するアプローチをとっている。その権利・義務の内容を定めている実体法は、要件・効果構造と呼ばれる形をとっており、一定の条件（**法律要件**）を充足すれば権利・義務が発生する（**法律効果**）と定めている。この場合の一定の条件とは、広い意味では事実を指しており、事実を規範にあてはめることで権利・義務が成立するという構造が一般的である（▶▶第1章Ⅱ）。例えば、第7章で扱った不法行為（民法709条）でいえば、「故意・過失」「権利・利益侵害」「損害」「因果関係」が要件とされており、このうち損害と因果関係は、事故等により事実として損害が発生したか、また侵害行為と損害との間に事実面での関連性があったかが問題とされる。故意・過失と権利・利益侵害はいずれも法的評価を伴うものなので、単純な事実ではない。もっとも、過失と法的に評価できる事実があったかどうか（例：スピード超過、前方不注意）、あるいは権利・利益と評価される対象に対して侵

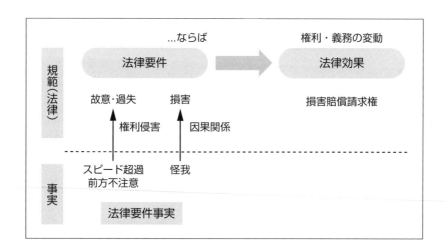

害行為という事実があったかという問題は、やはり事実の存否の問題である。加えて、「過失」とはどのような意味か（▶▶第7章**Ⅱ**）という解釈の問題にも見解の対立は生じうる。

このように、事実や解釈について当事者の見解が対立した場合、当事者間の権利・義務の有無や、それがあるとすればどのような内容なのかがはっきりしないことになる。このような事態になったときの解決策としては、次の3つが考えられる。第1は、当事者が自分自身の考える権利・義務に従って行動し、相手が意向通り動かないならば実力を使ってでも従わせる方法である。しかし、このような**自力救済**を認めると、社会全体が「万人の万人に対する闘争」になってしまうため、秩序と平和を維持する観点から近代社会以降、こうした実力行使は極めて例外的にしか認められない。第2は、対立する当事者が互いにその主張を譲り合い、新たな合意を成立させることである。日常用語で「示談」（法学用語では「**和解**」）と呼ばれる方法はこれにあたる。ただし、こうした合意は常に成立するとは限らない。そこで第3に、当事者以外の中立な第三者の判断に委ねる方法がある。このうち、国家の裁判所にその解決を求めるのが民事訴訟である。

2. ……………民事訴訟の役割

このように民事訴訟には、国家が自力救済を禁止した代償として、私人の権利を保護し、場合によっては強制的に実現するという権利保護の側面と、そうした作用を通じて社会の安定や私法秩序の維持を図るという秩序維持の側面の2つの役割が認められる。もっともそれは、客観的に存在する正義を裁判所が実現する作用ではなく、具体的な紛争の中での両当事者の主張の対立点について、裁判所が当事者に主張・立証を尽くさせた上で判断を示すという活動である。そしてこのような裁判所の活動が、憲法上の司法権の概念（▶▶第2章**Ⅱ**）と深く結びついている。

民事訴訟の役割を理解する上では、「事実問題」と「法律問題」、「主張」と「立証」という2つの対概念が有用である。民事訴訟では、事実を規範にあてはめて権利義務の存否や内容を判断するという作業が行われる。そ

こで問題となるのは、規範にあてはめると権利・義務が発生するような事実（実体法の観点からは**法律要件事実**、訴訟法の観点からは**主要事実**）があったのかどうかである。第7章の例でいえば、怪我をしたという事実は不法行為に基づく責任を発生させる要件事実の1つである。また、ルールの内容が明確でない場合（典型的には条文の文言の意味に幅がある場合）に、その意味内容を確定させる必要がある。我が国では、前者の**事実認定**も、後者の**法解釈**も裁判所の専権事項と考えられている。もっとも、その両方を行う裁判所と、法律問題しか扱わない（事実認定を行わない）裁判所とが存在している。地方裁判所・高等裁判所は事実認定も行うことができる**事実審**であるのに対して、最高裁判所は法律問題しか扱わない**法律審**である。

　また、それぞれの審級では、そのプロセスは大きく主張と立証に分けられる。訴訟の手続が始まると、まずは両当事者から、法律面・事実面の両方についての主張が提示され、裁判所は両者の対立点を整理していく（**争点整理**）。このうち法律面については裁判所がその判断を示すのに対して、事実面の争点については、一般的に明らかな事実（**公知の事実**）や両当事者で見解が対立していない事実を除き、その事実があったかどうかを調べる**証拠調べ**が行われることになる。証拠調べの結果をもとに、裁判所は裁判過程全体での両当事者の主張・立証を踏まえて事実の存否について判断し、判断できなかった場合にはその事実はなかったと考えて、自ら示す法解釈を前提に紛争に対する判断を**判決**という形で最終的に示すことになる。

3. ⋯⋯⋯⋯民事訴訟以外の紛争解決手段

　民事訴訟だけが唯一の紛争解決手段ではなく、ほかにもさまざまな**裁判外紛争処理**（Alternative Dispute Resolution: ADR）が存在する。まずその手続面に注目すると、紛争を解決する第三者が解決案を示すタイプと、判決と同様に両当事者を拘束する判断を示すタイプに分けられる。前者の代表が、**裁判上の和解**や**調停**である。民事訴訟を提起した場合でも、判決に至る前に裁判官が和解案を示し、判決を下さずに和解という形で紛争が解決されることが少なくない。また、裁判官や調停委員が解決案を示して両当

事者の互譲を引き出す**民事調停**という手続もある。これらでは、どちらか一方の当事者が反対すればその解決策は成立しない。これに対して後者の代表が仲裁である。**仲裁**は、仲裁合意という形で両当事者が仲裁人の判断に従うことを約束し、両当事者が仲裁人を選び（多くの仲裁では、当事者が選んだ仲裁人がさらに仲裁人を選び）、裁判類似の手続で紛争を解決する。仲裁判断が自己に不利であったとしてもこれには従わなければならず、また一定の条件を満たす仲裁判断は、裁判判決と同等の意味を持つ。

　次に紛争解決主体の面に注目すると、さまざまな主体が裁判外紛争処理にあたっている。上の例のように裁判所が行う手続も存在するほか、行政機関が行うあっせんや調停（行政 ADR）、さらには民間の組織が行うもの（民間 ADR）も存在する。国際的な紛争では、国内における裁判所と同じ権威を持つ紛争解決組織が存在せず、こうした調停・仲裁の手続がより幅広く使われている（例：商事仲裁・投資協定仲裁）（▶▶ 第 14 章 Ⅲ **COLUMN**）。

COLUMN

裁判所と裁判官

　我が国の裁判所は、**最高裁判所**を頂点に、**高等裁判所**(全国 8 ヶ所)、**地方裁判所**、**家庭裁判所**、**簡易裁判所**の 5 種類があり、事件の種類ごとに裁判所の系統を分けているドイツ等とは異なり単線的です。民事訴訟の場合、第 1 審となりうるのは簡易裁判所または地方裁判所で、請求する対象の経済的な価格（これを**訴額**といいます）が 140 万円未満の場合には簡易裁判所が第 1 審となります（裁判法 33 条 1 項 1 号）。このように、どの裁判所が事件を取り扱うかという問題のことを**管轄**といい、民事訴訟法の最初の方に規定が置かれています。ただし、簡易裁判所が管轄する事件であっても、事案が複雑な場合などには、簡易裁判所が地方裁判所に事件を**移送**することもできます（民事訴訟法 18 条）。簡易裁判所はすべての事件について 1 人の裁判官が判断を行い、地方裁判所でも合議体で審理する決定を行わない限り 1 人の裁判官が担当します。これに対して高等裁判所では、3 人の合議体での判断がなされます。このうち訴訟を指揮する裁判官が**裁判長裁判官**で、部総括判事と呼ばれる年長の裁判官が担当することが一般的です（裁判長裁判官は裁判所の所長のように固定されておらず、事件ごとに替わります）。裁判官の身分は**判事**と**判**

事補に分かれており、判事補は単独での裁判ができません。また、合議体の場合には、判事が右陪席に、裁判官に任官して時間が経過していない若手である判事補が左陪席となることが多いとされます。ただし、裁判長裁判官も裁判官も**評決権**は平等です。

　裁判所には裁判官のほか、書記官と事務官がいます。**書記官**は、裁判官の法令・判例調査を助けたり、事件の記録を作成したり、後述の執行文付与を行ったりします。法廷で最も高いところに裁判官が座っており、その手前のやや低いところに書記官が座っています。**事務官**は裁判所の庶務を担当しています。書記官や事務官の転勤は頻繁ではないのに対して、裁判官は比較的短期間しかその裁判所に勤務せず全国各地を転々とする、転勤の多い職業です。その理由は、全国どの裁判所でも同程度の判断能力の裁判官を配置するためであるとか、特定の地域の利害と癒着するのを避けるためであると説明されます。民事訴訟では、判決をする裁判官が直接当事者の弁論を聞いて証拠調べを行う直接主義が採用されているものの、裁判官の交代がこのような理由から頻繁であるため、**弁論の更新**という手続をとることで、交代した裁判官がはじめからその事件を担当したものとみなす扱いになっています（民事訴訟法 249 条 2 項）。

Ⅱ　民事訴訟法の基礎

1. …………民事訴訟の過程

　民事訴訟は訴えの提起から始まる（民事訴訟法 133 条 1 項）。一般には、原告が訴状と呼ばれる書類を裁判所に提出することによってなされ、簡易裁判所では口頭による訴えの提起も可能である。弁護士が本人に代わって（**訴訟代理人**）行うことが一般的であるものの、本人が弁護士を付けずに訴訟を行う**本人訴訟**も可能である。訴状には、当事者と請求の趣旨・その原因が書かれていなければならない。訴状を受け付けた裁判所は、被告側に**訴状を送達**し、訴えの提起から原則として 30 日以内に**第 1 回口頭弁論期日**を設定する。民事訴訟において裁判官と当事者が出席し、当事者が主張を述べたり立証を行ったり、裁判官が判決を下したりする審理の手続を口

頭弁論と呼び（狭義では、当事者が裁判所に対して主張や証拠を提出する行為を指す）、両当事者だけでなく第三者に対しても公開されなければならない（憲法82条1項）。この**裁判公開の原則**は、当事者に対する手続の保障とともに、たとえ判決の内容に不服があってもその内容に従わなければならないという裁判の正統性を担保する要素でもある。

　民事訴訟の結論にあたる判決には、訴え却下、請求棄却、請求認容の3種類がある。このうち原告の請求を認める判決は**請求認容判決**であり、そのためには、訴訟を利用する条件である**訴訟要件**を充足し、かつ原告の主張する内容に理由がある（このような内容面の判断部分を**本案判断**という）必要がある。訴え却下判決は、訴訟要件が充足されていない場合に出される判決で、新聞等で「門前払い」と書かれている判決がこれにあたる。請求棄却判決は、訴訟要件は充足しているものの本案判断の部分で原告の請求には理由がないとの判断が示されたものである。

　そこで、請求を受けた被告の側としては、原告が訴訟要件を充足しないこと（民事訴訟ではあまり多くないものの、行政事件訴訟〔▶▶第12章Ⅲ〕ではしばしば問題になる）、あるいは原告の請求に理由がないことを主張することになる。また、同じ事件について被告にも損害がある場合（例えば交通事故で双方に物的損害が生じている場合）には、原告が提起した訴訟に対する**反訴**を提起することもでき、反訴も同じ訴訟手続の中で判断される（このように複数の請求を1つの訴訟手続で審理する形態を**複数請求訴訟**という）。原告の訴状に対して被告がこうした反論を答弁書の形で示し、これを踏まえて裁判所が原告と被告の主張の対立点を整理する作業（**争点整理**）が訴訟過程の前半では行われることになる。被告が第1回口頭弁論期日に出頭せず、また答弁書も提出しない場合には、原告の主張を全部認めているとみなされて、原告の主張通りの判決が言い渡されることになりうる。そのような判決が出ると、その判決を手がかりとして（これを**債務名義**という）原告の財産に対する裁判所による強制的な執行が可能となる（▶▶第9章Ⅰ）。

　争点が整理され、主要な対立点が明確化されると、そのうちの事実の存否については、その事実があったのかどうかを調べる証拠調べの手続が行

われる。証拠調べの方法（**証拠方法**）は人証と物証に分かれており、人証の場合には証人尋問が行われる。証人尋問は、証人を申請した当事者側の主尋問、反対当事者側による反対尋問、（場合によっては）申請した当事者側の再尋問、裁判官による補充尋問の順で行われる**交互尋問方式**がとられている。当事者から話を聴く当事者尋問も、同じ方式で行われる。こうした過程を経て、裁判官が心証を形成し、裁判官が認定した事実に基づいて判決が下されることになる。判決に至る前に裁判官が和解案を示し、当事者が合意した場合には、判決に進まずに和解で事件が終了する。判決が示された後、それが確定する前に上訴すれば、次の審級の裁判所による手続が行われることになる。

2. ⋯⋯⋯民事訴訟の基本原則

　民事訴訟の基本的な考え方として、ここでは処分権主義、弁論主義、自

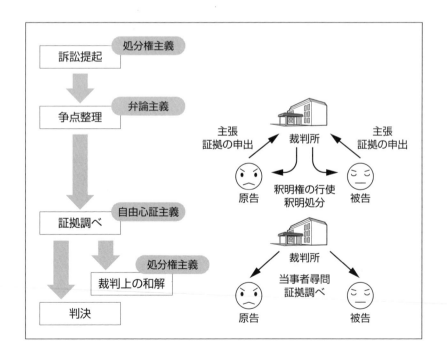

由心証主義を紹介する。

①　**処分権主義**とは、手続の開始や終了、審判の対象の設定を当事者が行うとする考え方である（民事訴訟法246条）。民事訴訟手続は、行政機関が行っている行政手続と異なり、当事者が訴訟を提起することによってのみ始まる（裁判所が職権で訴訟手続を始めることはない）。また、当事者は請求の放棄・認諾や和解という形で、裁判所による判決を待たずにその手続を終わらせることができる。さらに、訴訟による請求の対象（これを**訴訟物**という）は、原告が主張した内容に原則として限られ、それを超える内容の判決をすることはできない。民事訴訟は大きく、相手方に何らかの物の引渡しや金銭の支払いを求める**給付訴訟**、隣人との間で争いのある土地について自己に所有権があることを確認するような権利義務関係の存在・不存在の確認を求める**確認訴訟**、会社関係の訴訟（▶▶第4章Ⅲ）のように判決によって一定の事実の存否（形成要件）を確定させて権利義務関係を変動させる**形成訴訟**の3つに分かれており、このうちのどれを使うかを指定することも原告の役割である。

②　**弁論主義**とは、当事者が申し立てた請求が認められるかという点の判断に必要となる事実とその立証を行う証拠の収集を当事者の役割とする原則である。処分権主義が訴訟の開始・終了にかかわる原則であるのに対して、弁論主義は訴訟手続の進行にかかわる原則である。具体的には次の3つの内容が含まれる。

第1に、裁判所は当事者の主張しない事実を判決の基礎にできない。裁判所は釈明権の行使という形で、当事者に対して主張・立証を促すことはできるものの、それでも当事者がその事実を主張しなかった場合、その事実はなかったものとして判決が下される。これによって不利益を受ける当事者の責任を**主張責任**という。例えば不法行為訴訟の場合、因果関係の存在は原告が主張すべき内容であり、これを原告が主張しなかったとすると、因果関係はないという前提で裁判所が判断を下すことになるため、原告は敗訴する。

第2に、当事者に争いのない事実（これを**自白**という）については、裁判

所は証拠調べを行うことなく、判決の基礎としなければならない（**自白の拘束力**）（民事訴訟法 159 条・179 条）。ここでいう自白は、日常用語における意味や刑事訴訟における自白（▶▶ 第 11 章 **Ⅲ**）とは異なり、相手方の主張を認めること、あるいは相手方の主張に反論せず沈黙すること（**擬制自白**）という意味である。当事者に争いがない事実でも、客観的にみれば本当はそれとは別の真実があるかもしれない。それでもこの点について証拠調べを行わないのは、争点を絞り込んで事件を早期に解決するための工夫である。逆にいえば、裁判判決で「事実」とされている内容は、決して神の目から見た絶対的な「真実」ではなく、こうした民事訴訟手続の枠内で確定されたものに過ぎない。

第 3 に、当事者が申し出ていない証拠を裁判所が職権で取り調べることは禁止される（**職権証拠調べの禁止**）。これは、当事者に証拠提出を任せ、その範囲内で事実を確定させることにより、当事者が知らない事実を持ち出して判断を下す不意討ちを防止する意味も持つ。ただし、その訴訟の帰趨が当事者以外の第三者にも幅広く影響する行政事件訴訟（▶▶ 第 12 章 **Ⅲ**）のような場面では、職権証拠調べを許容する規定を民事訴訟法の特別法である行政事件訴訟法が置いている（行政事件訴訟法 24 条）。

③ **自由心証主義**とは、証拠調べ等に基づく事実認定について、裁判官が特定の証拠方法に限定されずに自由に判断することをいう（民事訴訟法 247 条）。証拠調べに関する基本原則がこの考え方である。裁判官は、証拠調べ期日における証拠調べの結果だけでなく、口頭弁論の全体を基礎に（これを弁論の全趣旨という）、争点となっている事実の存否を判断することになる。しかし、裁判官は神ではないので、当事者が立証活動を行っても事実があったのか、なかったのかを決めきれないことが起こりうる。これを真偽不明の状態（**ノン・リケット**）という。真偽不明を理由に判決を出さないことは許されておらず、この場合にはその事実はなかったと扱われることになる。これによって不利益を受ける当事者の責任を**立証責任**という。すでに述べたように、当事者は自己に有利な事実を主張・立証する責任を負っており、その事実が立証できないと、当該当事者が敗訴することにな

る。判決文の「事実及び理由」で示されている裁判所による事実認定は、このようなプロセスを経て裁判官がこの事実があったことを高度の蓋然性を持って確信したものに限られており、そこまでの確信がない場合（例えば、原告主張の事実が被告主張の事実と比べてより真実らしいという程度の場合）には、その事実はないという前提で事実認定がなされることになる。

3. ⋯⋯⋯⋯判決と上訴

　争点整理・証拠調べと手続が進行し、裁判をする機が熟したと判断された場合、裁判所は口頭弁論を終結して**終局判決**を下すことになる（民事訴訟法243条）。判決の言い渡しは口頭弁論期日に行われ、判決書に基づいて判決がなされる。判決書（▶▶第2章Ⅰ）は主文・事実・理由に大別される（近時は後二者を、「事実及び理由」としてまとめて書く）。**主文**は判決の結論であり、「原告の請求を棄却する」といった、極めてシンプルな形で書かれる。**事実及び理由**はその判断を下した根拠を示す部分であり、争点ごとに両当事者の主張が要約され、最後に争点ごとに裁判所の判断が示されることが一般的である。両当事者の主張の部分は裁判所が認定した事実ではなく、裁判所の事実に関する認識は「当裁判所の判断」の部分に書かれている。また**訴訟費用**の裁判も併せてなされ、原則としては敗訴者が負担することとなる。この訴訟費用には、不法行為に基づく場合以外は弁護士費用が含まれていない。さらに、これら以外に仮執行宣言が付されることがある。後述のように、当事者が上訴すれば判決は確定しないまま、次の審級で手続が続く。この場合には判決に基づいて財産を強制的に差し押さえることはできない。しかし、**仮執行宣言**が付されていると、判決が確定しなくても（仮執行宣言が失効しない限り）強制執行が可能となる（▶▶第9章Ⅰ）。

　上訴が一定期間内になされないと、判決が確定する。判決が確定すると判決の次のような効力が発生する。まず、判決の内容を裁判所自身が自由に変更できない**自縛力**（自己拘束力）が挙げられる。終局的な判断であるはずの判決が、裁判所の都合のみで変えられては困るため、このような効力が認められている。判決を修正する必要がある場合には、裁判所による変

更判決・**更正**や、当事者からの**再審**の申立てがなされることになる。次に、判決の内容に当事者も（判決を下した以外の）裁判所も拘束され、事案の蒸し返しを防止する**既判力**が生じる。仮に当事者の一方が同じ内容の請求を別の裁判所に持ち込んだ場合、前の裁判所の判決（前訴判決）の内容と異なる判断を別の裁判所（後訴裁判所）が下すことはできず、また当事者も前訴判決と矛盾する主張をすることができない。この既判力は、当事者間にのみ生じるのが原則であり（会社関係の訴訟などでは、既判力の範囲が法律で拡張されていることがある）、また判決の判断のうち**主文**についてのみ生じる（判決理由中の判断、例えば個別の事実認定については生じない）。さらに、給付訴訟に対する判決である給付判決では、その判決の内容を強制的に実現させる**執行力**が認められ、形成訴訟に対する判決である形成判決では、判決で確定された形成要件に従って権利義務関係が変動する**形成力**が認められる。確認訴訟に対する確認判決には、執行力や形成力はない。

　裁判が確定するまでに上級裁判所にその変更や取消しを求めることを**上訴**といい、判決の場合には**控訴・上告**という語が使われる。第1審の裁判所で判決が下されてから2週間以内に控訴すると、判決は確定せず（**確定遮断効**）、審理の舞台が上級の裁判所（第1審が地方裁判所であれば高等裁判所、第1審が簡易裁判所であれば地方裁判所）に移ることになる（**移審効**）（民事訴訟法116条）。控訴審は事実審であり、第1審と同様に自ら事実を認定することができる。もっとも、第1審の判断をゼロベースで見直す（このようなやり方を**覆審制**という）のではなく、第1審での判断を弁論の更新によって引き継ぐ方式（**続審主義**）がとられている（同法296条2項・298条1項）。控訴審の判決は自らが判断を示す**自判**が原則であるものの、第1審が訴え却下判決したのに対して控訴審は訴訟要件を充足すると考えた場合には、第1審での内容面での判断の機会を保障するため（これを**審級の利益**という）、事件を第1審に差し戻す判決が下される（同法307条）。

三審制？

　小学校や中学校の社会（公民）の授業で、日本では三審制がとられていると学んだ記憶があるでしょう。ただし、民事訴訟に関しては、実際に最高裁判所での判断が受けられる場面は極めて例外的であり、実質的には高等裁判所までの二審制ともいえます。民事訴訟法は、最高裁に上告できる上告理由として、憲法違反または絶対的上告理由を挙げています。**絶対的上告理由**には、裁判所の構成が間違っていた（例えば合議体で判断すべき事案で単独の裁判官が判断した）とか、口頭弁論が公開されなかった、といったレアケースが規定されており、高等裁判所に対する控訴・上告（簡易裁判所からスタートすると高等裁判所が上告審となります）では認められている「判決に影響を及ぼすことの明らかな法令違反」という理由が含まれていません。これは、最高裁の負担を軽減するためとされています。最高裁判所ではわずか15人の裁判官が、3つの小法廷（判例変更や憲法判断の場合には全員から構成される大法廷）で判断を行っており、現状でも事件数は多すぎるといわれています。

　ただし、最高裁判所は、憲法違反や絶対的上告理由以外の場合でも、**上告受理**という方法でその事件を扱うことができます。原判決に判例違反や法令の解釈に関する重要事項が含まれている場合、当事者が上告受理の申立てを行い、最高裁が受理すれば判断が示されることとなります。

Ⅲ　民事保全法の基礎

1. ⋯⋯⋯⋯民事訴訟と時間

　民事訴訟には時間がかかる。近年の改革により、以前に比べてその時間が短くなったとはいえ、第1審判決が出るまでには1年から2年程度必要であり、上訴すればさらに時間がかかる。紛争に対する冷却期間という意味で、時間をある程度かけた解決にまったく理由がないわけではない。しかし、現在の民事訴訟はその必要を考慮してもなお迅速とはいえない。判決までに時間がかかるということは、判決を得るまでに状況が変化し、せっかく勝訴判決を得ても、原告側の権利救済が図られない場合があること

を意味する。例えば、ある企業が事故を発生させ、原告に被害を生じさせ、原告が損害賠償請求を提起し訴訟を行っているうちにその企業が破産してしまうと（▶▶第9章Ⅲ）、勝訴判決を得ても資力がないという理由で賠償が得られないことになる。そこで、勝訴判決による救済を実効的なものとするために、仮の権利救済の制度が必要とされ、民事訴訟においては**民事保全法**がそのしくみを規定している。

2. ⋯⋯⋯⋯民事保全の種類

民事保全法は大きく2つの保全の方法を規定している。1つは**仮差押え**である（同法20条1項）。これは、訴訟を行っている間に資力がなくなってしまうのを防ぐため、相手方の財産を差し押さえておくものである。もう1つは**仮処分**である。これはさらに係争物に関する仮処分と、仮の地位を定める仮処分に分けられる。**係争物に関する仮処分**（同法23条1項）は、紛争の対象となっている物の現状を維持して、将来の強制執行に備えるためになされるもので、例えば紛争の対象になっている土地を勝手に売却してはならないことになる。**仮の地位を定める仮処分**（同条2項）は、暫定的な処分を行うことで債権者の現在の危険を除去するもので、典型例としては労働紛争において解雇された側がその無効を訴えるとともに、賃金を仮に支払うよう求める場合に使われる。

これらが認められるためには、被保全権利の存在と、保全の必要性とがあることが必要である。**被保全権利**については、係争物に関する仮処分であれば係争物に関する請求権、仮の地位を定める仮処分であれば争いのある権利関係（作為・不作為請求権）の存在が求められる。また**保全の必要性**については、将来の強制執行ができなくなる・著しく困難になるとか、債権者の著しい損害・急迫の危険があることが必要である。保全命令が出される場合には、その多くで担保を立てさせている。民事保全は仮の権利救済であり、その後に提起が想定される本体の訴訟（**本案訴訟**）において保全命令とは異なる判断が示されるおそれがある。この場合には保全命令によって損害が生じることになるので、違法な保全処分の執行で債務者の被る

損害について、債務者が損害賠償請求権の行使を容易にするために、債権者に担保を立てさせることが一般的である（民事保全法14条1項）。実務上は、仮の地位を定める仮処分の賃金支払いを求める事例や、交通事故に基づく医療費等の仮払いを求める事例などを除いて、担保を立てさせることが多い。具体的には、債権者が供託所に金銭または有価証券を供託する方法や、支払保証委託契約を締結する方法がとられる（同法4条）。

3. ⋯⋯⋯⋯民事保全の手続

　民事保全手続は民事訴訟手続と異なり仮の権利救済なので、早く結論を出すことが何より重要である。そのため、民事訴訟法で採用されている口頭弁論を経ることなく、簡易な手続で判断が示される。民事訴訟という丁寧な手続に対する終局的判断である判決に対して、このような簡易な手続に基づく判断は**決定**と呼ばれている。その際、当事者は紛争の対象の事実があったことを証明する必要はなく、それよりも確度が低い確からしさを明らかにする**疎明**でよいとされる。

　保全命令に対する不服は保全異議と保全取消しに分かれている。**保全異議**は、発令当時における被保全権利および保全の必要性に関する判断が誤っていると主張する場合に用いられる（民事保全法26条）。これに対して**保全取消し**は、後発的な事情に基づいて命令を取り消してもらう場合に使われる（同法37条〜40条）。これらは保全命令と同一の裁判所に対してなされ、これらに対する決定に不服であれば、上級裁判所への抗告（・再抗告）がなされることになる。

COLUMN

満足的仮処分

　民事保全法は仮の権利救済であり、そのため解決のスピードが要求されます。民事保全の場合には、必ずしも本体の民事訴訟とセットで申し立てる必要はないもの

の、通例では保全手続の後に、民事訴訟における、より丁寧な審理が予定されています。しかし、事案によっては民事保全法で保全命令が出れば、民事訴訟における勝訴判決を得たことと同じになる場合があり、これを**満足的仮処分**といいます。例えば、ある日程でコンサートホールを集会目的で使う契約が結ばれ、その後ホール側が使用を認めないこととした場合、契約の有効性や解除の有効性に関する民事訴訟とは別に、その日程でコンサートホールを使う地位を設定する仮処分の利用が考えられます。この紛争においては、その日程で集会ができれば原告側としては満足であり、仮処分が認められるかどうかが紛争の帰趨を決することになります。このように、仮の権利救済が必ずしも「仮」でない場面があることにも注意が必要です。

発展学習のために

【課題】

●売買契約（▶▶第6章Ⅱ）をめぐる紛争を素材に、訴訟になった場合にどのような事実を原告・被告のどちらが主張・立証しなければならないかを検討してみよう。

●家族関係に関する訴訟である人事訴訟では、弁論主義がとられず、裁判所が当事者の主張しない事実を基礎として判断したり、職権で証拠調べを行ったりできる職権探知主義がとられている。その理由はどこにあるか考えてみよう。

文献案内

◆中野貞一郎『民事裁判入門［第3版補訂版］』（有斐閣・2012年）

　民事訴訟の流れを具体的な事例を使って丁寧に説明する入門書で、家事事件の手続についてもその概要が紹介されている。

◆高橋宏志『民事訴訟法概論』（有斐閣・2016年）

　民事訴訟の過程や重要な考え方が正確かつコンパクトにまとめられた概説書であり、分厚い基本書を読む前に民事訴訟法の概観をつかむのに好適である。

第 9 章

権利の実現保障

Introduction

　民事法の世界では、契約に代表される法律行為や、事故等の際に問題となる不法行為責任のように、当事者の意思が合致した場合や法律で定められた要件を充足した場合に一定の権利・義務が発生し（▶▶第6章・7章）、その存否や内容は最終的には裁判所によって判断される（▶▶第8章Ⅱ）。そして多くの場合、こうした債務は最終的には金銭支払義務や物の引渡義務となる。債務者が債務を自ら履行しようとしない場合、権利者（債権者）は裁判所を使ってその強制的な実現を図ることができる。しかし、債務者に義務を果たしうる十分な経済力（これを資力という）がない場合には、債務の実現が図られないことになってしまう（日本では民事法上、債務者に資力がない場合に、例えば刑務所で強制的に働かせて債務相当額を得るような方法は許されていない）。そこで債権者としては、債権を回収できるように担保や保証をとっておき、債務者が支払わなかった場合には担保を売却したり、保証人に支払いを請求したりして、債権回収を図ることとなる。債務者が求められた支払いに応じきれなくなると、最終的には破産手続によって債務者の財産が債権者に債権額に応じて按分して配当され、債務者が個人の場合には免責という手続をとることで経済的な再出発が可能となる（債務者が有限責任の法人〔▶▶第4章Ⅰ〕であれば、出資した個人は出資額以上に法人の債務を負担することはなく、法人の財産が債権者に分け与えられることで手続が終わる）。

　本章では、こうした権利の実現を最終的に保障するさまざまな法的手段を取り上げてその制度的な特色を説明することとする。まず、債務の実現に焦点を当て、当事者が自ら履行する場合と、裁判所を使って強制的に履行する場合を説明し、併せて債権者が自己の債権の実現を図るため、債務者の財産を保全する法制度を紹介する（Ⅰ）。

次に、債権者が債務の実現を確保するために用いる代表的な方法である担保物権と保証契約を扱う。担保物権に関しては、最も典型的な担保物権である抵当権を取り上げ、その意義や機能を説明する（**Ⅱ**）。

さらに、最終的に債務者が債務を履行できない状態になった場合に用いられる倒産法制の概要を紹介する。倒産法制には、債務者の財産を換価して債権者に配当することで事業を清算するタイプ（清算型）と、事業を継続させて債権支払いに必要な金銭をできるだけ獲得させるタイプ（再生型）とがあり、ここでは清算型の代表的な手続である破産法を取り上げることとしたい（**Ⅲ**）。

Ⅰ　債務の実現

1. ………… 自主的な履行

債務者による債務の自主的な履行のことを**弁済**といい（弁済の対象は必ずしも金銭に限られない）、弁済がなされると債務が消滅する（民法 473 条）。債務者が弁済を行おうとすることを**弁済の提供**（民法 492 条）といい、現実の

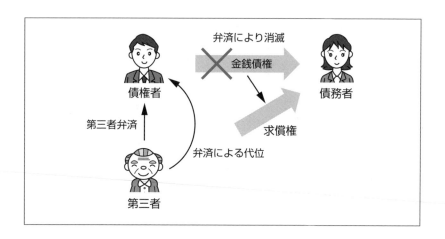

提供（民法493条）が必要となる。例えば引渡しが必要なら、引渡し場所として指定された場所に引き渡す対象となる物や金銭をもっていくことが弁済の提供にあたる。債権者が弁済を受領しようとしない場合（これを**受領遅滞**という）には、債権者には受領遅滞の責任が生じ（民法413条）、債務者としては弁済の提供さえしていれば債務不履行責任が生じることはない。債権者が受け取ってくれない場合には、債務者は**弁済供託**という方法をとることができる（民法494条）。これは、供託所（金銭に関しては、法務省の地方支分部局（地方出先機関）である法務局・地方法務局）に目的物を預ける（供託する）ことで債務を消滅させるもので、債権者側には供託物還付請求権が生じることになる（民法496条1項）。

　弁済は通常、債務者が債権者に対して行う。**弁済の受領**は、債権者またはその代理人が行う（民法479条）。ただし、例えば預貯金通帳と印鑑を盗んだ者のように、債権を持っているようにみえる者（債権の**表見受領権者**）に対する弁済は、弁済を受領する権限がなかったとは知らず、また知らないことについて過失がない場合には有効と扱われる（民法478条）。このとき債権者は、債権の表見受領権者に対して返還請求を行うこととなる。つまり、債権を持っているようにみえる者に対して債務者が弁済を行えば、債務者の責任は果たされたことになり、そこから先は債権者の責任で表見受領権者から対象物を取り戻さなければならない。

　これに対して、**弁済の提供**については、債務の性質上可能で、当事者が反対しなければ、第三者もすることができる（民法474条）。これを**第三者弁済**という。例えば、成人した子に代わって、親が子の借金を支払った場合がこれにあたる。この場合に債務者（＝成人した子）は、確かに債権者に対してはもはや弁済の必要はなくなる。しかし、代わりに弁済を行ってくれた第三者（＝親）に対しては、もともと債権者に対して履行すべき債務を果たさなければならなくなる。逆にいえば第三者は、債権者に対して支払った費用について債務者に求償することができるようになる。つまり、第三者は元の債権者の地位をいわば引き継ぐことになり、これを**弁済による代位**（代位弁済）という（民法501条）。本章で頻出する「代位」という言

葉は多様な意味で用いられており、ここでは債権者が「交代する」ことを意味している。

　互いに同種の債務を持っている場合に、双方の債務が弁済すべき時期（これを**弁済期**という）にあるとき、一方が相手方に意思表示を行うことで債務を打ち消し合うことができる。これを**相殺**という（民法505条1項・506条1項）。例えば、預金している銀行から融資を受けており、貸付金の返済ができなくなった場合には、銀行は貸付債権と預金債権を相殺して貸付金の回収を行うことが多い。相殺は債務の履行ではないものの、一方当事者の意思表示によって債務を消滅させる制度であり、広い意味では自主的な履行に含まれる。相殺の意思表示をする側が持っている債権を自働債権、その相手方の債権を受働債権といい、意思表示があれば相殺できる状態（これを**相殺適状**という）に遡って相殺の効果が生じる（民法506条2項）。相殺と似たような制度として、**混同**がある。これは債権と債務が同一人に帰属した場合に、債権が消滅するものである（民法520条）。さらに、履行という形をとらず債務が消滅する制度として、当事者が契約内容を変更することで従前の債務が消滅する**更改**（民法513条）と、債務者に対して債権者が債務の**免除**（民法519条）を行う方法とがある。

2. ⋯⋯⋯⋯強制的な履行

　債務者が自主的に債務を履行しない場合には、債権者としては裁判所による強制履行（民法414条）と損害賠償（民法415条）を求めることができる。このうち**損害賠償**については、その要件として、債務の本旨に従った履行がないこと、または債務の履行が不能であることが求められている。債務の本旨に従った履行がない場合の典型は、履行期になっても履行がなされない**履行遅滞**である。また、履行はなされたもののその内容が不十分であった場合（**不完全履行**）もここに含まれる。さらに、履行することができない場合（**履行不能**）も債務不履行の一類型である。もっとも、債務者の責めに帰すことができない事由（例えば天災等の不可抗力）による債務不履行の場合には、損害賠償請求権は生じない。また効果としては、債務不履

行との因果関係が認められる損害についての賠償請求権が生じる。かつて
はこの点につき、原則として債務不履行から生じた損害はすべて賠償の対
象となるものの、因果関係の無限の連鎖を避けるために、それを相当の範
囲に限定する**相当因果関係説**（▶▶第7章**Ⅱ**）が通説であった。しかし現在
では、民法416条の本来の趣旨に立ち返って、この規定を損害賠償の範囲
に関するルールと捉え、通常生ずべき損害と、特別の事情によって生じた
損害のうち予見可能なものを賠償させるものとする考え方がとられている。

　これに対して、強制履行については民法414条および民事執行法がその
方法を規定している。民事上の義務の強制的な履行方法としては、直接強
制・代替執行・間接強制の3種類がある。

　①　**直接強制**とは、義務の内容をそのまま実現させる方法である。物や
金銭を相手方に引き渡す義務（引渡債務・与える債務）の場合には、財産を
強制的に差し押え、それを競売等で金銭に換え（換価）、債権者に配当する
方法が一般的にとられる。

　②　**代替執行**とは、第三者が代わって行うことのできる作為義務（例え
ば隣地との境界にある生け垣を除去する義務）を第三者に代わって行ってもら
い、それに要した費用を債務者に支払わせる方法である。何らかの行動を
とったりとらなかったりする債務（行為債務・為す債務）の場合には、その
内容を強制的に実現すると債務者の人格を無視することになるので、直接
強制は不可能とされている。そのため、本来であれば行為義務であったも
のを金銭支払義務に転換し、最終的には引渡債務と同じく差押え・換価・
配当によって義務を実現させる代替執行が用いられる。

　③　**間接強制**とは、義務が履行されるまで一定額の金銭を賦課し続ける
ことで義務の履行を促す方法である。第三者が代わって為すことのできな
い義務や不作為義務については、代替執行もできないため、間接強制が用
いられる。かつては、債務者の意思決定への介入を最小限度にするため、
間接強制を使うことはなるべく避けなければならないと理解され、強制履
行の手続を定めた民事執行法でもこのことが明示されていた。しかし、そ
の理論的な理由が不明確であり、2003（平成15）年の民事保全法改正で間

接強制を積極的に利用できるように方向転換がなされた。

　ここで、民事執行法が定める強制的な義務履行の手続の概要も簡単に紹介する。民事執行法は、判決等により確定した義務を強制的に実現する場合と、後述の担保権を強制的に実現する場合の手続を規定している。その手続の特色は、義務を強制的に実現する執行機関を判決手続担当の部門から切り離しているところにある。執行処分を自ら担ったり、事実的な強制力を行使する執行官を監督したりする**執行裁判所**（通常は地方裁判所の単独裁判官）が義務の強制的な履行を行うためには、その前提として、実体法上の義務が存在している必要がある。しかし、それを執行裁判所が自ら判断すると時間がかかることから、執行機関は裁判判決（確定判決・仮執行宣言付判決〔▶▶第8章**Ⅱ**〕）等の**債務名義**（民事執行法22条）を手がかりにして義務の存否を形式的に判断することとし、債務名義があれば迅速に義務の実現を図ることとしている。さらに、現実に実力行使を行う**執行官**は地方裁判所が任命する公務員ではあるものの、給与は支給されず、執行に伴う手数料収入のみが得られる（執行官法7条）。これは、執行の面での競争原理を働かせることで、より実効性のある執行がなされるようにする工夫である。民事執行の段階での権利救済は、執行手続そのものに対する救済手段としての執行抗告・執行異議（民事執行法10条・11条）と、実体法上の権利義務の存否をも争点にして執行を排除しようとする執行文付与に対する異議の訴え・請求異議の訴え・第三者異議の訴え（同法34条・35条・38条）とに分かれている。

3. ⋯⋯⋯⋯**債務者財産の保全**

　債権者は債務者の財産状況に重大な利害関心を有しているとはいえ、債務者とは別の人格であるから、債務者の財産を勝手に管理することはできない。もっとも、債務者が自らの権利を行使しない場合や、債務者が財産を無駄遣いして債権者の権利を害する場合には、債権者はそのイニシアティブで債務者の財産管理に介入できる。

　債権者は、自己の債権を保全するため、債務者が持っている債権を債務

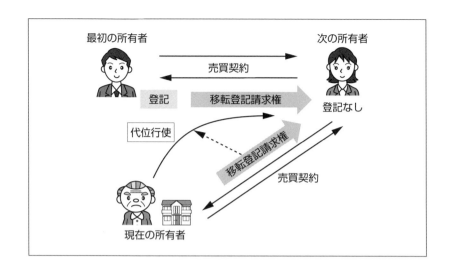

者に代わって行使することができる。これを**債権者代位権**という（民法423
条）。ここでの「代位」は、他人の権利を「代わって行使する」ことを意味
している。例えば、債務者が持っている第三者に対する損害賠償請求権を
債務者がいつまでも行使せず、それを放置しておくと債権者が債務者から
の弁済を将来受けられなくなる場合に、債権者が債務者に代わって、債務
者の持つ損害賠償請求権を行使する権利が認められる。債権者代位権はも
ともとフランス法に由来する制度で、将来的な強制執行に備えて債務者の
財産をふやすことを目的とするものであった。しかし日本では、次の2つ
の方向で、債権者をより直接的に保護することが認められている。第1に、
債権者代位権は債権者が自己の名で（債務者の代理人ではなく）権利を行使
し、その結果債務者に財産が帰属する制度ではある。もっとも、目的物の
引渡しについては、債権者が引渡しを求めることができる（民法423条の3）。
そのため、債権者にとっては自己の債権を簡易迅速に回収する手段として
用いられている。第2に、債権者代位権の対象となる債権としては、もと
もと金銭債権が念頭に置かれていた。しかし判例上は以前から、登記請求
権のような非金銭債権についても債権者代位を認めており、2017（平成29）

年の民法改正では、登記・登録請求権を保全するための債権者代位権の規定が置かれた（民法423条の7）。不動産登記を移転するには、通常、売主と買主が共同で申請する必要がある（▶▶第5章Ⅲ）。もし、売主が協力しない場合には、買主が売主に対して移転登記請求権を有する。そこで、土地の最初の所有者と次の所有者との間で売買契約が結ばれ、登記が次の所有者に移されないまま次の所有者が現在の所有者との間で売買契約を結んだ場合には、債権者代位の考え方を拡張して、現在の所有者が（次の所有者に代わって）最初の所有者に対して移転登記請求権を行使することができる。

　これに対して、債務者が自己の財産を減らすような行動をとったときに、そのような行為の取消しを裁判所に請求する制度が**詐害行為取消権**（債権者取消権）である（民法424条1項）。例えば債務者が第三者に対して、自己の財産を贈与したり、極めて安い値段で売却したりした場合がこれにあたる。詐害行為取消権の行使は裁判所に対して訴えを提起することによってなされる。債務者による詐害行為があったと認められるためには、それによって債務者が無資力になること、その行為が債権者と害することを知っていることが必要とされる（詳細な要件は、民法424条の2〜424条の5が定めている）。訴えの相手方となるのは債務者から財産を得た受益者またはその転得者で、取り消されると債権者は、債務者でなく債権者自身に対して引渡しを求めることができる（民法424条の9）。しかし、登記に関しては債務者に対して移転することしか請求できず、債権者としては一旦債務者に登記を戻してから改めて登記を移転することになる。

債権譲渡と約束手形　　COLUMN

　物権と同じように、債権も譲渡することができます（民法466条1項）。ただし、法律で譲渡が禁止されている債権（例：生活保護法59条）については譲渡ができ

ません。また、債権を譲渡すること自体は当事者間の合意だけで可能であるものの、新たに債権者となった譲受人が債務者に対して弁済を求めるためには、譲渡人が債務者に通知するか、債務者が譲渡を承諾しなければなりません（民法467条1項）。これは、債権に関する情報を債務者に一元化し、旧債権者と譲受人の両方に二重に弁済するリスクを避けるためと考えられます。また、物権の譲渡と同じように、債権についても二重譲渡の可能性があります。そこで債権についても民法は対抗要件主義（▶▶第5章Ⅲ）を採用し、確定日付のある証書によって通知・承諾がなされなければ債務者以外の第三者に対抗できないとしています（同条2項）。実務上は内容証明郵便が利用されており、判例上は確定日付のある通知が確定日付のない通知に優先して扱われ、確定日付のある通知が複数ある場合には到達日の早い方が優先するとされます。そうなると、たとえ確定日付のある証書を得て債権譲渡を受けていても、別の人がそれより早く確定日付のある証書で譲渡通知をしていると、その人に対抗することができなくなってしまいます。

　このように債権譲渡は手間がかかり、しかも安定した取引ができないため、債権などの権利を証券という形にして取引する**有価証券**が幅広く用いられています（民法520条の2〜520条の20。株券〔▶▶第4章Ⅲ〕も有価証券の典型例です）。有価証券という形にすると、その証券を持っているだけで確実に権利が取得でき、証券の移転に合わせて権利者も移転することとなって二重譲渡を防止できます。債務者は（真の債権者が誰かを考えることなく）その証券を持っている人に支払えばよいだけなので、債権譲渡を債務者に通知する必要性もなくなります。そのような有価証券の1つが**手形**です。手形の一種である**約束手形**は、約束手形を出す振出人が一定の金銭を満期日に支払うことを約束することを内容とするもので、手形という形をとった「借用書」です。典型的には、売買契約の際に現金で決済せずに、一定期間経過後に支払うことを約束する場面で用いられます。もっとも、この約束手形を振り出すためには、振出人は銀行に**当座預金口座**（決済のみを目的とする口座で利子は付きません）を開設しておく必要があります。約束手形を受け取った売主は、自分の取引銀行に約束手形の取り立てを委任し、満期日に売主の取引銀行は買主が当座預金口座を開設している銀行に対して手形を呈示し、支払いを求めます。支払われる金銭は、買主の当座預金口座から引き落とされ、口座を設置している銀行から売主の取引銀行に入金され、それが売主の当座預金口座に入金されます。買主の当座預金口座に支払資金がなかった場合（**不渡り**）には、振出人は2年間銀行取引が停止されるため（銀行間の取り決めである手形交換所規則でそのようなルールが決められています）、不渡りは事実上の倒産を意味することになります。

　約束手形にはこのような現金に代わる決済手段としての性格に加えて、譲渡による信用供与の機能も持っています。売主は満期が来る前に取引銀行に対して手形の譲渡を行うことができ（これを**手形割引**といいます）、その際に銀行は手形の額面

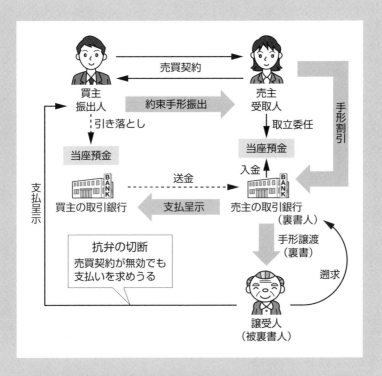

金額から利息相当額を差し引いた額で買い取ります。約束手形を用いて売買契約の代金を支払っている場合、その売買契約が何らかの理由で解除あるいは取り消されたり、無効になったりしても、手形の譲受人はその影響を受けません（**抗弁の切断**）。手形を譲渡するためには、手形裏面に被裏書人を記載して署名するだけでよく（これを**裏書**といいます）、債務者への通知は不要です（手形法77条1項1号・14条1項）。しかも、振出人が支払わない場合には、裏書欄に記載されている裏書人にも支払ってもらえます（**担保的効力**）（同法77条1項4号）。つまり、手形の譲受人にとっては、振出人にどの程度の支払能力があるかを調べなくても、手形の過去の譲受人の誰かに支払能力が十分にあれば、最終的に金銭を支払ってもらえる可能性が高いと判断できるのです。

Ⅱ　債務の実現保障

1. ⋯⋯⋯担保物権の意義と種類

　債務者が自ら債務を履行しない場合には、強制執行を用いれば十分だろうか。ここで重要な考え方が、有限責任と債権者平等の原則である。すでに法人制度でも説明したように、事業活動の中心的なアクターである法人は、個人の財産との切り離しを行う点に大きな意味を持っていた（▶▶第4章Ⅰ）。**有限責任**の法人制度（例：株式会社）の場合には、法人に出資した個人は出資額の限度で責任を負う。そのため法人が事業に失敗してその債務を弁済しきれなくなったとしても、出資者としては出資した金額だけが返ってこないことになり、それ以上に法人の債務の弁済のために財産の拠出を要求されることはない。そうなると、倒産した法人が持っている財産（債務を支払うための母体となる財産という意味で**責任財産**という言葉が用いられる）が債務の合計額を下回ることになる。この場合には、債権者はその債権の金額の多寡や債権成立の時期等とかかわりなく、強制執行や倒産処理の場面で平等に取り扱われる（**債権者平等の原則**）。例えば、A・B・Cの3人がそれぞれ1000万円・500万円・200万円の債権を持っており（合計の債権額は1700万円）、法人が破産してその責任財産が170万円しかないとすると、それぞれが回収できる金額は責任財産を按分して、100万円・50万円・20万円ということになる。しかし、これでは債権回収が確実にできないため、担保という方法が用いられる。担保には大きく、物的担保（▶▶第5章Ⅰ）と人的担保がある。**物的担保**とは、ある物の交換価値に注目して、債権回収ができないときにその物を売却することで優先的に弁済してもらう方法である。これに対して**人的担保**とは、債務者が弁済できない場合に他の保証人にも債務を弁済してもらえるようにすることで、責任財産を増やしておく方法である。

　物的担保の代表格が**担保物権**であり、民法上は留置権・先取特権・質権・抵当権の4種類の法定担保物権が規定されている。このうち、契約に

Ⅱ　債務の実現保障　　**169**

よって担保物権を設定する**約定担保**にあたるのが質権と抵当権であり、法律の規定から生じる**法定担保**にあたるのが留置権と先取特権である。最も代表的な担保物権である抵当権については **2.** で紹介することとし、ここではそれ以外の３つの法定担保物権について簡単にその内容を紹介する。

留置権とは、他人の物を占有している者が、その物に関して生じた債権の弁済を受けるまで物を手元に置いておける権利である（民法295条１項）。典型例は、修理に出していた物を修理代が支払われるまで相手方に返さないという局面である。もし当事者間に契約関係があれば、同時履行の抗弁権（▶▶第６章**Ⅱ**）で処理できるものの、契約関係がなくても留置権を使うことで同じことが可能になる。もっとも、留置しておく物と債権との結びつき（**牽連関係**）がなければ使えないことや、その効力が物を置いておくことができる（**留置的効力**）ことにとどまり、その物を売却して債権回収に充てることはできない点で、担保物権と呼ぶには弱い効力しか持っていない。

先取特権とは、法律の規定により、債権の性質上他よりも優先して弁済してもらえる権利であり（民法303条）、民法のほか個別の法律に規定が置かれていることもある（例：生活保護法76条２項）。このうち、債務者の責任財産全体を目的物とする一般先取特権については、債権者全体の利益のための費用（共益費用）などについて、優先的な弁済が認められている。また、特定の動産や不動産を目的物とする動産先取特権（例：宿泊代）・不動産先取特権（例：不動産売買代金）もある。

質権とは、債務の弁済がなされるまで物を占有し、弁済がなされない場合にはその物を換価してそこから優先的に弁済を受ける権利をいう（民法342条）。質権の設定は契約に基づくもので、対象物が引き渡されることによって効力が生じる（民法344条）。質権は留置権と同様、弁済がなされるまでは占有しておくことができ（民法347条）、弁済がなされずに質権が実行されると、対象物の所有権者の所有権が失われる（これを**追及効**という）。

2. ⋯⋯⋯⋯**抵当権の機能**

抵当権は、不動産を対象とし、債務が弁済されない場合に当該不動産を

換価して他の債権者より優先的に自己の債務の弁済を受ける権利のことをいう（民法369条1項）。質権と同様に契約によって設定される担保物権であるものの、対象が不動産に限定されており（抵当権の設定を第三者に対抗するためには登記が必要とされている）、また抵当権設定者から抵当権者に占有を移転する必要がない点も異なっている。占有が移転されないということは、抵当権設定者は使用・収益を続けることを意味し、また1つの不動産に対して複数の抵当権を設定することもできる。この場合に、抵当権の順位は原則として登記の先後で決まり（民法373条）、先順位の抵当権がなくなると、後順位の抵当権はその順番を維持したまま繰り上がる（民法376条2項）。

担保物権の効力		留置権	先取特権	質　権	抵当権
優先弁済効	目的物から優先的な弁済を受けることができる効力	×	○	○	○
留置的効力	目的物を留置できる効力（留置により弁済を促しうるのみ）	○	—	○	—
物上代位	目的物が消滅してもそれに代わる価値の上に担保物権が存続する効力	×	○	○	○
追及効	目的物が転売されても実行によって弁済を得ることができる効力	○	×	○	○

　抵当権の効力の中心は**優先弁済効**である。債務が弁済されなかった場合、抵当権者は抵当権の実行として民事執行法に基づく競売手続を行うことができるほか、他の債権者が申し立てた競売によって換価された金額から優先的な弁済を受けることができる。抵当権の実行としての民事執行には債務名義が不要であり、判決を得ることなく強制執行が可能である。競売の結果、買受人がその代金を支払うと、買受人には抵当権が消滅した状態の所有権が移転されることになる。また、抵当権が設定されている不動産を

第三者が侵害した場合、損害賠償請求権等が発生する。これは抵当権が設定されている不動産の経済的価値がその形を変えたものであることから、これらの請求権に対しても抵当権の効力が及ぶ。これを**物上代位**という。ここでの「代位」は、抵当権の設定された目的物が損傷・滅失したとしても、その代わりに発生した権利の上に元の抵当権の効力が及ぶことを意味する。また、抵当権が設定された不動産に対する侵害行為に対し、抵当権者は所有権者の持つ**物権的請求権**としての妨害排除請求権（▶▶第5章Ⅱ）を代位行使できるほか、抵当権に基づく妨害排除請求も可能とされている。加えて、抵当権が設定された不動産が転売されたとしても、抵当権が実行された段階でその転売先の第三取得者の所有権が失われる（**追及効**）。抵当権はこのように、抵当権設定者が対象不動産の使用・収益を継続することができ（＝留置的効力がない）、かつ担保物権が持ちうる主要な性格を備えており、また実際にも非常によく使われている。

　抵当権と追及効について、もう少し考えてみよう。抵当権が設定された不動産を売買等で取得したとしても、抵当権が実行されれば所有権が失われてしまう。そうなると、その不動産は極めて安い価格で取引されるか、そもそも取引されなくなる。もちろん不動産を買い受ける第三取得者が、抵当権設定者（通常は債務者）に代わって債務を弁済し（**第三者弁済**）、第三取得者の求償権と抵当権設定者に支払われる代金とを**相殺**することができ

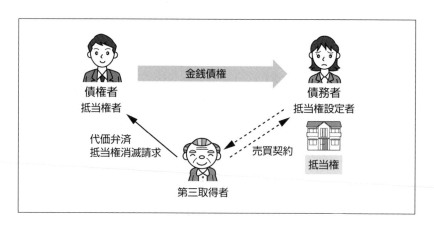

れば、抵当権がない状態の不動産を第三取得者は取得できる。しかしこの方法は、抵当権の被担保債権額より売買代金の方が高くないと、第三取得者にとって経済合理性に反することになってしまう。そこで民法は、第三取得者が抵当権者に対して代金相当額（代価）を弁済した場合に、抵当権者が抵当権を消滅させる**代価弁済**の規定を置いた(民法378条)。これは、抵当権者が同意した場合にのみ利用可能で、被担保債権額と代価との差額の債務は債務者との間でなお残るものの、抵当権は消滅する。これに対して、第三取得者の側が抵当権者に抵当権の消滅を求めるのが**抵当権消滅請求**(2003〔平成15〕年改正前は**滌除**と呼ばれていた）である（民法379条・383条）。これは、第三取得者が不動産の評価額を抵当権者に示し、その金額を支払うことで抵当権を消滅させるように書面で求めるものである。これに抵当権者が応じない場合には、抵当権を実行して競売手続に進むことになる。書面の送達後2ヶ月以内に競売の申立てを行わなければ、承諾が擬制される。競売の結果、誰も買い受ける者が現れなくても抵当権消滅請求は効力を生じない（滌除の時代には、このとき債権者自らが買い受けなければならないという**買受義務**があった）。つまり、抵当権消滅請求は、抵当権者に対して第三取得者の評価額で抵当権を消滅させるか、抵当権を実行して競売手続を行うかの選択を迫る制度である。

3. ⋯⋯⋯⋯保証債務の機能

人的担保の代表が保証である。**保証**は、債務者に代わって債務を履行することを約束することをいう（約束しないで債務者の代わりに債務を履行すると、第三者弁済となる）。**保証契約**は無償で結ばれることが多いことから、民法は書面等によることを要求している（民法446条2項・3項）。保証債務は担保としての性格を有していることから、保証の対象となっている債務（これを**主たる債務**という）と成立・消滅を共にし、主たる債務より保証債務が重くなることはない（民法448条）。そして、主たる債務者が履行しない場合に初めて保証債務が問題となることから、保証人としてはまず主たる債務者に請求することを求め（**催告の抗弁**）、強制執行の場合にはまず主た

る債務者の財産から執行せよと求める（**検索の抗弁**）ことができる（民法452条・453条）。こうした補充性を合意によって排除した保証を連帯保証と呼び、債権者にとっては連帯保証の方が債権回収にとって都合が良いことから、実際には**連帯保証**（民法454条）が使われることがほとんどである。

　保証債務（中でも連帯保証）よりもさらに債務者の相互のつながりが密接になったものを**連帯債務**という。連帯債務の場合には保証債務と違って主たる債務と保証債務の区別がなく、そのため補充性も問題にならない。このため、債権者にとってはさらに有利であり、現実にはこの方法の保証がかなり多く使われている。連帯債務の債権者は、連帯債務者の誰に対しても、また債権の全部でも一部でも履行の請求をすることができる（民法436条）。連帯債務者の1人に生じた事由のうち、民法438条〜440条が規定する**絶対的効力事由**については、その他の連帯債務者にも影響を与える（例：弁済・更改・相殺）。これ以外の事由については他の債務者に影響を与えない（民法441条）。2017（平成29）年改正前の民法の下では、共同不法行為（▶▶第7章Ⅱ）のような**不真正連帯債務**の場合には、絶対的効力事由が適用されないため（性質上当然認められる弁済等の事由を除く）、債務の履行を担保する力がさらに強くなることになると理解されていた。しかし、改正によって絶対的効力事由が極めて限定され、また連帯債務者間の求償に関する民法442条の規定が不真正連帯債務にも適用されることとなったことから、不真正連帯債務という概念を使う必要は非常に小さくなった。

非典型担保

COLUMN

　民法には4種類の担保物権が規定されているものの、これ以外にもさまざまな担保物権が実務上生み出されてきました。これらをまとめて**非典型担保**といいます。担保物権の代表である抵当権の場合、その実行の際には競売の手続をとらなければなりません。その際には執行裁判所の手を借りる必要があり、時間的にも金銭的にもコストがかかります。この手続をとらずに債権回収ができること（これを**私的実**

行といいます）が、いくつかの非典型担保の大きな魅力とされます。ここでは、そのような例を2つ紹介します。

債務が弁済されない場合に代物弁済を行う契約を締結し、それを保全するために仮登記を利用する手法を**仮登記担保**といいます。仮登記とは、本登記が行われた際にその順位を保全するためになされるもので、仮登記だけでは登記の効力は生じません。債務が弁済されないと代物弁済によって債権者が所有権を獲得でき、その際に本登記がなされることとなります（はじめから本登記を行わないのは、仮登記の際に支払わなければならない登録免許税が、本登記よりも安く設定されているためです）。所有権が移転することから、債権者は競売によらずに債権を回収することができます。しかし、不動産の価値が債権額よりも高いと、所有権の獲得によって債権額を大幅に上回る経済的利得を得ることになります。そこで、まず判例で、債権額を上回る部分を債務者に返還する**清算義務**が認められ、1978（昭和53）年に制定された仮登記担保契約に関する法律ではこれを法定しました。

担保をとる目的で所有権を譲渡してもらうことを**譲渡担保**といいます。債務がきちんと弁済されれば、所有権が返還されることとなります。この譲渡担保は、動産を対象にすることもでき、また動産の引渡しは占有改定でもよいので（▶▶第5章Ⅱ）、動産の占有を債務者に認めたままで担保にとることができます（約定担保物権のうち抵当権は不動産についてしか認められていないため、動産については質権しか利用できず、この場合には占有を質権者に移転する必要があります）。しかも、所有権はすでに債権者に移転していることから、仮登記担保よりも確実に対象物件を確保できます。こうした特色から、譲渡担保は実務でしばしば使われています。この譲渡担保の場合でも、債権額を超える経済的利得が債権者にあった場合には、債務者に対してこれを返還する清算義務が認められています。

Ⅲ　破産法の基礎

1. …………倒産処理手続の意義

債務者が抱える債務が大きくなり、債務者の支払能力が失われると、倒産処理手続が必要となる。裁判手続（法的整理）を行う倒産処理手続としては、債務者の財産関係を清算する**清算型**の手続（破産法がその代表である）と、事業を継続させてなるべく多くの責任財産を確保しようとする**再建型**

の手続（民事再生法や会社更生法がここに含まれる）の2つがある。会社などの法人に対する倒産処理手続では、債権者ができるだけ多くの弁済を得ることがその主たる目的となる。これに対して消費者破産のような個人破産の場合には、債権者に対する弁済に充てられる責任財産がほとんど残っていないことが多く、むしろ破産手続と並行して行われる**免責手続**によって債務を免責し、経済的な再出発を行わせることが中心的な目的になる。

　清算型の手続である破産法については**2.**で詳細を紹介することとし、ここでは再建型の手続の特色を簡潔に示すこととする。再建型が用いられるのは、破産原因となる事実が生じるおそれがある場合であり、清算型よりも早期に事業の立て直しを図ることが意図されている。破産法に基づく手続では、財産の管理権が破産管財人に委ねられるのに対して、再建型の中でも民事再生法の場合には、債権者に対する**公平誠実義務**を課した上で、再生債務者が管理することとなる（民事再生法38条1項・2項）。これを DIP（Debtor in Possession）<u>型</u>と呼ぶ。

2. ………**破産法の手続**

　破産手続は、債務者が**支払不能**となった場合に、裁判所の決定によって開始される（破産法15条1項・30条1項）。支払不能については定義規定が置かれており、「債務者が、支払能力を欠くために、その債務のうち弁済期にあるものにつき、一般的かつ継続的に弁済することができない状態」（同法2条11号）をいう。そして支払停止があると、支払不能にあるものと推定される（同法15条2項）。有限責任の法人組織の場合、これに加えて「**債務超過**」である場合も要件に含まれている（同法16条）。有限責任の法人組織の場合には、法人の財産のみが債権者のために提供される財産となるため、支払不能状態に立ち至らなくても、法人の財産で債務を完済できない債務超過状態で破産手続を開始できる。破産手続が開始されると、債権者が個別に行う強制執行や訴訟といった手続は中止され、すべての債権者を組み込んだ集団的な手続が進行することになる。

　破産者が破産手続開始時に有している一切の財産は**破産財団**となる（破

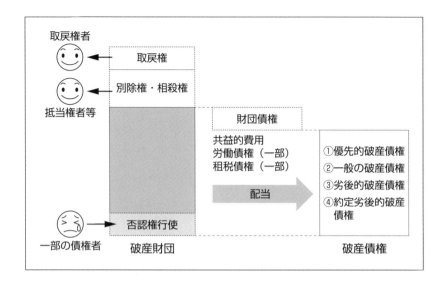

産法 34 条 1 項）（▶▶ 第 4 章 Ⅰ）。その破産財団の管理・処分権は、財産が債務者から切り離されて管理者がいなくなることから、裁判所が選任する**破産管財人**に委ねられる（同法 78 条 1 項）。破産管財人は、破産者が他人から預かっていた財産のような破産財団から他人に返すべき財産（例：**取戻権**〔同法 62 条〜 64 条〕）を返還し、逆に破産手続前に特定の破産債権者に偏った弁済がされていたような場合にこうした財産について**否認権**を行使して財産を破産財団に取り戻すこととなる。ここからさらに、抵当権等の占有を伴わない担保物権である**別除権**や相殺権の対象となる財産が取り除かれる。これらは破産手続外で行使することができるからである（同法 65 条・67 条）。

　これに対して、破産者に対する債権は**破産債権**と呼ばれ、その調査や認否を行うことも破産管財人の役割である。破産財団からの配当を受ける破産債権には序列がある。まず破産債権に先立って、**財団債権**への弁済が行われる（破産法 151 条）。財団債権には、破産債権者の共同の利益のためにする裁判上の費用の請求権や破産管財人の報酬請求権といった債権者全体のための費用（共益的費用）のほか、労働債権のうち手続開始前 3 ヶ月間の給料の請求権や、租税債権のうち手続開始時点で納期限が到来していない

ものと納期限から1年を経過していないものも含まれている（同法148条1項・149条1項）。これらは政策的にみて最優先の弁済を図るべきものと考えられたため、共益的費用並みの扱いを受けている。破産債権の中で最上位は、**優先的破産債権**であり、一般の先取特権等が含まれる（同法98条）。その次に**一般の破産債権**が位置づけられ、手続開始後の利息請求権等の**劣後的破産債権**（同法97条・99条）が続く。最下位は、契約で劣後性が認められる**約定劣後破産債権**（同法99条2項）である。破産管財人は破産財団の財産を換価し、この順番で配当していくことになる。

3. ⋯⋯⋯⋯消費者破産と免責手続

　個人が破産手続をとる場合には、破産手続と並行して**免責許可**の申立てをすることができる（破産法248条1項）。裁判所は破産管財人に調査を行わせ、破産管財人や破産債権者に意見を述べる期間を設定した上で（同法250条・251条）、免責許可決定を阻害する事由のいずれにも該当しない場合、または阻害事由に該当していても免責を許可することが相当であると認める場合には、裁判所は免責許可の決定を行うことができる（同法252条1項・2項）。**免責許可決定**が確定すると、非免責債権以外の債権については責任を免れ、破産に関する欠格要件の適用がなされなくなる（これを**復権**という）（同法255条）。免責許可決定が確定してもすべての債権について免責がなされるわけではなく、租税等の請求権や扶養料請求権などについては免責が認められない点に注意が必要である（同法253条1項）。

市町村の破産？　　　　　　　　COLUMN

　　国や地方公共団体も、周知の通り多くの借金を抱えています。こうした行政主体に関しては、破産法には明文の規定がないものの、破産法の適用はなされないと考えられています（**破産能力**がないと表現されます）。比較法的にみれば、アメリカ

合衆国のように、地方公共団体について民事の法人と同様の破産制度が適用される国もあります。しかし日本では、すべての領域に市町村・都道府県が存在するという考え方がとられているため、破産によって地方公共団体が消滅することは想定されていません。

　他方で、財政状況が悪化した地方公共団体をどのように立て直すかは大きな課題となっています。2007（平成 19）年に制定された地方公共団体の財政の健全化に関する法律では、実質赤字比率等の健全化判断比率のいずれかが早期健全化基準以上になった場合に、財政健全化計画を立てなければならないとされています（同法 4 条 1 項本文・2 項）。この段階では、地方公共団体の自主的な努力を前提にした再建策がとられます。しかし、それよりも事態が悪化し、財政再生基準以上になった場合には、地方公共団体は財政再生計画を策定しなければならず、これに基づいて事業見直しや地方税の増収計画などが進められることになります（同法 8 条）。現在、この財政再生団体に該当しているのは北海道夕張市のみで、2010（平成 22）年以降、財政再建に向けた取り組みが続けられています。

発展学習のために

【課題】

● 連帯保証人になることの法的な意味と、その危険性について調べてみよう。

● クレジットカードの使いすぎで借金が膨らんでいる知人がいるとして、支払いができなくなった場合にとりうる法的な手段についてアドバイスしてみよう。

文献案内

◆道垣内弘人『リーガルベイシス 民法入門［第 3 版］』（日本経済新聞出版社・2019 年）

　民法の財産法全般にわたり、基本的な概念や法制度を分かりやすく解説している。中でも、本章が取り上げている債権総論・担保物権法の説明にかなりの紙幅が費やされ、債権回収に関する現在の問題状況についても具体例を交えた説明がなされている。

◆田頭章一『倒産法入門［第2版］』（日本経済新聞社・2016年）

倒産処理に用いられる破産法・民事再生法・会社更生法の基本的な構造と特色が、分かりやすい語り口で紹介されている。

第 10 章

刑罰と法

Introduction

　第3章から第9章まで取り上げてきた民事法とともに基礎的な法分野に数えられるのが、刑事法である。刑事物のドラマ・映画やミステリー小説といった娯楽から、世間の注目を集める重大な犯罪まで、刑事法は民事法と比べても日常生活でイメージしやすく、法律といえば刑事法を思い浮かべる人も多いかもしれない。刑事法は、犯罪と刑罰の内容を規定している刑法をはじめとする刑事実体法と、刑罰の決定や執行に関する手続を定める刑事手続法とに二分されており、本章では刑法を中心とする刑事実体法を、第11章では刑事訴訟法を中心とする刑事手続法を取り上げることとする。

　刑事法は、社会的な害悪が強い行為を犯罪と規定し、これに対する刑罰をその制裁として予定している。刑罰の中には拘禁刑や死刑のように自由や生命をも奪う強力な内容のものが含まれており、それゆえ刑罰は最終的な手段と位置づけられている。そこで刑事法の世界では、犯罪と刑罰は法律によって犯罪とされる行為の前に定められていなければならないとする罪刑法定主義を中心とし、刑罰を謙抑的に用いようとする考え方がみられる（**I**）。

　刑事実体法の中心に位置づけられる刑法は、すべての犯罪と刑罰に適用される「第1編　総則」と、個別の犯罪類型とこれに対する刑罰を規定した「第2編　罪」とに分かれており、刑法学でもこれに対応して刑法総論・刑法各論の区別がある。そこでまずは、刑法総論の中心である犯罪論の基本構造を紹介する。犯罪論とはどのような行為が犯罪となるかを議論する場であり、どのような刑罰がふさわしいかを論じる刑罰論と共に刑法総論の柱となっている内容である。犯罪論では、構成要件・違法性・責任という3つの要素で犯罪の成否を検討することになる（**II**）。

さらに、具体的な場面で刑法がどのような行為を犯罪としているのかを、人の身体に危害を加えることに対する傷害の罪と、人の財産を奪うことに対する財物罪・利得罪（特に横領罪）を例として紹介する。併せて、刑法以外の法律（特に行政法規）で犯罪とされる行為についても取り上げることとする（**Ⅲ**）。

Ⅰ　刑事法の基本的考え方

1. …………刑罰と刑事法の目的

　犯罪と刑罰に関係するルールを、**刑事法**という。私人間の実力行使を禁止している（**自力救済の禁止**）近代以降の国家においては、実力行使の最たるものである刑罰も国家が独占しており、国家による刑罰権の行使に関する実体的・手続的ルールが刑事法に含まれる（その意味では刑事法は公法としての性格を持つ）。本章で詳しく取り上げる刑法や第11章で扱う刑事訴訟法のほか、少年法（▶▶第3章**Ⅱ**）や犯罪者の処遇・行刑に関する法律もここに含まれている。刑罰は一般に科された相手方に対する侵害の程度が大きく、また犯罪者としてのレッテルが貼られることは将来的な社会復帰を相当程度困難にするものともいえる。それゆえ刑罰は、それを用いなければ守ることができない権利・利益（これを**保護法益**という）を保護するためにのみ、必要最小限度で用いられなければならない。

　では、刑罰を科すことはどのように正当化されるのだろうか。この問いは、刑罰の本質論と結びついている。近代刑法学の成立期である18世紀頃には、犯罪行為に対する応報として刑罰が科されるという説明が支持を集めていた。これは、違法な行為を行ったことを非難する目的で刑罰が科されるという見方であり（**応報刑論**）、自由な意思に基づき適法な行為を行うことができたにもかかわらず敢えて違法行為を行ったところに非難の根拠

を見出すものであった。それゆえ、自分で自分の行為の善悪が判断できない場合には、刑罰を科すことができない（**責任主義**）。これに対して19世紀後半から、犯罪行為者の行為をコントロールするために刑罰が科されるとの説明が広がってきた。この新しい考え方（**新派刑法学**）は、それまでの刑法学の考え方を旧派と呼んで批判し、犯罪行為者が二度と犯罪を起こさないようにしたり、犯罪行為を起こしそうな人が犯罪を起こさないように予防したりするところに刑罰の意義を見出した。その背景には、資本主義社会の展開にともなって資産を持つ者と持たない者との差が固定化・拡大し、そのような「構造」が一定の犯罪者を生み出すという認識があった。つまり、旧派刑法学が前提としていた自由意思に基づいて犯罪行為を行ったという見方がもはや成立しなくなった、と新派刑法学は考えたのである。この立場からすると、刑罰は犯罪者の犯罪予防（特定の者の犯罪行為を抑止するという意味で**特別予防**と呼ばれる）のためのものであり、それまでの旧派刑法学が前提としていた一般市民の犯罪予防効果（**一般予防**）とは結びつけずに刑罰の議論がなされることとなる。またこの立場では、非難可能性＝責任という要素も刑罰権の行使にとって必須のものではなくなる。

　日本が刑法・刑法学を主としてドイツから受け継いだ際には、この両方の考え方が紹介された。戦前は両者が拮抗していたものの、個人の自由を重視する戦後の日本国憲法の下では旧派の考え方が強くなるとともに、応報刑論の枠内で犯罪者の再犯を予防する可能性を検討する**相対的応報刑論**が一般化した。もっとも、その枠内でなお対立はみられる。刑罰が科される前提となる犯罪行為の成立の上で、その違法性の中核に何を見出すかという点で、法規範違反である犯罪行為そのものが悪いと考える立場（**行為無価値論**）と犯罪行為の結果生じた法益侵害が悪いと考える立場（**結果無価値論**）とが対立している。ここでいう無価値とは「悪いこと」「価値に反すること」という意味である（「反価値」という言葉が使われることもある）。行為無価値論（結果無価値と行為無価値の双方を要求する折衷的立場が一般的である）と結果無価値論のどちらを選択するかは、**Ⅱ**で説明する犯罪論の体系をどのように構成するかにも影響を与える。

2. ⋯⋯⋯罪刑法定主義

日本国憲法31条は「何人も、法律の定める手続によらなければ、その生命若しくは自由を奪はれ、又はその他の刑罰を科せられない」と規定している。条文上は「手続」という限定がかかっているように読めるものの、この規定は刑事手続のみならず刑事実体法（＝どのような行為であれば犯罪行為となり、どのような刑罰が科されるかを決める法）も含むと解されている。法律がなければ犯罪も刑罰もない、とするこの考え方を**罪刑法定主義**という。法律によって予め犯罪行為が確定されていなければ、国民は何らかの活動を行おうとするとき、その行為が刑罰の対象となるかがはっきりせず、行動の自由が大きく制約されることになる。このような予見可能性・法的安定性を確保し、国民の自由を保護する機能が罪刑法定主義には認められる。同時にこの考え方は、犯罪と刑罰の内容を国民代表者によって構成される国会が定める法律という形式で決めさせることで、犯罪と刑罰を民主政の過程で決定することを保障する意義も有している（▶▶第2章**Ⅱ**）。

罪刑法定主義はさらに次の4つの派生原理を含むとされる。第1は、**慣習刑法の否定**である。民事法では慣習法（▶▶第2章**Ⅰ**）は有力な法源であり、公法でも慣習法の法源としての性格は否定されていないのに対して、刑事法では慣習法は法源ではないとされている。これは、ルールの明確性と、民主政の過程による刑罰の決定を保障するためである。第2は、**遡及適用の禁止**である。これは、ある行為がなされた後の時点で法律が改正され、その行為が犯罪行為とされた上で、その法律を過去の行為にも適用することを禁止するものである。その理由は、国民の行動の自由を確保するためには、行動をとる前に何が犯罪行為にあたるのか明確に分かっている必要があるからである（なお刑法6条では、犯罪後の法律で刑が軽くなった場合には軽い刑を適用することとしている）。第3は、**絶対的不定期刑の禁止**である。犯罪に対する刑罰の種類や量を法律で決めないこともまた、国民の行動の自由を保障する観点からは許されない（ただし、新派刑法学の立場からは、犯罪者の再犯を防止するためには前もって刑を決めておくことは不適切との批判がなされている）。第4は、**類推解釈の禁止**である。解釈（▶▶第2章

I）という操作で条文の無制限な拡大が許されると、罪刑法定主義が空洞化してしまう。刑法学では一般に、ある文言の意味を拡張する拡張解釈は許容されるのに対して、もともと規定がない類型の行為を別の類型に関する規定の類推で処罰する類推解釈は禁止されていると理解されている。

　罪刑法定主義は、単に犯罪と刑罰が法律で定められていればよいとする形式的な内容にとどまらず、犯罪と刑罰の内容が憲法に適合する実質的合理性を持っていることも求めている。このような側面を、**実体的デュー・プロセス論**ともいう。例えば、軽微な犯罪行為に対して重い刑罰を予定している法律があるとすると、**罪刑均衡**の要請に反しており違憲となりうる。また、犯罪行為を不明確かつ広範に規定し、実質的に合理的ではない範囲の行為を処罰しようとする法律の規定も、同様に違憲と評価されうる。

3. ⋯⋯⋯⋯刑罰の種類

　我が国における刑罰の種類は、刑法9条で定められている。それによれば、「死刑、拘禁刑、罰金、拘留及び科料を主刑とし、没収を付加刑とする」とされている。刑罰は、奪われるものに注目して、生命刑・自由刑・財産刑の3つに分けられている。

　生命刑とは生命を奪う刑罰で、**死刑**がこれにあたる。死刑は、殺人罪や内乱罪などの重大犯罪の場合にしか予定されていない。

　自由刑とは身体の自由を奪う刑罰である。このうち**拘留**はごく短期間（29日以下）の場合を指し、それ以上の期間について**懲役・禁錮**の区別があった。懲役は破廉恥な犯罪に対する刑で労働の義務があるのに対して、禁錮は過失犯等に対する刑で労働の義務がなく、懲役の方が重い罰とされていた。ただし、禁錮でも受刑者が望めば労働を行うことができ（請願作業）、現実には作業を選択している受刑者が多かった。そこで2022年に改正された刑法では、懲役と禁錮を「**拘禁刑**」に統合し、改善更生を図るため必要な作業を行わせることができることとされた。

　財産刑は財産を奪う刑罰で、**罰金・科料・没収**の3種類がある。このうち没収は、刑法9条の規定からも明らかなように、独立して言い渡すこと

ができない付加刑である。罰金と科料は金額の差による呼び分けであり、金額が1万円未満の場合を科料という。罰金・科料が科されたものの資力がなくて支払えない場合には、拘禁刑と同じように一定期間強制的に作業に従事させられる。これを**労役場留置**という（刑法18条1項・2項）。

Ⅱ　犯罪論の基本構造

1.**…………犯罪論の構造と構成要件**

　刑法総論の中心は、どのような行為が犯罪となるかを判断する枠組を議

論する犯罪論である。犯罪とは「構成要件に該当し、違法で有責な行為」と一般的に定義されている。この定義から分かるように、犯罪論では、構成要件・違法性・責任という3つの段階を設定し、これらをすべて満たした行為のみを犯罪と評価している。

① 「**構成要件**」とは、刑法をはじめとする刑事実体法が規定している犯罪の要件のことである。例えば刑法204条は「人の身体を傷害した者は、15年以下の拘禁刑又は50万円以下の罰金に処する」と規定しており、この前半部分の「人の身体を傷害した者は」が要件にあたる。犯罪論の特色は、この要件に該当しただけでは犯罪の成立を認めない点にある。

② 次の段階の「**違法性**」は、その行為が違法なものでなければ犯罪とはならないという意味である。個別の条文が規定している行為は違法なものであることを前提としているから、構成要件に該当すれば、その行為は原則として違法となるはずである。しかし、例えば相手方が暴力を振るってきたので応戦して相手に怪我をさせた場合（これを正当防衛という）のように、人の身体を傷害しても違法とはいえない場面がありうる（刑法36条）。このように違法性の要素は、犯罪の成立を阻止する方向でのみ機能する（この点を捉えて**違法性阻却事由**ともいう）。

③ さらなる段階として「**責任**」という要素がある。すでに述べたように、刑罰の本質は応報という要素にあることから、構成要件に該当し違法な行為であったとしても、非難可能性がなければ処罰できない（**責任主義**）。つまり、行為者に行動選択の自由があり、違法行為を選択しない余地があったにもかかわらず、敢えて違法行為を行ったという**他行為可能性**が、犯罪成立にとって重要である。刑法では、心神喪失者の行為や14歳未満の者の行為は処罰しないことが規定されており（刑法39条1項・41条）、このほか違法行為をとる以外の選択肢が期待できなかった場合（**期待可能性**がない場合）にも責任の要素が否定されることがありうる。構成要件の中に故意・過失という主観的な要素が含まれていると考えると（違法有責類型としての構成要件）、この責任の部分では違法性と同様に、例外的に責任を否定する状況があるかどうかを判断することになる（責任阻却事由としての位置

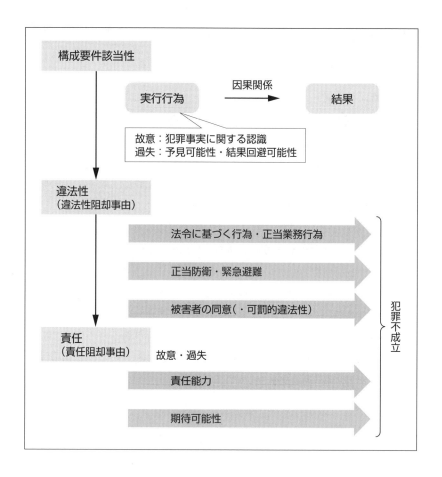

づけ)。これに対して、構成要件の中には責任の要素は含まれていないと考えるとすると（違法類型としての構成要件）、この責任の部分で行為者に責任があったかどうかを初めて判定することになる。

　構成要件に含まれている要素は、客観的要素としての「行為」「因果関係」「結果」と、主観的要素としての「故意」「過失」である。例えば殺人罪（刑法199条）の場合、「人を殺した者は、死刑又は無期若しくは5年以上の拘禁刑に処する」という規定から、構成要件は「人を殺した者」ということになる。すなわち、人に向けてピストルを発射するという行為（**実行**

行為）と、人が死んだという結果、さらに両者が条件関係にあること（例：ピストルで撃たなければ人が死ぬことはなかった）が客観的要素として求められることになる。このうち実行行為は、殺人罪のように未遂も処罰される（刑法203条）場合には、たとえ人が死ぬという結果が生じなくても処罰される未遂の成立要件である（殺人罪の場合には実行行為にも至らない段階でも予備罪として処罰されうる〔刑法201条〕）。さらに、実行行為と結果との間に条件関係があるのみならず、両者の間に相当性があること（＝その実行行為があれば、当該結果が生じることが通常であること）が必要とされる（**相当因果関係説**）。近時では判例の理解を前提に、実行行為の危険性が結果の発生へと現実化したかを端的に問う見方（**危険性の現実化**の有無）も有力である。

　殺人罪の成立のためには、主観的要素として**故意**も必要である。この点は刑法199条には書かれていないものの、刑法では、過失犯については特別の規定がある場合に処罰されると規定されていること（刑法38条1項但書）から導かれる。この規定を受けて過失致死が刑法上規定されており（刑法210条）、故意か過失かで成立する犯罪が変わることになる。上記の例でいえば、殺人罪の成立のためには、人を殺すつもりでピストルを発射したこと（＝故意）が要件となる。

2. …………**違法性**

　構成要件に該当する行為がなされると、原則としてそれは違法と評価される。しかし、次のような**違法性阻却事由**が個別の事情として考慮され、犯罪が成立しないことがある。刑法上規定があるのは、法令に基づく行為・正当防衛・緊急避難である。

　法令に基づく行為や**正当な業務による行為**は、処罰の対象とならない（刑法35条）。例えば、人を逮捕することは逮捕罪（刑法220条）の構成要件に該当する可能性があるものの、刑事訴訟法213条は「現行犯人は、何人でも、逮捕状なくしてこれを逮捕することができる」と規定していることから、現行犯逮捕であれば、法令に基づく行為として違法性が阻却される。

　正当防衛と緊急避難は、民事法（不法行為法）の意味とやや異なる（▶▶

第 7 章 Ⅱ COLUMN）。**正当防衛**（刑法 36 条 1 項）は、違法な攻撃者に対して自己あるいは他人の正当な利益を防御する行為であり、正当防衛者が法的には正しいことをしていると評価される（不正対正の局面）。これに対して**緊急避難**（刑法 37 条 1 項）は、自分あるいは他人に何らかの危険が差し迫ったときに、第三者を犠牲にすることで危険から逃れることをいい、緊急避難者もその相手方もどちらも法的には正しいと評価される（正対正の局面）。例えば、相手が刃物を持って襲いかかってきた場合、手持ちの文具を投げて相手が失明したとすると正当防衛、見ず知らずの第三者の背後に隠れたところその者が刺され自らは難を逃れたとすると緊急避難となる。緊急避難は、犯罪行為とは無関係の第三者が被害を受けることになるので、その成立要件は正当防衛よりも厳しくなっている。具体的には、ほかに対応する方法がなかったという意味で「やむを得ずにした行為」でなければならない。この文言は正当防衛と同じであるとはいえ、両者は違う意味で解釈されており、他に対応する方法があっても正当防衛であれば成立する場合があるとされる。また、「これによって生じた害が避けようとした害の程度を超えなかった場合に限り」という制約も緊急避難には課されている。これは危険回避によって得られた利益と、第三者が受けた被害とを比較する視点であり、この要素も正当防衛にはない。

このほか、条文上は明確でないものの、**被害者の同意**も違法性阻却事由の 1 つとされている。例えば医師による治療行為は、人の身体を傷つけるという意味で医的侵襲行為とも呼ばれており、傷害罪の構成要件に該当する。しかし、治療の目的で患者の同意を得ており、それが医学上も広く認められている治療行為であれば、違法性は阻却されて犯罪が成立しない（治療行為を正当な業務行為として説明する見解もある）。

3. ………… 責　　任

責任主義を採用する現行刑法では、単に社会的にみて悪い結果が生じたから処罰するということはせず、その行為に**非難可能性**があることを要求している。刑法では故意犯処罰を原則とし、過失犯については法律で特別

に規定している場合に限り処罰の対象となる。**故意**とは、犯罪となる事実を認識しつつその行動をとろうとする意思のことを意味しており（＝日常用語でいう「わざと」だけではなく、悪い結果が発生する可能性が高い・発生しても構わないと認識した場合〔**未必の故意**〕を含む）、少なくとも犯罪事実に関する認識（例えば刃物で相手を刺せば相手が死傷するという認識）が故意の成立には不可欠である。さらに、それが犯罪の構成要件の重要部分の意味を認識し（例えば刃物で相手を刺して相手が死亡すれば殺人罪にあたるという認識）、それが違法であることを意識できたことも求められるとする立場もある。ただし、法律の具体的な条文でその行為が犯罪として規定されていることの認識までは、故意の成立に必要ではない（刑法38条3項）。これに対して**過失**は、民法（不法行為法）でも出てきたように、結果が具体的に予見できたこと（予見可能性）と、その結果を回避するための行動をとることができたのにとらなかったこと（結果回避可能性）を中核としている。

　故意や過失を問う前提として、実行行為を行った者に**責任能力**があることが要求される。刑法では14歳未満の者の行為は処罰されず（刑法41条）、こうした触法少年は少年法の手続によって処遇されることになる（少年法3条1項2号）（▶▶第3章**Ⅱ**）。また、心神喪失者の行為は処罰されず、心神耗弱者の行為は減刑の対象となる（必要的減刑＝必ず減刑しなければならない）（刑法39条）。では、犯罪の実行行為を行った時点では心神喪失の状態にあったものの、その原因は実行行為を行った者自身が作り出した場合はどうなるだろうか。例えば、誰かを殺そうとしてアルコール類を大量に飲み、泥酔状態となって殺人行為に及んだ場合、実行行為の時点では心神喪失の状態にあり、責任が問えないことになる。このような類型を、**原因において自由な行為**という。民法の不法行為法と異なり（民法713条但書）、刑法にはこのような場合を想定した規定は置かれていないことから、上記の原則通りに取り扱うと犯罪は成立しないことになる。しかしそれでは自ら心神喪失状態にしてしまえば何でもできることになって不合理なので、この場合でも犯罪の成立を認める理論構成がなされている。

複数人の犯罪・複数の犯罪

　本文で説明した事案はすべて、1人の行為者が1つの犯罪行為を行った場合を念頭に置いています。しかし現実はそれほど単純ではなく、複数人が犯罪を行ったり、1人が複数の犯罪行為を行ったりすることもあります。複数人による犯罪は**共犯論**が、犯罪の個数の問題は**罪数論**が扱っており、いずれも刑法総論の内容です。ここでは、それぞれの輪郭を簡単に紹介します。

　現行刑法の重要な特色は、犯罪の実行行為を行った者の責任を最も重くみていることです。これは、行為者とその責任を中核的な要素とする刑法に適合的な見方です。そのため、複数人による犯罪行為の場合、刑法は実行行為を行った者である正犯が複数人いる場合（**共同正犯**）と、実行行為を行った者をそそのかしたり（**教唆犯**）、支援したり（**幇助犯**）した場合（**共犯**）とを大別し、共同正犯は正犯とし、教唆犯には正犯の刑を科し、幇助犯は従犯として正犯の刑を減軽すると規定しています（刑法60条〜63条）。そして共同正犯の場合には、共同して実行する者による行為のうち一部の行為を分担しただけで、すべての刑事責任を各人が負うこととなります（**一部行為の全部責任の原則**）。他方で、もっぱら犯罪を計画し、他人を道具のように扱って他人に実行行為をさせた場合に、犯罪を計画した者を共犯者とし、道具として使われた者を正犯とするのは不合理であるため、この場合には計画した者が**間接正犯**として正犯と扱われます。さらに判例では、実行行為を直接分担していない者でも、共謀の上でその一部の者が実行行為を行えば、共謀者全員について共同正犯が成立するとしています（**共謀共同正犯**）。これは、黒幕こそ重い責任があると考える日本の社会通念には整合的である反面、実行行為を行った者かどうかで責任を分けている刑法の基本理念には矛盾するものであるため、学説上強い批判がありました。

　刑事裁判では、ある行為が犯罪に該当する（有罪である）ことが確認されるとともに、法律で定められた刑（**法定刑**）の範囲内で加重・軽減がなされ（**処断刑**）、判決主文で刑が宣告されます（**宣告刑**）。このような作業は量刑と呼ばれます。複数の犯罪が成立している場合には、この段階で調整がなされることになります。複数の犯罪が成立し、同時に裁判が行われて処断される場合（**併合犯**）には、刑法が調整規定を置いています（刑法45条〜48条）。具体的には、複数の有期拘禁刑の場合には刑期が長い方の1.5倍の範囲内で、複数の罰金刑の場合にはその合計金額の範囲内で量刑がなされることとなります。これに対して、警察官に暴行した場合のように、1つの行為が複数の構成要件に該当する（この例では傷害罪と公務執行妨害罪）場合（**観念的競合**）には、その最も重い刑で処断されます（刑法54条）。

Ⅲ 犯罪の具体例

　刑法総論がすべての刑罰規定にあてはまる共通要素を議論する場であるのに対して、刑法各論は具体的な刑罰規定の意味内容を扱っている。刑法にはさまざまな刑罰が規定されているものの、これらを個人的法益に対する罪・社会的法益に対する罪・国家的法益に対する罪の3つに分けて説明することが一般的である。ここでは個人的法益に対する罪のうち、生命・身体に対する罪の1つである傷害の罪と、財産に関係する財物罪・利得罪を取り上げることとする。さらに、刑法が規定する以外にもさまざまな行政法（▶▶第12章）が刑罰に関する規定を置いており、その具体例も紹介することとする。

1. ⋯⋯⋯傷害の罪

　刑法204条によれば「人の身体を傷害した者」が傷害罪の構成要件となっている。ここでいう「人」とは他人のことで、自傷行為は含まれない。また「傷害」という言葉は結果として傷ついたことを意味しているから、結果が発生しないと犯罪とはならない（**結果犯**）。この構成要件規定で最も重要なのは、「傷害」の意味である。一般的な理解によれば、傷害とは人の生理的機能を損傷させることのみならず、人の身体の外形に対して重要な変更を加えることも含まれている。後者の例である、他人を丸坊主にすることも「傷害」に含まれている。ただし、理容師が仕事の中で客を丸坊主にした場合には、正当な業務行為として違法性が阻却されるし、友人に頼まれてバリカンでその友人を丸坊主にした場合も、被害者の同意があったとして違法性が阻却される。傷害の方法には実力の行使（**有形的方法**）のみならず、異常に多数の無言電話で相手に不安を与えるような無形的方法や、とるべき対応をとらずに被害を発生させた不作為も含まれる。傷害罪には未遂の処罰規定はないものの、有形力の行使による傷害については**暴行罪**の構成要件（刑法208条）にあたることになる。

傷害罪が成立するためには故意が必要である。ここでも暴行罪との関係が問題となる。暴行罪は「暴行を加えた者が人を傷害するに至らなかったとき」に成立し、暴行が傷害という結果を引き起こすと傷害罪に該当する。つまり、有形的方法による傷害の場合には暴行罪がいわばベースにあり、その結果がよりひどくなったものが傷害罪と位置づけられている。このように、故意の内容を超えた重大な結果を生じさせた行為を本来の故意犯より重く処罰する類型を、**結果的加重犯**という（類例として傷害致死罪がある）。この場合には、傷害罪の故意は暴行の故意だけで足り、その結果傷害を引き起こす可能性まで認識している必要はない（ただし、無形的方法のように暴行を伴わない場合には、傷害の故意が必要となる）。

2. ┈┈┈┈**財物罪と利得罪**

刑法には、財産に関連する犯罪（**財産犯**）が多数規定されている。これらは、保護の客体に注目して、財物罪と利得罪に大別される。**財物罪**は有形の財産である「財物」に関する犯罪で、**利得罪**は無形の財産や財産上の利益に関する犯罪である。ただし、無形の財産であるはずの電気は、明文で「財物とみなす」との規定が置かれている（刑法245条）。刑法では財物罪を幅広く規定する反面、利得罪については限定的に規定を置いているにとどまる。例えば窃盗罪（刑法235条）は「他人の財物を窃取した者」に限られ、財産上の利益を盗んでも窃盗にはあたらない。また、強盗・詐欺・恐喝については利得罪の規定も存在するものの（刑法236条2項・246条2項・249条2項。いずれも2項で規定されているため**二項犯罪**とも呼ばれる）、それ以外の行為については財産上の利益を侵害しても犯罪とならない。情報社会である現代では、無形の財産であっても非常に高い価値を有することがありうるものの、刑法上は財物罪の方が重要性の高いものとして位置づけられている。

財産犯のもう1つの分類軸は、犯罪の意図による区別である。財産の経済的価値を自分のものにしようとする犯罪を**領得罪**といい、財産の経済的価値を取得しようとする意思（**不法領得の意思**）がその重要な要素となる。

これに対して、財産の経済的価値を失わせたりなくしたりしようとする犯罪を**毀棄罪**という。例えば、他人の財物を窃取する窃盗罪は領得罪であるのに対して、他人の物を損壊・傷害する器物損壊罪（刑法261条）は毀棄罪にあたる。刑法では一般に、毀棄罪よりも領得罪の方をより重く処罰しており、また毀棄罪には未遂処罰がないという特色もみられる。

　財産犯の代表例の１つである**横領罪**（刑法252条）は、上記の類型でいえば財物罪・領得罪のグループに入る。その構成要件は「自己の占有する他人の物を横領」したことであり、窃盗と異なり他人の物を占有している者にしか成立しない（このように、一定の立場にある人にしか成立しない犯罪を**身分犯**という）。ここでいう「物」とは他人が所有する財物のことで、自己の占有にあるとは、動産や不動産を外見上有効に処分できる状態にあることをいう。そのためには、占有者と他人との間に委託信任関係が成立していることが必要である（典型的には契約に基づく関係が想定される）。さらに、自己の占有する他人の物を不法に領得する行為である横領という行為が、犯罪成立には必要である。不動産の二重譲渡（▶▶第5章**Ⅲ**）は、当事者間の意思表示によって所有権が移転していてその引渡しや登記がされていない状態を念頭に置いている。このときに別の第三者にその不動産を売却すると、（すでに所有権が移転している）「他人の」物を横領したことになるから、一般に横領罪が成立する。横領罪の主観的側面に注目すると、横領罪の成立のためには、故意のみならず**不法領得の意思**も必要と解されている。例えば一時的に他人の物を借用してすぐに返すつもりであった場合には、不法領得の意思を欠き、横領罪は成立しない。

3. ⋯⋯⋯⋯行政刑法で規定された犯罪

　刑事法だけでなく、行政法の中にも刑事罰（**行政刑罰**）（▶▶第7章**Ⅰ**）を規定している条文が多数存在する。これらを行政刑法と呼ぶことがある。例えば、食品衛生法という行政法（▶▶第12章**Ⅰ**）は、不衛生なレストランが食中毒などの被害を発生させることを予防するため、都道府県知事の許可を得なければ営業してはならないとする規制を設けている（食品衛生法

55条1項)。そして、無許可で営業しているレストランに対しては、「……又は第55条第1項（……）の規定に違反した者は、2年以下の拘禁刑又は200万円以下の罰金に処する」（同法82条1項）と規定している。かつては、このような行政刑罰や行政上の秩序罰（これらをまとめて**行政罰**という）は、刑事法で定められた刑事罰と性格を異にするという見解が存在し、例えば行政罰については過失犯でも当然に処罰されるとか、法人でも当然に処罰されるとされていた。しかし、行政罰でも刑法9条の刑名に該当するものは、刑法総則の適用を当然に受けると考えるべきである。ただし、行政法規の規定のしかたによっては、刑罰規定の中に過失犯処罰が明示されていなくても過失犯処罰を予定していると解釈できる場合もありうる。また、行政刑罰については法人処罰規定が置かれていることが多い（例えば、食品衛生法でも88条で行為者と法人の双方を処罰する**両罰規定**が置かれている）。

　行政刑法で規定された犯罪の例として、ここでは独占禁止法を取り上げる。独占禁止法では、事業者が他の事業者と共同して対価を決定して競争を制限する**不当な取引制限**（いわゆるカルテル行為）を禁止している（独占禁止法2条6項・3条）。そして違反行為に対しては、①公正取引委員会による**排除措置命令・課徴金納付命令**（同法7条・7条の2）（▶▶第12章Ⅱ）、②私人による**損害賠償請求**（民法709条、独占禁止法25条・26条）（▶▶第7章Ⅱ）と並んで、③**不当な取引制限罪**（独占禁止法89条1項1号）の3つの手段がとられうる。処罰の対象となるのは、カルテル行為を実際に行った自然人としての行為者だけでなく、その企業に加え、企業の代表者も必要な是正措置を講じなかった場合には処罰される（**三罰規定**）。その主要な構成要件は、「共同して」「公共の利益に反し」「一定の取引分野」である。このうち「共同して」とは、他の共同行為者との間で意思連絡があるという意味で、必ずしも明示的な合意がなくてもよい（＝他業者間でカルテルが行われていることを認識してそれと同額で販売するという程度でもよい）とされる。また「公共の利益に反し」とは、独占禁止法の究極の目的である一般消費者の利益の確保や国民経済の民主的で健全な発達の促進に実質的に反する場合を指している。そのため、競争を制限する効果がある場合でも例外的

に不当な取引制限にあたらない場面が想定されうる。さらに「一定の取引分野」とは、カルテル行為によって影響が及ぶ範囲のことで、必ずしも継続性や一定の取引規模がなくてもよいとされる。見解が分かれるのは、何が実行行為にあたるかという点である。独占禁止法や行政法の研究者は、カルテルに関する基本合意が継続している**相互拘束**が実行行為であるとする見解を支持する傾向が強い。これに対して刑法の研究者は、相互拘束に加えて**共同遂行**も実行行為であると考えることが多い。刑事法では犯罪行為を行っている個人の行為を中核に据えており、事業者への処罰はそこから派生するものに過ぎないと評価している。そのため、事業者間での相互拘束を実行行為とは捉えず、事業者の担当者がカルテル行為を行っている部分を捉えて実行行為と判断する傾向が強いのである。

刑法総論の攻略方法　　　COLUMN

　民法（総則）と並んで刑法総論も、法学部では比較的低年次（1・2回生）から科目が配当されており、民法とは違う意味で法学部らしさを感じさせる科目です。刑法総論は議論の抽象度が極めて高い上に、哲学的・信条的な議論も多く、初学者にとっては馴染みにくい領域かもしれません。しかし、刑法総論の議論の状況がある程度理解できると、そこで修得した頭の使い方は、法学の他の場面でも応用が利くものであることが多いこともまた事実です。ここでは、刑法総論をマスターするためのヒントになりそうなことを3つ紹介します。

　第1は、議論の全体像をつかむことです。本章はそのための手助けとなるように構成されています。全体像が分かると、細かな議論がどの部分に位置づけられるのか、何のために議論しているのか、関連してどのような議論があるのかが分かるようになり、理解が飛躍的に進みます。

　第2は、単著の基本書と格闘することです。これは他の法学の分野の修得についても妥当します。刑法総論は、著者の正義感・倫理観や法そのものの捉え方が色濃く反映する分野で、基本書によってそのカラーがまったく違うといっても過言ではありません（さしあたり、後述の文献案内で紹介されている著書をざっと読んでみましょう）。まずは自分の価値観やフィーリングに合う基本書を見つけ、それを読み込む中で、論理の一貫性を体感すると、法学的思考力も高まると思います。

第3は、具体例と照らし合わせて理解することです。刑法総論は一般的・抽象的な内容を取り扱っており、その部分だけ見ているとなかなか理解できません。しかし、刑法各論で扱われる具体的な犯罪と照らし合わせると、総論の概念や考え方がどのように用いられているか理解することができ、総論の考え方に関する理解を深めることができます。刑法各論をひと通り学んでからもう一度刑法総論に立ち返ると、最初は分からなかった考え方や概念の意味が分かるようになっているでしょう。

発展学習のために

【課題】
- 不法行為に基づく損害賠償として金銭を支払う場合と、罰金刑が科せられて金銭を支払う場合との違いを説明してみよう。
- 原因において自由な行為の場合でも犯罪が成立する理由を説明してみよう。

文献案内

◆ 井田良『基礎から学ぶ刑事法 [第6版補訂版]』（有斐閣・2022年）
　刑法のみならず刑事訴訟法や犯罪者処遇に関する法の基本的な考え方をコンパクトに紹介している。刑事法の全体像を俯瞰するのに好適である。
◆ 山口厚『刑法総論 [第3版]』（有斐閣・2016年）
　刑法総論に関する定評ある基本書の1つで、上掲の井田著とは異なる理論的立場を採用している。体系的な整合性とはどうあるべきか、ということも考えさせてくれる。

第 11 章
刑罰の実現手続

Introduction

　本章は、第 10 章で概観した刑事実体法に基づく国家の刑罰権が、どのような手続を経て行使されるかを扱う。具体的には、犯罪の捜査や刑事訴訟手続を定めている刑事訴訟法と、確定した刑を執行するルールである行刑法（犯罪者処罰法）の中でも中心的な役割を果たしている刑事収容施設及び被収容者等の処遇に関する法律（以下「刑事収容施設法」という）を取り上げることとする。手続法という点では、刑事訴訟法は第 8 章で取り上げた民事訴訟法と類似する面がある。もっとも、刑事訴訟法は刑罰権という国民の権利・自由に対する最も強烈な手段を行使する手続を定めていることから、民事訴訟にはみられない考え方や、独自の手続も定められている。

　そこで本章ではまず、刑事訴訟法の基本構造を、特徴的な考え方、手続の大まかな流れ、手続に関与する国家機関の 3 つの要素から紹介する（I）。刑事訴訟法が定める刑事手続は、捜査・公訴提起・公判前手続・公判手続・判決宣告・上訴（再審）の順に進行する。これらは、犯罪捜査に関する手続と、裁判所における公判手続とに大別できるため、この 2 つに分けて刑事手続の基礎的な構造を紹介することとする。

　犯罪捜査の段階では、警察官が事件を捜査し、被疑者に逃亡や罪証隠滅のおそれがあるときには被疑者を逮捕・勾留し、捜査の結果を検察官に送致して検察官が起訴するかどうか判断することとなる（II）。

　検察官が起訴（公訴提起）すると、舞台は裁判所に移行し、公判手続の中で検察官が起訴状で示した犯罪事実が証明できるかが審理され、証拠に基づく裁判が行われる。被告人が判決に不服である場合には上訴がなされ、最終的に判決が確定すると、有罪であれば刑の執行の手続に入ることになる（III）。

I　刑事訴訟法の基本構造

1.⋯⋯⋯⋯刑事訴訟法の基本的考え方

　刑事実体法の構成要件に該当し、違法で有責な行為は犯罪となり、刑事実体法によって一定の刑罰が科されることになる（▶▶第10章）。このような国家の刑罰権行使にあたり、犯罪となるような事実があったのかどうかを捜査・確定し、どのような内容・分量の刑罰を科すかを決定する手続を、**刑事手続**という。国家による刑罰権の行使は、国民の権利・自由を侵害する究極的な形態である。それゆえ日本国憲法では、基本的人権（▶▶第2章**Ⅱ**）に関する規定として他の人権よりも多くの条文数を割いて、人身の自由・刑事裁判手続保障を定めている（憲法31条〜40条）。また、これらの憲法の規定を具体化する刑事訴訟法が定められている。ここではまず、刑事手続のイメージをつかんでもらうため、刑事訴訟における基本的な考え方を3つ紹介することとする。

　刑事訴訟法は、その目的として「個人の基本的人権の保障」と「事案の真相を明らかに」することの2つを掲げている（刑事訴訟法1条）。適正手続の保障と事案の真相解明という要請は、時に衝突することもある。そこで、刑事訴訟法では**当事者追行主義**という考え方がとられている。これは、検察官と被告人（弁護人）とが対峙する構造の中で、裁判所の役割を中立的な判断者に限定する考え方である。歴史的には、裁判所（国家機関）と犯罪被疑者が対峙し、裁判所が訴追と判断の両方の役割を果たす**糾問主義**が、刑事手続では一般的であった（現在でも、行政機関による不利益処分の多くはこのような構造を持っている）。しかし近代市民革命以降は、訴追者と判断者を同一の機関が担当すると、中立的な判断ができず、被告人の適正手続の観点からも真相解明の観点からも適当ではないとの考え方が強くなり、訴追を担当する国家機関と裁判を担当する裁判所とを分離する**弾劾主義**が採用された。我が国の現在の刑事訴訟法もこれに基づいており、検察官が起訴状に**被告人**（民事訴訟と異なり、被告ではなく「被告人」である点に注意）

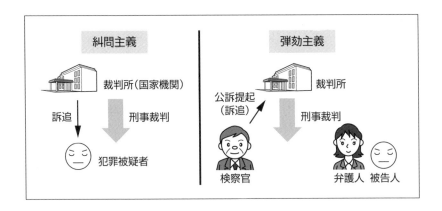

の犯罪事実を記載し、裁判所はその範囲内でそのような犯罪事実があったのかどうかを審理し、判決することとされている。さらに、犯罪事実の証明のための証拠調べを請求するのは検察官や被告人（弁護人）であり、裁判所が職権で証拠調べを行うことはほとんどない。このような中立的な判断者としての裁判所という役割は、民事訴訟における裁判所の役割（▶▶第8章 **Ⅱ**）と近いものといえる。

　刑事事件の捜査の際には、罪を犯した疑いがある**被疑者**の身柄を拘束したり、犯罪の証拠となる物件を捜索・押収したりする必要が出てくる。しかし、こうした措置は国民の権利・自由に対する極めて重大な侵害行為である。そこで憲法では、逮捕や捜索・押収が行われる際に、司法官憲（＝裁判官）による令状を必要とする**令状主義**を採用した（憲法33条・35条）。これは、逮捕等の強制的な捜査を行うかどうか、行うとしてどの範囲で行うかに関する判断を警察官や検察官に委ねるのではなく、これら捜査機関からの中立性がある裁判官の判断に委ねることで、権限の恣意的な行使を抑制し、国民の権利・自由を保障するためのものである。さらに、刑事訴訟法では、逮捕・捜索等に代表される、相手方の意思を制圧し、身体・住居・財産等に制約を加える強制処分については、刑事訴訟法に規定を置いていなければ実施できないとする**強制処分法定主義**（刑事訴訟法197条1項但書）を採用している。そして、憲法上は明示されていない強制処分の際

にも刑事訴訟法で令状が要求されている。

　犯罪捜査の過程では、被疑者の供述、とりわけ被疑者が犯罪を行ったことを認める自白が重視されがちである（民事訴訟法における自白〔▶▶第8章Ⅱ〕とは意味が異なる点に注意）。歴史的には、自白を得るために被疑者を拷問・脅迫することが行われてきた。そこで憲法では、自己に不利益な供述を強要されないとする**黙秘権**（**自己負罪拒否特権**）を認めるとともに、自己に不利益な唯一の証拠が自白である場合には有罪とならないとした（憲法38条）。こうした規定は、犯罪の事実があったかどうかを証明する際の証拠について一定の制約を加えることで、犯罪捜査段階における適正な手続の実現と、事案の真相解明を図ろうとする考え方の表れとみることができる。刑事訴訟法ではさらに、任意になされたものでない疑いがある自白を証拠とすることができず（**自白法則**）、被告人を有罪とするためには自白以外の補強証拠が必要であり（**補強法則**）（刑事訴訟法319条）、被告人以外の者の供述については公判期日における供述に代えて書面が提出されてもそれを証拠とはしない（**伝聞法則**）（同法320条）ことが規定されている。

2. ⋯⋯⋯⋯刑事手続の概要

　刑事手続は、捜査→公訴提起→公判前手続→公判手続→判決宣告→上訴（再審）の順に進む。ここでは、その大まかな流れを紹介する。

　事件が発生すると、**捜査**が開始される。捜査を担う捜査機関は検察官と警察であり、通常の場合はまず**警察**が捜査にあたる。捜査の契機となるのは、被害者等からの**通報**や、被害者等からの**告訴**（告訴がなければ公訴を提起することができない犯罪を**親告罪**といい、性的自由に対する罪や過失傷害罪がその代表例である）、第三者からの**告発**であることが多い。罪を犯した疑いがある者（起訴される前の時点では被疑者と呼ばれる）に逃亡や罪証隠滅のおそれがある場合には、裁判官の令状を得て**逮捕・勾留**して被疑者の身柄を確保し、取調べが行われる。また、証拠となる物件を捜索したり押収したりすることも行われる。警察による捜査が終了すると、事件を検察官に送致し（**送検**という語も用いられる）、検察による捜査が引き続き行われる。こ

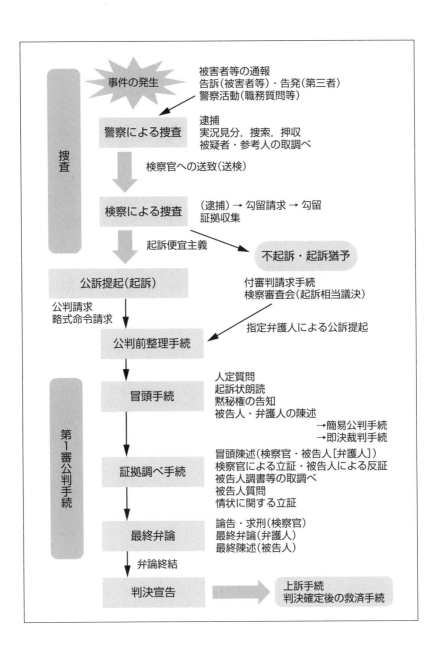

の被疑者の段階から、被疑者が自分の権利を十分に守ることができる（防御できる）ように弁護人を選任することができ、2016（平成28）年の刑事訴訟法改正では、勾留されたすべての被疑者に**国選弁護人**を選任できることとされた。

　検察官は、捜査が終了した段階で、**公訴提起（起訴）**して刑事訴訟手続に進むか、不起訴として刑事責任を問わないかを決定する。日本の刑事訴訟法では、起訴できるのは原則として検察官に限られており（**起訴独占主義**）、仮に有罪となりうる証拠が揃っていても、検察官は起訴せずに**起訴猶予**とすることができる（**起訴便宜主義**）。ただし、告訴・告発者が、地方裁判所に対して不起訴処分となった事件を裁判所の審判に付するよう請求したり（**付審判請求手続**）、衆議院議員選挙の選挙権を持つ11人の検察審査員で構成される**検察審査会**が2回の起訴相当議決をしたりした場合には、裁判所が指定弁護士を選任し、**指定弁護士**が公訴の提起を行う。

　公訴提起がなされると、公判準備の手続がとられることが多い。第1回公判期日までに**公判前整理手続**が開かれ、事件の争点の絞り込みや取り調べる証拠の決定がなされる。その際には、被告人の側が公判手続で効果的に防御できるように、証拠物の一定範囲について被告人・弁護人に閲覧の機会が与えられる。公判前整理手続で争点や証拠整理の結果が確認されると、やむをえない事由がある場合を除いて、手続終了後に新たな証拠調べの請求はできなくなる。

　公判手続ではまず、**冒頭手続**が行われる。最初に、被告人として出廷している者が起訴状に記載された被告人と同一人物であるかが、人定質問（刑事訴訟規則196条）で確認される。次に、検察官が起訴状を朗読し、起訴状で公訴事実と罪名等が明らかにされる。さらに、裁判官が被告人に対して黙秘権の告知を行い、被告人に対する**罪状認否**が行われる。その後、**証拠調べ手続**へと進み、まずは検察官による**冒頭陳述**で、検察官が証明しようとする事実を明らかにする。これに対して、公判前整理手続がとられている場合には、被告人や弁護人の冒頭陳述が行われなければならない。証拠調べは、検察官が取調べ請求した証拠からなされるのが一般的で、そ

の後に被告人側の取調べ請求がなされた証拠の取調べが行われる。証拠書類の取調べは、その全文または要旨が法廷で朗読される。証拠物については、法廷で展示される。証人尋問については、人定質問・宣誓の後に、民事訴訟における尋問と同様に交互尋問（主尋問・反対尋問）がなされる。被告人には黙秘権があるため、証人尋問の対象にはならないものの、証拠調べの最後に意見陳述が行われる。証拠調べ手続が終わると**最終弁論**へと進み、まず検察官による**論告・求刑**がなされる。これに対して弁護人による**最終弁論**と、被告人による**最終陳述**が行われ、結審する。最終弁論とは別の期日で**判決宣告**が行われ、裁判官が判決主文・理由の順で朗読することが一般的である（死刑判決の場合には順番が逆になることもある）。判決主文は、無罪であれば「被告人は無罪」と書かれ、有罪であれば主刑（刑の種類・分量）および執行猶予の有無の表示がなされる。判決に不服があれば**上訴**がなされ、判決が確定すると刑の執行手続に進むことになる。判決確定後の救済手続として、刑事訴訟法では**再審**（事実認定の誤りを理由に検察官・有罪判決の言い渡しを受けた者等が請求する）と**非常上告**（法令違反を理由に検事総長が最高裁判所に申し立てる）の２つが規定されている。

3. ⋯⋯⋯⋯⋯警察官・検察官・裁判官

　犯罪捜査の前線に立つのは、**警察官**である。警察は、国民の生命・財産の保護や社会の秩序維持を目的とする行政作用を担っており、この意味での警察活動は**行政警察**と呼ばれる。警察は同時に、刑事訴訟法に従い、検察官の指示や指揮の下で犯罪捜査を担当する（同法193条）。このような警察の活動を**司法警察**（刑事警察）という。刑事訴訟法では、警視庁や道府県警察の職員は**司法警察職員**と位置づけられており、このうち巡査以外（巡査部長以上の階級）は、令状の請求権などを持つ司法警察員である。警察官の犯罪捜査の権限は、刑事訴訟法のほか、警察官職務執行法にも規定が置かれている。

　検察官は、犯罪の捜査や公訴提起・維持を行う行政機関で、検察権を自己の名で行使する独任制の行政機関である。もっとも検察官は**検察庁**に属

しており、検察庁は法務省の特別の機関として設置されている。検察権の行使が統一的になされるように、検察庁法で指揮監督権が認められており（検察庁法7条〜10条）、この点では憲法上独立性が認められている裁判官（憲法76条3項）と性格を異にする。また、検察権は司法作用と密接に関係しているため、法務大臣の検察官への指揮権は一般的なものに限られ、個別の事件については検察庁のトップである検事総長に対してしか指揮権を持たない（検察庁法14条）。このような**指揮権発動**がなされると、例えば政治家に対する逮捕をやめさせることができるものの、そのような決断をした法務大臣に対する政治的な責任追及がなされうる。

民事訴訟（▶▶第8章Ⅱ）の場合と同様に、**裁判所**は単独の裁判官または複数の裁判官の合議体で活動する。簡易裁判所は単独の裁判官で、高等裁判所・最高裁判所は合議体で判断し、地方裁判所では原則として単独の裁判官、例外的に合議体での判断が行われる。合議体での審理が行われるのは、法定刑が死刑・無期または短期1年以上の拘禁刑にあたる罪に係る事件や、事案が複雑で合議体による審理がふさわしいと合議体が決定した事件である（裁判所法26条2項）。**事物管轄**（第1審の裁判所の管轄）は事案の深刻さに応じて決まっており、罰金以下の刑にあたる罪や、選択刑として罰金が定められている罪などは簡易裁判所が第1審となる（同法33条）。また、内乱罪（刑法77条・79条）については高等裁判所が第1審となる（裁判所法16条4号）。これら以外の事件は、地方裁判所が第1審となる。事物管轄が選択できる場合には検察官がその選択を行う。

裁判員裁判の背景

2009（平成21）年から**裁判員裁判**が始まり、刑事裁判に国民が参加するルートが開かれています。裁判員裁判は、職業裁判官3人と、衆議院議員選挙の選挙権を有する6人の計9人から成る合議体による裁判で、法令の解釈等については職

業裁判官だけで判断するものの、事実認定・法令の適用・刑の量定については、裁判官と裁判員が対等の立場で評議に加わります。評決は、職業裁判官・裁判員の双方を含む合議体の過半数によって行われるため、少なくとも職業裁判官のうち1人が過半数意見に加わっていることが必要です。対象となるのは、死刑、無期拘禁刑にあたる事件や、故意の犯罪行為によって被害者を死亡させた罪にかかわる事件であり、かつ第1審に限られます。このため、職業裁判官だけで構成される控訴審で、別の判断が示される可能性もあります（現にそのような事例も現れています）。

　日本の刑事裁判は、起訴便宜主義の下で、検察官が確実に有罪となりそうな事件しか起訴しないことが影響して、判決での有罪率が極めて高く（第1審有罪率は99.9%にものぼります）、また捜査段階での供述を記録した書面を中心に証拠調べがなされる運用が行われてきました。このような運用は、裁判所が検察官の判断を後追い的に検証するものとなりやすく、捜査の過程に大きな問題があった場合でも裁判の中でそれが発見されにくい（冤罪が生まれやすい）構造になっていました。もともと裁判員制度の導入の目的は、司法制度改革の一環として国民の司法参加を促進する点にありました。もっともそれは、刑事訴訟の運用を、刑事訴訟法の本来の姿に戻す効果も伴っていました。裁判員を長期間にわたって拘束する必要がないように審理を集中して迅速に行ったり、主張・立証を裁判員の前で分かりやすく印象的な形で行ったりすることが求められたためです。

Ⅱ　犯罪捜査と公訴提起

1. ⋯⋯⋯⋯警察官による捜査

　警察官や検察官による捜査は、任意捜査と強制捜査に分けられる。刑事訴訟法では、**任意捜査**については捜査の目的を達するため必要な取調べができるとし、強制捜査については刑事訴訟法に規定がなければできないとしている（同法197条1項）。そして**強制捜査**については、裁判官が発布する令状が必要となる。ここで問題となるのが、任意捜査と強制捜査の区別基準である。最高裁判例はこの点につき、相手方の承諾がなくても任意捜査に該当する場合があることを前提としており、強制捜査とは「有形力の

行使を伴う手段を意味するものではなく、個人の意思を制圧し、身体、住居、財産等に制約を加えて強制的に捜査目的を実現する行為など、特別の根拠規定がなければ許容することが相当でない手段を意味するもの」(最三小決 1976（昭和 51）・3・16 刑集 30 巻 2 号 187 頁）としている。日常の用語法としての強制・任意とは異なる区別基準がとられている理由は、憲法上令状主義がとられていることが明示されている逮捕・捜索・押収等に匹敵する捜査方法について、予め立法によって権限発動の要件・効果を定めておくことが強制処分法定主義の趣旨であることに求められるのだろう。この区別基準はまた、有形力の行使があっても強制捜査に該当しない局面があるのと同時に、有形力の行使がなくてもそれによる権利・利益の侵害の程度が逮捕・捜索・押収並みに大きければ強制捜査に該当するという結論を導きうる（そのような例として通信傍受や GPS 捜査がある）。

　警察官による捜査の場合、さらに**警察官職務執行法**に基づく行政作用法上の権限も問題となる（警察官職務執行法に基づく権限は刑事訴訟法と関連づけられていないので、刑事訴訟法にいう法定された「強制の処分」にはあたらない）。特に問題となるのは、**職務質問**に関する規定（警察官職務執行法 2 条 1 項）で所持品検査や自動車の一斉検問が許されるかという点である。職務質問に関する要件は「何らかの犯罪を犯し、若しくは犯そうとしていると疑うに足りる相当な理由のある者」であり、効果は「停止させて質問する」ことである。**所持品検査**は停止・質問の範疇を逸脱しており、自動車の**一斉検問**は犯罪との関連性を問わず全員を停止させている点で要件規定を逸脱している。もちろん、相手方の同意を得てこうした活動を行うことは問題とならないものの、同意なしにこうした活動を行うことは、法律による行政の原理（▶▶第 12 章 **Ⅱ**）に反して違法である。さらに、相手方の同意を得ない所持品検査は、それが捜索や押収に匹敵する侵害作用を持つ点に注目すれば、刑事訴訟法にいう強制捜査に該当する可能性が高く、もしそうであるとすれば、捜索・押収に関する刑事訴訟法の規定に基づき裁判官の令状を得た上で行わない限り、刑事訴訟法上も違法となると考えられる。

2. ⋯⋯⋯⋯逮捕と勾留

被疑者が逃亡したり、罪証を隠滅したりするおそれがある場合、被疑者の身柄を短時間拘束する**逮捕**がなされる。現行犯逮捕を除いて、逮捕の際には裁判官が発令する**逮捕状**が必要である（刑事訴訟法 199 条）。警察官（司法警察員）が被疑者を逮捕した場合には、犯罪事実の要旨と弁護人を選任できることを告げ、弁解の機会を与え、留置の必要があると思料するときは、拘束から 48 時間以内に検察官に送致しなければならない（同法 203 条 1 項）。送致を受けた検察官は、弁解の機会を与え、さらに留置の必要があると思料するときは送致から 24 時間以内（身体拘束の時点から 72 時間以内）に裁判官に被疑者の勾留を請求しなければならない（同法 205 条 1 項・2 項）。つまり逮捕は最長で 72 時間までしか身柄を拘束できず、それ以上に被疑者を拘束するためには勾留が認められなければならない（勾留と同じ読みである「拘留」は、刑法 9 条に基づく刑名の 1 つである〔▶▶第 10 章 Ⅰ〕）。

勾留の請求を受けた裁判官は、被疑者に対して質問を行い、勾留の理由があると判断した場合には勾留状を発する（刑事訴訟法 61 条・62 条）。勾留の実体的な要件としては、被疑者が罪を犯したことを疑うに足りる相当な理由があり、被疑者に定まった住居がないか、被疑者が罪証を隠滅したり逃亡したりすると疑うに足りる相当な理由があることが要求されている（同法 60 条 1 項）。勾留は 10 日間認められ、やむをえない事由があればさらに 10 日間の延長が認められる（同法 208 条）。起訴前の勾留では裁判所に保釈金を納付して拘束を解いてもらう保釈は認められず、勾留の取消しや執行停止は可能である（起訴後の勾留では保釈が認められている）。この勾留の手続は、逮捕してからでなければとることができない（**逮捕前置主義**）。これは、身体拘束という重大な権利侵害を、多段階にわたる判断によって行わせようとする趣旨と考えられる。

適正手続の要請は、被疑者の段階にも当然にあてはまる。被疑者は弁護人を選任することができ（刑事訴訟法 203 条）、勾留の段階から**国選弁護制度**が利用できる（同法 37 条の 2）。貧困その他の事由により私選弁護人を選任できない場合には選任請求を行い、日本司法支援センター（法テラス）が

国選弁護人の具体的な選任を行う（刑事訴訟法 207 条、総合法律支援法 38 条）。また被疑者は原則として、弁護士と立会人なしに接見し、書類等の授受ができる（**接見交通権**）（刑事訴訟法 39 条 1 項）。さらに、黙秘権の保障は捜査段階から認められており、これを実質化することも意図して、2016（平成 28）年の刑事訴訟法改正では、死刑・無期拘禁刑等にあたる重大事件等について取調べの録音・録画制度が法定化された（同法 301 条の 2）。

3. ⋯⋯⋯⋯**検察官による処分**

　犯罪捜査が終了すると、検察官は公訴提起するかどうかの判断を行うことになる。犯罪行為による被害者は告訴することができ（刑事訴訟法 230 条）、何人も告発することができる（同法 239 条 1 項）ものの、これらはあくまで犯罪捜査の端緒を提供するものであり、公訴提起の判断は検察官にしか認められていない（**起訴独占主義**）。また、たとえ有罪にできる証拠が揃っていたとしても、検察官は起訴を行うことなく、起訴猶予とすることもできる（**起訴便宜主義**）。2016（平成 28）年の刑事訴訟法改正で導入された**合意制度**（いわゆる司法取引）は、この検察官の訴追裁量を根拠に、検察官と被疑者・被告人が弁護人の同意を得て事案解明に関する協力行為の合意を行い、これに基づく供述を行った場合に、検察官が不起訴あるいは軽い罪名で起訴するものである（同法 350 条の 2 ～ 350 条の 15）。

　ただし、不起訴処分の通知は告訴・告発者に対して行わなければならず（刑事訴訟法 260 条）、さらに請求があれば不起訴の理由を提示しなければならない（同法 261 条）。告訴・告発者が不起訴処分に不服がある場合には、**付審判手続**の請求（同法 262 条）や検察審査会への**審査申立て**（検察審査会法 30 条）を行うことができ、裁判所の付審判決定や、検察審査会の 2 回の**起訴相当議決**があった場合には、裁判所が**指定弁護士**に公訴提起・維持を行わせることになる（刑事訴訟法 268 条、検察審査会法 41 条の 9）。合意制度の下で検察官が不起訴とし、その後に検察審査会の起訴相当の議決がなされた場合、事案解明に関する合意は将来に向かって失効する。検察審査会の議決に基づいて公訴提起された場合には、被告人が協力行為として行った

供述やこれによって得られた証拠は、当該被告人の公判手続において証拠として用いることができなくなる。ただし、他人の刑事事件については証拠として用いることができる。

Ⅲ　公判・裁判・上訴

1.・・・・・・・・・・・公訴提起の方法と意義

　検察官が公訴提起を行う際には、起訴状を提出する（刑事訴訟法 256 条 1 項）。起訴状には被告人氏名・公訴事実・罪名を記載することとし、証拠などそれ以外の資料を添付してはならない（同条 2 項・6 項）。これを**起訴状一本主義**といい、裁判官が公判に先立って被告人に対する予断を生じさせないための規定とされる。また、起訴状の公訴事実については、訴因を明

示しなければならない（同条3項）。訴因とは、犯罪の構成要件（▶▶第10章Ⅱ）に該当する具体的な事実のことで、検察官が審判を請求する範囲を示すものである。同時に訴因は、被告人が防御すべき範囲や、裁判所が審理する権限と義務を有する範囲を確定するものでもある。裁判所は検察官によって公訴提起された事件のみ審理することができ、職権で刑事訴訟を開始することはできない（**不告不理の原則**）。裁判所は、検察官の請求があれば、**公訴事実の同一性**を害しない限度で、起訴状に記載された訴因の追加・撤回・変更を許さなければならない（同法312条1項）。例えば傷害の訴因について公判で審理を行っていたところ、その傷が原因で被害者が死亡していたことが分かった場合には、傷害ではなく傷害致死（▶▶第10章Ⅲ）の訴因を審理しなければならなくなる。この場合に傷害致死でもう一度起訴し直すのは、被告人にとっても検察官にとっても大きな負担となるので、訴因を変更して手続を続ける方法がとられることになる。具体的には、犯罪の主体や日時・場所、被害者等が同一あるいは近接し、一方の犯罪が認められれば他方の犯罪が認められない関係（**択一関係**）に立っていれば、公訴事実に同一性があると評価できる。また、裁判所は訴因の変更等が適当と認めるときは、その旨を命令できる（同条2項）。もっとも、当事者追行主義からすると、検察官が訴因変更手続をとらない限り、裁判所による訴因変更命令によって訴因が変更されることにはならない。

　公訴が提起されると、訴訟が係属し、同一事件について再度起訴する**二重起訴**が禁止される（刑事訴訟法338条3号）。また、同一事件について確定判決が出ている場合には再度の公訴提起は許されない（**一事不再理**）（憲法39条、刑事訴訟法337条1号）。さらに、公訴提起は**公訴時効**（刑事訴訟法250条）の進行を停止させる効果を持つ（同法254条1項）。2010（平成22）年の刑事訴訟法改正で、人を死亡させた罪であって死刑にあたるものについては公訴時効が撤廃されており、それ以外の類型については30年から1年までの公訴時効が規定されている。時効の中断（▶▶第7章Ⅱ）ではなく停止なので、管轄違いや公訴棄却の裁判が確定した場合には、その時点から残存期間が進行する。

2. ⋯⋯⋯刑事訴訟における証拠

　公判における最も重要な作業は、証拠に基づいて犯罪の事実や量刑の判断に必要な事実を明らかにすることである。刑事訴訟法317条は、「事実の認定は、証拠による」と規定し、**証拠裁判主義**を採用している。この事実認定の手続・方法に関する法を**証拠法**という。民事訴訟法における立証と同じように、刑事訴訟法でも**自由心証主義**が採用されている（刑事訴訟法318条）。しかし、刑事訴訟法では、証拠として事実認定に用いることができる資料に条件が設定されており（これを**証拠能力**という）、また民事訴訟法における自白の拘束力は認められていない。さらに、刑事訴訟における立証責任はすべて検察官にあり、ある事実が合理的な疑いを差し挟む余地のないほどに証明できなければ、真偽不明として無罪の推定が働くことになる（**利益原則**。「疑わしいときは被告人の利益に」）。

　証拠能力の制限は、事案の真相解明の観点から証明力が低い証拠を排除する趣旨のものと、適正手続を保障する観点から違法に収集された証拠を排除する趣旨のものとがある。前者に属するものとして、すでに挙げた自白法則・補強法則・伝聞法則がある。**自白法則**と**補強法則**は、被告人の自白の証拠能力を制限し、自白偏重の裁判を避ける狙いがある。これに対して**伝聞法則**は、被告人以外の者の供述について、それが公判期日での証人尋問で得られたものではない（伝聞の）証拠である場合にその証拠能力を否定する原則である。その理由は、裁判官が尋問の様子を直接見聞できなければ、証言の態度・様子から裁判官がその内容の信憑性を判断することができず、また当事者にとってはその内容が真実であるかを検証する重要な手段である反対尋問を用いることができないことに求められる。それゆえ、伝聞法則の例外が認められるためには、事案解明のために証拠として用いることができる必要性に加え、両当事者が証拠とすることに同意していることや、反対尋問による信用性の吟味に匹敵する信用性の保障があることが求められている（刑事訴訟法321条以下）。

　これに対して、後者に属するものとして**違法収集証拠排除法則**がある。これは刑事訴訟法には明文規定がなく、学説・判例によって生み出された

原則である。刑事訴訟法は、「個人の基本的人権の保障」と「事案の真相を明らかに」することを目的としている。そうすると、違法な手続によって収集された証拠を刑事裁判で利用することは、個人の基本権の保障に反することになるものの、その証拠自体が事案の真相解明に資するものではある場合に、両者の調整が必要となる。この点について最高裁は、「証拠物は押収手続が違法であっても、物それ自体の性質・形状に変異をきたすことはなく、その存在・形状等に関する価値に変りのないことなど証拠物の証拠としての性格にかんがみると、その押収手続に違法があるとして直ちにその証拠能力を否定することは、事案の真相の究明に資するゆえんではなく、相当でない」としつつ、「証拠物の押収等の手続に、憲法35条及びこれを受けた刑訴法218条1項等の所期する令状主義の精神を没却するような重大な違法があり、これを証拠として許容することが、将来における違法な捜査の抑制の見地からして相当でないと認められる場合においては、その証拠能力は否定されるものと解すべきである」（最一小判1978（昭和53）・9・7刑集32巻6号1672頁）とした。具体的には、証拠収集の違法性が重大で、かつ違法捜査を抑制する見地からそのような方法で収集された証拠を排除することに相当の理由があることが求められる。そのため、単に捜査が違法というだけでは証拠能力は否定されない点に注意が必要である。

3. ⋯⋯⋯⋯判決と上訴・再審

最終弁論が終わると、一般にはそれとは別の期日で**判決宣告**が行われる（刑事訴訟法342条）。判決宣告後14日以内に控訴の申立てがなければ、判決の内容が確定することになる（同法373条）。

控訴審における審理のあり方は、民事訴訟と異なる。民事訴訟では、第1審口頭弁論終結直前の状態に戻した上で、控訴審において提出された証拠を加えた審理を行う続審主義がとられている（▶▶第8章**Ⅱ**）。これに対して刑事訴訟では、第1審判決当時の証拠のみに基づいて判断する**事後審主義**がとられており、原則として第1審判決に誤りがないかを検証するものとなっている。ただし、事実誤認や量刑不当の場合に限って、控訴審の

審理対象となる事実の追加が例外的に一部可能である（刑事訴訟法382条の2）。控訴理由となるのは、訴訟手続違反・事実誤認・法令解釈や適用の誤り・量刑不当であり、重大な手続法違反以外の理由は、判決に影響を及ぼすことが明らかでなければ控訴理由にできない**相対的控訴理由**である（同法379条～382条）。これに対して上告理由となるのは、憲法違反や憲法解釈の誤り・判例違反に限定され、事実誤認や量刑不当は上告理由に含まれていない（同法405条）。ただし最高裁判所は、上告理由がない場合でも、法令の解釈に関する重要事項を含む事件について裁量的に受理できる（同法406条）。さらに、事実誤認や量刑不当等であっても、原判決を破棄しなければ著しく正義に反すると認める場合には、原判決の破棄が可能である（同法411条）。こうした規定の存在から、民事訴訟の上告審と異なり、刑事訴訟における上告審は控訴審とあまり変わらない機能を持っているといえる。

COLUMN

受刑者の処遇

　受刑者の処遇に関しては、現行刑法と同じ1908（明治41）年に施行された監獄法が規定を置いていました。しかし、2005（平成17）年に刑事施設及び受刑者処遇等に関する法律が成立して、監獄法は未決拘禁者（被勾留者等）や死刑確定者に対する処遇だけを扱うことになり、翌年には刑事収容施設法が成立して監獄法が廃止されました。現在では、未決・既決を問わずすべての受刑者の処遇について、刑事収容施設法が規定を置いています。同法は、個別処遇の原則を受刑者処遇の原則として掲げており（刑事収容施設法30条）、矯正処遇としては作業のほか、改善指導や教科指導も予定しています（同法103条・104条）。面会等の外部交通については面会対象者を親族以外にも拡大し（同法120条）、信書の発受も犯罪性のある者以外は原則許容することとしています（同法126条・128条）。懲罰については、懲罰事由を法律で明確に規定するとともに（同法150条）、監獄法時代に許容されていた運動停止や重屏禁（暗い居室に閉じ込めて寝具を与えない罰）のように非人道的な懲罰を認めず、また閉居罰の内容を具体的に法律で規定しています（同法152条）。さらに、不服申立てとして、法律で列挙された処分を対象と

する審査の申請（同法157条）・再審査の申請（同法162条）や、有形力の行使等に関する事実の申告（同法163条1項・165条）、さらに処遇全般についての苦情の申出(同法166条〜168条)が規定されています。制度の大枠しか定めず、詳細を命令に委任していた監獄法と異なり、刑事収容施設法は重要な事項を法律そのもので規定しており、その規律密度(▶▶第12章Ⅱ)は飛躍的に向上しています。

発展学習のために

【課題】

●裁判員裁判の手順や、具体的な裁判で裁判員がどのような判断を示しているか調べてみよう。
●民事訴訟法と刑事訴訟法とで、証拠や立証に関してどのような差異があるか、まとめてみよう。

文献案内

◆三井誠＝酒巻匡『入門 刑事手続法［第8版］』（有斐閣・2020年）
　刑事訴訟全般について、その基本的な考え方と手続の輪郭を平易かつ丁寧に説明するとともに、実務で用いられている書類も多く示すことで、具体的なイメージを持って刑事手続法を理解できる工夫がなされている。
◆酒巻匡『刑事訴訟法［第2版］』（有斐閣・2020年）
　刑事訴訟法学の第一人者による基本書で、制度の基本理念に立ち返って刑事訴訟の全体構造を明晰な言葉で説明している。

第 12 章

規制行政と法

Introduction

　民事法・刑事法と並んで、法律学の三大分野の1つに数えられるのが公法である。公法は、国家（地方公共団体なども含む）と個人との関係に関するルールであり、憲法（▶▶第2章Ⅱ）と行政法がここに含まれている。その大きな特色は、国家と個人という二当事者の力関係が均衡を欠いていることである。国家には個人の個別の同意なしにその権利や義務に変更を加えたり、義務の内容を強制的に実現させたりすることができるという意味で「公権力の行使」が認められている。また、国家は多くの公務員をかかえ、また租税財源を代表とする多額の資金・資産を持っている。もっとも、これらは国家が社会全体の利益（公益）を実現するために保有している「道具」であって、その使い方に関しては、民主政的な決定やコントロールが予定されている。

　本章では、このような特色を持つ公法のうち、国民の権利や自由を制限したり、義務を課したりする規制行政と呼ばれる活動に焦点を当て、そこで生じる法的な問題を取り上げることとする。具体的には、規制行政に関する法的なしくみのほぼすべてが含まれている食品安全の問題を例に、まず公法（行政法）による対応の特色を、民事法・刑事法と比較して説明する。行政法の大きな特色は、具体的な被害が発生する前に対応策をとりうる「予防司法」という性格にある（Ⅰ）。

　次に、公法の古典的な課題である、被規制者の権利や自由を守るための法理論や概念を紹介する。具体的には、規制のしくみの制度設計（立法）段階と、その運用（行政過程）段階に分けて、憲法・行政法で説かれる重要な考え方を俯瞰する（Ⅱ）。

　さらに、1970年代以降に注目され始めた消費者等の利益を保護するための法理論や概念を紹介する。伝統的な行政法学では、行政活動の対象者（これを「名宛人」という）の権利や自由ができるだけ守ら

217

れることを重視し、規制がきちんと実行されることで保護される名宛人以外の第三者の利益（その代表が消費者の利益である）への配慮が十分ではなかった。この構造的な問題は現在でも完全には改善されておらず、いくつかの解釈論・立法論的対応が模索されている（**Ⅲ**）。

Ⅰ 予防司法としての行政法

1. ⋯⋯⋯⋯繰り返されるスキャンダル──食品安全

「食の安全」と「建物の安全」は、周期的にスキャンダルが発生する典型的な社会問題である。食品の安全をめぐっては近時の事例に限っても、廃棄物となった食品の横流し、食品表示（例えば消費期限・産地）の偽装、中国産食品の安全問題、ノロウイルスによる食中毒など枚挙に暇がない。さらに歴史を遡ると、低脂肪乳による食中毒が発生した雪印乳業集団食中毒事件（2000〔平成12〕年）、食用油に有害物質であるPCBが混入したカネミ油症事件（1968〔昭和43〕年）、牛缶との表示にもかかわらず実際には別の肉が使用されていたにせ牛缶事件（1960〔昭和40〕年）、粉ミルクにヒ素が混入して乳幼児が多数死傷した森永ヒ素ミルク中毒事件（1955〔昭和30〕年）といった、法学の展開にも強い影響を与えた大きな事件が、これまで繰り返し起きている。ほかにも、遺伝子組換え食品問題、残留農薬問題、食品添加物問題など、現状では具体的な危険とまではいえない食品安全をめぐる「リスク」の問題も数多い。

私たちが生きていく上で、食品は欠かすことができない要素であり、その安全確保は人間の生命・健康と直結する極めて重大な課題である。それにもかかわらず、なぜ「食の安全」をめぐる問題がこれほど繰り返し発生しているのだろうか。法学はこの問題に対して、どのような処方箋を用意できるのだろうか。

2. ⋯⋯⋯⋯民事法・刑事法による対応方法とその限界

現在の日本社会において、食品は市場で取引される財である。つまり、消費者には、どの食品をどれだけ購入するか選択できる自由がある。自由と責任が表裏の関係にあるとすれば、健康被害を引き起こすような食品を購入したのは、それを選択した私たち消費者の責任ということになるのだろうか。そうした食品を製造・販売した業者の法的な責任が問われることはないのだろうか。

① **民事法による対応**　市場における取引関係のルールは民事法の領域に含まれる。この場面において問題となるのは、契約法（▶▶第6章）と不法行為法（▶▶第7章Ⅱ）である。

まず契約法については、購入した食品が安全ではなかったことが後で分かった場合には、売買契約のルールでは売主の契約不適合責任（▶▶第6章Ⅱ）の問題とされ、契約解除または損害賠償請求ができる（民法562条〜564条・566条）。また、食品表示偽装事件のように売主側が買主側を騙したと評価できる場合には、詐欺による意思表示となって買主は意思表示を取り消し、売買契約の効力を失わせることができる（民法96条1項）。このように契約法では、問題が生じた後に契約の効力を否定し、または損害賠償をさせることで、経済的な得失を調整するしくみがとられている。

不法行為法の救済方法は、基本的には、事後的な損害賠償である。民法709条が規定する要件を充足した場合に、不法行為を働いた側に損害賠償義務が生じる（▶▶第7章Ⅱ）。例外的な事前救済の手段として、差止めという方法が認められることがある。これは被害が発生する前に不法行為を止めるもので、人格権侵害等を理由として名誉毀損・プライバシー関連や生活環境関係の事件でこれを認める判例・裁判例がある。ただし、この方法がとられるためには被害の発生が確実に予測される必要があるので、食の安全をめぐる事件への応用可能性はそれほど大きくはない。

以上のように、民事法による対応策の多くは事件が発生してからの事後的な対応であり、その主眼は両当事者の経済的な得失の調整にある。

② **刑事法による対応**　それでは、刑事法によってこうした問題への

対応を考えると、どのようになるであろうか。刑法204条にいう「傷害」とは生理機能の障害であって、暴行によらない傷害（例えば騒音）もありうると考えられているので、業者側が有毒と知って販売したケースでは傷害罪に問われる可能性があるだろう（▶▶第10章Ⅲ）。また刑法209条では過失傷害を規定し、さらに刑法211条で業務上過失致死傷の場合に刑を加重しているから、過失の場合でも処罰は可能である。ただし、いずれの場合も民事法と同じく、事件が発生した後に刑事手続（▶▶第11章）を経て刑罰が科されることになる。刑罰の威嚇による予防効果（一般予防）を狙っているとはいえ、こうした行為を特定して、事前にやめさせることはできないのである。

3. ⋯⋯⋯⋯予防司法としての行政法

　これに対し、行政法の大きな特色は、事件が発生して裁判所に持ち込まれる前にこれを予防するしくみを持っていることにある（**予防司法としての行政法**）。例えば、食中毒の被害を予防するため、まずレストランの営業という活動を一律に禁止する。その上で衛生管理を十分に行っている者だけを行政が認定し、認定した者についてだけ禁止を個別に解除して営業を認める（これを**許可**と呼ぶ）。行政の判断に従わず、勝手に営業をしているレストランに対しては刑罰を科す（ここでは、一般的な刑事法のように食中毒の被害という結果が問題なのではなく、行政上の義務に反して勝手に営業していることが処罰の対象になっている）。このようなしくみを設けることで、事故が起きてから裁判所で民事・刑事裁判がなされる前の段階で「予防」することが可能になる。

　しかしこのことは、行政活動の対象者である名宛人にとっては大きな脅威となる。行政は一方的な認定を行い、行政の判断に反する行為に対しては刑罰や実力行使を含むさまざまな措置をとりうる。行政法学はこうした行政の権力性に注目し、名宛人の権利・自由を保障するための法理の開発に力を注いできた。だがこのことは他方で、行政が適切に規制権限を行使することで得られる名宛人以外の第三者の利益に対して無頓着になる結果

をもたらした。そこで、第三者の利益を守るためにどのような手段が法的に考えられるかもまた、現在の行政法学の大きな課題となっている。

憲法と行政法

　本章と第13章では、共に公法に属する憲法・行政法の考え方を、規制行政と給付行政の場面に分けて紹介します。もっとも、日本ではドイツと異なり、研究・教育における憲法と行政法の分業が著しく進んでおり、そのため、似たような内容の議論でも2つの科目で言葉の使い方が微妙に異なり、学習者にとって理解しにくい場面があることは否定できません。

　行政法学が学問として独立する時期には、憲法学との違いが強調されていました。日本の行政法学がモデルにしたドイツの行政法学を体系化したとされるオットー＝マイヤーは、第1次世界大戦後にドイツが帝政から共和制（ワイマール共和国）に転換した際に、「憲法は滅び、行政法は存続する（Verfassung vergeht, Verwaltungsrecht besteht.）」という表現で、行政法の政治に対する独立性を強調しました。これは、憲法が時の政治体制と密接にかかわっているのに対して、行政法は体制とは独立した統治の「技術」を扱っていることから、統治のシステムが転換してもその理論体系は存続することを示すものです。しかし、第2次世界大戦後は、ドイツでも日本でも「憲法具体化法としての行政法（Verwaltungsrecht als konkretisiertes Verfassungsrecht）」という側面が強調されました。これは、憲法が統治構造の大枠や、その中で守られるべき価値（＝基本的人権）を規定し、憲法に基づきそれを具体化して統治の法システムを設計するのが行政法であるという関係を意識した表現です。

　このように現在では、憲法と行政法の親近性が強調されているものの、両者の方向性が完全に一致しているとはいえません。それが明瞭に現れるのが、立法者（議会）に対する見方の違いです。行政法学では、行政活動を授権し統制する基準として「法律」を重視しており、立法者が行政活動をコントロールする局面に主として注目しています（法律による行政の原理）。これに対して憲法学では、憲法が定めている基本的人権を立法者が侵害する局面に警戒感を持っており、裁判所がそのような法律を違憲・無効と判断する場面を重視しています。

Ⅱ　名宛人の権利・自由保障

　行政は多数の人員と潤沢な財政基盤を有し、かつ前述のような権力的な活動を行うことができる。そこで、行政の活動が恣意的にならないように、また名宛人の権利や自由が保障されるように、行政法学はさまざまな法理を生み出してきた。ここではそれらを、立法者による規制システムの設定段階と、行政による運用ないし規制内容の実現段階に分けて説明する。

1. ⋯⋯⋯⋯規制制度の設定──立法者に対する法的要請

　両当事者が対等な立場の民事法関係の場合、一方当事者の判断が他方当事者の判断に優先するのは例外的である。これに対し、行政法の世界では、行政の判断が名宛人の判断に優位する場面がよくみられる。例えば、食中毒かどうかをめぐって行政とレストランの判断が対立する場合でも、行政は自らの判断に基づいて営業許可の効力を失わせることができ、この場合にレストランの側は、民事訴訟と異なる特別の争訟制度を利用しない限り、行政の判断を覆すことができない。

　なぜ行政には、こうした特権的地位が認められているのであろうか。歴史的には、君主の存在がその理由とされてきた。しかし現在では、国民の代表者が合議の上決定した法律が定めているがゆえに、行政活動の権力性は認められると考えられている（**権力性の正当化根拠**としての法律）。国民の権利・利益と関係する一般的なルールを行政が定めるには、議会による授権が必要である（**法律の法規創造力**）。また、一定の行政活動（典型的には国民の権利を制限し、または義務を課す行政活動）が行われる前には、その行政活動の条件や内容を予め法律で定めておかなければならない（**法律の留保**）。もし、行政活動が法律に定められた内容と矛盾している場合には、その行政活動は違法であり、裁判所等による救済がなされなければならない（**法律の優位**）。このような考え方を、**法律による行政の原理**（**法治主義**）という。それゆえ、行政法の世界は、何らかの社会的問題が発生した場合、そ

れに対処するためのさまざまな法的しくみを含む法律を制定することから
スタートするのである。

　しかし、立法者は法制度の設計が自由にできるわけではない。国家法秩
序の頂点に立つ憲法（▶▶第2章Ⅱ）は、国家における民主的な統治機構を
創設すると同時に、国民の代表者が決定したとしても侵すことのできない
個人の権利のカタログを人権（基本権）として国民に対して保障している。
そこで立法者は、違憲の法律を制定することを回避するため、次のような
手順で検討することになる。

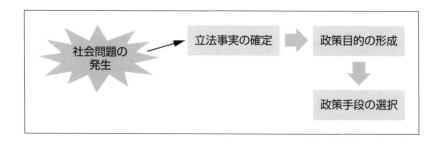

　まず、新しい法律の制定または改正が必要であると考えられる事実（**立
法事実**）の存否を調査して確定させなければならない。例えば、不衛生な
レストランが増えて食中毒が急増していることが調査の結果明らかになる
ことが、立法作業の出発点である。その際には、解釈論で限界まで努力し
てもなお解決できない問題があることが示される必要がある。それが確認
できれば、当該社会問題の解決にとって必要かつ適切な手段を立法に盛り
込むように、検討がなされなければならない。目的と手段とのバランスが
とれていることを要求するこの考え方を**比例原則**と呼ぶ。例えば食中毒被
害の救済を図るために、レストランの許可条件として巨額の供託金
（▶▶第9章Ⅰ）が必要というしくみを作ることはこの原則に反し、憲法が
保障している職業選択の自由（憲法22条1項）を不当に制約する法律とし
て違憲と評価される。ある法律が違憲かどうかを判断するのは裁判所であ
り、その際の判断基準を**違憲審査基準**と呼ぶ。違憲審査の際には上述のよ

うに、法律の制定の目的とその手段に注目した審査がなされることが多い（目的・手段審査）。その場合には、法律によって侵害される基本的人権の性質に応じて、違憲審査の厳格さの程度が変わってくることになる。例えば、表現の自由のように、民主政のプロセスが機能するために不可欠な基本的人権の場合には、これを制約する法律の目的や手段を裁判所は厳しく審査すべきとされている。個人が個として自律性を持って存在し、その個人が自由に意見を表明し合うことによって、初めて民主政は成り立つ。憲法が保障しているこのような政治過程が正常に機能しないと、そのプロセスを経て出来上がる法律も歪んでしまうため、裁判所としてはこうした人権を制約する法律に対しては、積極的にその合憲性を審査すべきである。これに対して、レストランの営業規制のように経済的自由を制約する場合には、立法者の判断が裁判所によって尊重される傾向にある。

さらに、新設・変更される制度の下で、特定者のみが利益・不利益を受けることになる場合には**平等原則**（憲法14条）との関係が問題になる。同一事情・同一条件の下では合理的な理由がない限り平等に取り扱われなければならないとする平等原則は、特別な取り扱いに対する合理性を法的に説明できるかを制度設計段階で検討することを求めている。

規制のための一般的・抽象的な基準、例えばレストランの営業許可を与えるのに必要な安全衛生面の基準は、法律によって定められなければならない。しかし現実には、立法者がすべての基準を定めることが不可能・不適切な場合があり、行政にその具体的な基準の策定が委ねられることがある。その授権の際には、基準の具体化のために必要な指示の詳細さ（これを**規律密度**という）が求められる。例えば、基準の中で決めるべき事項や、決める際に考慮すべき内容、決める手順などが挙げられる。もしこれが十分ではない法律が制定された場合、その法律は違憲・無効とされる（**白紙委任の禁止**）。どの程度の規律密度が必要かは、規制によって影響を受ける人権の性格や規制の強度によっても変わってくる。表現の自由に代表されるセンシティブな人権が侵害される場合や、侵害の強度が大きい場合には、法律自身で規制内容の詳細を定めておかなければならない。

2. ....規制制度の具体化──行政に対する法的要請

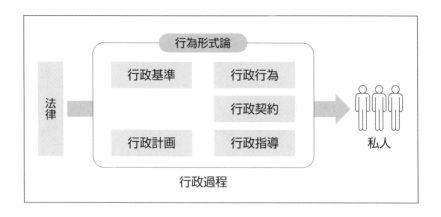

このような過程をたどって設定された規制のための法制度は、主として行政機関によって具体化され、運用される。行政活動は幅広い政策分野で展開されており、その内容もさまざまである。そこで行政法学は、多様な行政活動をそのかたち（形式）に注目してタイプ分けし、そのタイプごとに議論を展開している。このような行政活動のかたちのことを**行政の行為形式**と呼び、行政法学の基本書では通常「行政基準（行政立法）」（例：学習指導要領）、「行政計画」（例：都市計画）、「行政行為（行政処分）」（例：自動車運転免許、排除措置命令・課徴金納付命令）、「行政契約」（例：原子力安全協定）、「行政指導」（例：営業自粛勧告）の5つを挙げることが多い。

この行政の行為形式論には、2つの機能がある。1つは、行政活動に対する法的ルールを導き出す手がかりとしての機能である。食品安全に関する行政活動の条件や内容を規定した食品衛生法には、レストランの営業許可の要件の大枠は書かれていても、その手続や細かな条件、さらには許可が誤って出された場合の対応方法は規定されていない。こうした内容の一部は**行政手続法**のような、個別の行政分野（**参照領域**）を超えて適用される**行政通則法**に規定されている。しかし行政通則法が整備されていないところでは、学説や判例が大きな役割を果たしている。こうした、行政分野を

問わず一般的にあてはまる法的ルールを蓄積している場が**行政法総論**であり、そこでは行為形式を単位として、行政活動の手続ルールや実体ルールが整理されている。そこで、行政法令の解釈にあたっては、問題となっている行政活動が行為形式でいえば何にあたるのかをまず決定し、その上で当該行為形式に要求される法的ルールが守られているかを検証することになる。つまり、行政の行為形式論は、行政法令の解釈の際の手がかりなのである。行為形式論のもう1つの役割は、行政法令による制度設計を整序する機能である。立法者が規制のための法制度を設定する際には、複数の行為形式を組み合わせることによって法的なしくみを作り上げることになる。行為形式論は、条文を立案する際のいわば文法であり、どのような条文を作ってどのような政策を実現するのかを考える前提知識でもある。

　行為形式の一例として、行政行為がある。例えば、食品衛生法55条1項では、都道府県知事が飲食店営業に対して許可を与えるしくみを規定している。この許可を得ずに飲食店を営業すると、同法82条1項により、2年以下の拘禁刑または200万円以下の罰金が科される。この2つの規定を併せて考えると、都道府県知事の許可を得ることで、適法に営業できる地位を飲食店が獲得することが分かる。このような個別の事例での行政による認定判断行為は、**行政行為（処分）**と呼ばれる。日常用語における「処分」のイメージとは異なり、行政行為（処分）といっただけでは必ずしもその名宛人に非があったとか、名宛人に不利益が及ぶというわけではない。行政行為（処分）とは単に行政活動の形式に着目した概念であり、そこに盛り込まれる内容はさまざまである。そして、ある行政活動が行政行為とされると、行政行為に関する手続ルールや実体ルールがあてはめられることになる。例えば、行政手続法で定められている申請に対する処分の手続（同法第2章）が、食品衛生法の許可の手続として用いられる。

3.‥‥‥‥‥**規制制度の運用——行政裁量**

　行政行為は、法律（あるいは行政基準）で一般的・抽象的な形で定められている基準を、個別の事例にあてはめる「法令具体化行為」である。そこ

で、法令が詳細に基準を準備していれば、行政の判断は完全に定型化されるはずである。しかし実際には、法律で行政に個別事例における判断権を与えている場合があり、これを**行政裁量**という。例えば法律に「基準を超える有害物質が排出されているときは、改善命令を発令できる」と書かれている場合には、有害物質の排出を行政が確認できたとしても、行政には改善命令を出さない自由があると通常は考えられている。法律の規定の要件部分（上記の例では「基準を超える有害物質が排出されているとき」）に裁量が認められる場合を**要件裁量**といい、効果の部分（上記の例では「改善命令を発令できる」）に裁量が認められる場合を**効果裁量**という。上記の例では、より正確にいえば効果裁量が認められていることになる。もし行政に裁量が認められている行為が裁判所で問題とされた場合には、裁判所は原則として行政の判断を尊重しなければならない（裁判所が審査できるのは、**裁量権の逸脱・濫用**の有無に限られる）。

　ここで行政裁量は、理論的には事業者の営業をさせる方向にもさせない方向にも機能しうるはずである。しかし、日本の行政実務においては、新規参入者に対しては営業をさせない方向で、また既存事業者に対しては営業を続けさせる方向で、行政裁量が行使されてきた。例えばレストランで食中毒が発生した場合、法律によれば営業停止を命じることが「できる」はずである（食品衛生法55条）。しかし実際には、営業停止命令が出されるのは違反が極めて悪質な場合に限られ、そうでない場合は営業自粛を勧告する**行政指導**に従ってもらうことによって決着が図られている。事業者が行政指導に服従する法的な義務はないとはいえ、営業停止命令よりもダメージが少ない自粛勧告を事業者はほとんどの場合に受け容れてきた。

　同じことは、規制内容の実現の局面にもいえる。行政が規制内容を実現させるための手段は大きく分けると、名宛人が課された義務を履行しないときにその義務を強制的に履行させる**行政上の義務履行強制**と、不服従の場合には刑罰を科すことで間接的に義務の履行を促す**行政上の制裁**の2つに分けられる。このうち行政上の義務履行強制についても、たとえその要件が充足されていたとしても強制行為をするかどうかの裁量が行政に認め

られている。そのため例えばこの種の強制行為の代表である行政代執行は、準備にかかるコストが莫大すぎることから、もし行われれば全国ニュースに取り上げられるほど稀にしかなされてこなかった（ただし、最近では管理不全の空き家に対する除却等での利用が増加している）。また行政上の制裁の中でも中心的な役割を持っている行政刑罰（▶▶第10章Ⅲ）は、検察への告発とその後の刑事手続（▶▶第11章）が必要となるため、検察の協力が得られるような重大な違反事例を除くと、少なくともこれまでは機動的に使われてきたとはいえない。

Ⅲ　第三者の利益保護

1. ⋯⋯⋯⋯第三者の利益保護の必要性

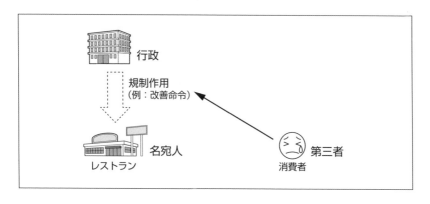

　行政活動は法律に従ってなされなければならないとする法律による行政の原理は、必ずしも行きすぎた行政活動にブレーキをかけるだけではなく、過小な行政活動に対してアクセルを踏む機能をも本来は持っているはずである。しかし実際には、法律による行政の原理を担保しているはずの裁判所による権利救済が、第三者については従来ほとんど働いてこなかったために、本章が取り上げている食品安全行政の場面では、その第三者である消費者の利益（▶▶第6章Ⅲ）が行政過程で重視されず、それが消費者にさまざまな被害をもたらした。同様の構造は、環境法等にも存在する。

　そこで行政法学は1970年代以降、こうした局面における救済法理を発展させ、そのかなりの部分は2004（平成16）年の行政事件訴訟法改正に取り込まれた。また、訴訟手続に入る前の段階において適正な規制執行を行わせるための方策として、行政手続における第三者の参加・監視のしくみも登場してきている。以下では、第三者が行政に対して適正な規制執行を求めるための法的なしくみについて検討したい。

2. ･･････行政救済法を用いた適正な規制執行の確保

　行政活動によって自らの権利・利益が侵害されたと考える私人が、行政活動の是正や被害の金銭塡補を求めるためのルールを**行政救済法**という。

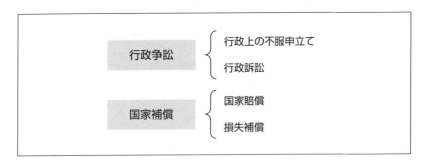

　行政救済法は大きく、違法（不当）な行政活動の是正を求める**行政争訟**と、行政活動によって生じた損害の塡補を求める**国家補償**（▶▶第7章Ⅰ**COLUMN**）の2つに分けられる。行政争訟はさらに、行政に対して違法・不当な活動の是正を求める**行政上の不服申立て**と、裁判所に対して違法な行政活動の是正を命じるよう求める**行政訴訟**に分かれる。また国家補償は、違法な行政活動により生じた被害の賠償を求める**国家賠償**と、適法な行政活動によって特定の者に生じた特別な犠牲を公平負担の見地から調整する**損失補償**から構成される。例えば、不衛生なレストランに対する改善命令が出されない状況で、消費者がそのような行政活動の是正を求めようとすれば、行政訴訟の中の処分の義務付け訴訟が利用される。また、規制権限が行使されなかった結果、消費者に被害が生じてしまった場合には、その金銭賠償を求めて国家賠償訴訟を提起することが考えられる。ここでは、適正な規制執行の確保をより直接的に実現する行政争訟（中でも行政訴訟）の利用を考えてみよう。

　第三者が行政訴訟を用いて適正な規制執行を求めていく際のハードルは3つある。第1は、訴訟を提起する資格を意味する**原告適格**の問題である。民事訴訟法（▶▶第8章Ⅱ）では、通常の場合、権利を持っていると主張する人に原告適格が認められ、しかも権利があるかどうかは本案審理の問題

なので、原告適格が争われるケースは多くない。また、行政訴訟の世界でも、行政行為（処分）の名宛人、例えば営業許可申請が拒否された申請者や営業停止命令を受けたレストランがその取消訴訟を提起した場合に、原告適格が認められることには争いがない。これに対し、名宛人以外の第三者が訴訟を提起する資格があるかどうかをめぐって、戦後の判例は一貫して、行政行為（処分）の根拠を定めている条文の解釈から第三者の利益が個別的に保護されているといえるかどうかを基準に判断する**法律上保護された利益説**と呼ばれる立場を採用してきた。そして多くのケースで裁判所は、法律がその利益を公益として一般的に保護する趣旨は認めても、それを第三者の個人の利益としても個別的に保護しているとまではいえないとしており、第三者の生命・健康（場合によっては財産）に関する被害が予想される場合にのみ原告適格を認めてきていた。2004（平成16）年の行政事件訴訟法改正では、第三者の利益を判断する際には法律の文言だけではなく、問題となっている被侵害利益の性質や重要性についても併せて考慮するよう求める規定が置かれた（行政事件訴訟法9条2項）。このことにより、問題となっている紛争事例で関係する第三者の権利・利益がより直接的に原告適格の判断要素として位置づけられたといえる。そこで少なくとも食の安全をめぐる問題については、消費者の生命・健康と直接関係するから、第三者の原告適格が認められる余地は広がっている。

　第2は、規制権限の行使を裁判所が行政に対して義務づける**義務付け訴訟**の可能性である。従来の行政訴訟において唯一機能してきたのは、違法な行政行為（処分）を裁判所が事後的に取り消す**取消訴訟**であった。これは、行きすぎた行政活動にブレーキをかけるのには向いている反面、過小な行政活動への対応にはならない。そこで、一定の要件を充足している場合には裁判所が行政に対して権限行使を義務づける訴訟を認めるべきであるとする見解が、以前から学説上は主張されてきた。にもかかわらず、2004年の行政事件訴訟法改正まで義務付け訴訟が法定化されていなかった理由は、裁判所が行政に対して権限行使を命じることは権力分立（▶▶第2章**Ⅱ**）に反し、行政に専属する権限を侵すものであるとする**行政の第一次**

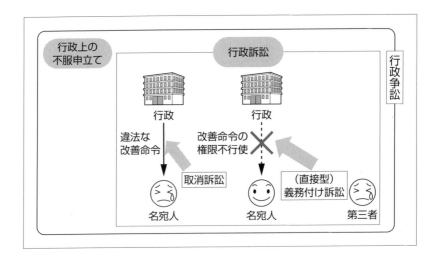

的判断権の理論が大きな影響力を持っていたからである。この考え方を克
服した2004年改正では、義務付け訴訟が法定化された（行政事件訴訟法3
条6項）。しかし、規制権限を行使させるタイプの義務付け訴訟（**直接型義
務付け訴訟**）の訴訟要件は、申請に対する拒否処分の際に使われる義務付け
訴訟（**申請型義務付け訴訟**）よりも厳しく設定されている。

　第3は、行政裁量に対する司法審査の問題である。たとえ上記の2つの
ハードルをクリアしても、最終的に行政の判断や活動が違法であったと裁
判所が認定するためには、行政裁量に対する司法審査の方法が確立されな
ければならない。規制権限の行使に関する法律の定めの多くは「……でき
る」規定であり、これを文言通り解釈すれば要件が充足されていても権限
を行使しないことが違法とはならないはずである。しかし、一定の状況下
（例えば国民の生命や安全に重大な危険が生じる可能性がある場合）においては
行政裁量が認められず、行政に権限行使をする作為義務が生じることが、
学説・判例によって承認されている。最高裁は、一定の状況下で行政が権
限行使の裁量を適切に行使しないことは**消極的裁量濫用**であると理解して
いる。最高裁は近時、行政裁量の統制に際して、行政の判断過程において
考慮されるべき事情が考慮されたか、逆に考慮すべきでない事情が考慮さ

れていないかを重視する**実体的判断過程統制**と呼ばれる手法を多用し、行政裁量の司法審査を積極化する姿勢を見せている。

3. ⋯⋯⋯⋯**行政過程への参加と監視**

　行政法の民事法・刑事法と比較した特色は、予防司法である。そのことからすると、すでに問題が発生した後で救済を求める行政訴訟の段階まで問題の解決を先延ばしすることは本来適切ではない（もちろん、行政訴訟が機能することが、行政過程における行政の機動的な規制執行を求める圧力とはなる）。そこで、行政過程の段階で第三者がその利害を主張するために手続に参加し、行政活動を監視するしくみが求められる。

　我が国では 1993（平成5）年に行政手続法が制定された。ただし、当時の行政手続法は行政活動の名宛人の手続的な権利（理由の提示・告知聴聞の機会の付与等）を保障することに力点が置かれ、第三者の手続的な参加権に対する配慮は弱かった（同法 10 条が公聴会開催の努力義務を規定しているに過ぎなかった）。その後、2005（平成 17）年の行政手続法改正では、行政基準の策定手続として**意見公募手続**（パブリック・コメント）が導入された。これは行政側が行政基準（命令等）の案を示して意見を求め、出された意見を勘案して最終案を決定し、出された意見に対して行政が応答するしくみである（同法 39 条～ 45 条）。この手続の特色は、名宛人にとどまらず、利害関係者も含む広く第三者市民も意見を提出できることにある。さらに、2014（平成 26）年に改正された行政手続法では、法令に違反する事実がある場合に行政行為（処分）または行政指導を行うよう求める**処分等の求め**が規定された。この手続もまた「何人も」（同法 36 条の3第1項）利用可能であり、例えば衛生状況が劣悪にもかかわらず許可が与えられ続けているレストランに対して、監視者としての第三者が営業停止命令を求めることができる。立案担当者によれば、このしくみは行政権限を発動させるための調査の端緒に過ぎない。しかし今後の学説・判例の展開によっては、第三者の行政活動是正請求権を認めることで、行政が処分等を行わない場合には行政訴訟による第三者の救済が容易になるかもしれない。

COLUMN

非営利団体の役割

　消費者の利益の中でも生命や健康に関する問題は、個々人の個別的な利益として行政訴訟の中でも救済されやすい利益です。これに対して、生命や健康に影響しないような食品表示の問題、例えば産地の表示の偽装のような問題では、消費者個人に原告適格を認めるのは難しいと考えられています。そこで、このような利益を非営利団体が代表して訴訟を提起する**団体訴訟**の構想が示されています。民事法の世界では、団体訴訟はすでに立法化されています。消費者契約法をはじめとするいくつかの法律が、行政から認定を受けた適格消費者団体が、消費者に不利な内容を含む約款の差止めを求める訴訟などの差止訴訟の訴権を規定しています。さらに、損害賠償に関しても、特定適格消費者団体が個々人の賠償請求権を束ねてその存否を確定する訴訟（共通義務確認訴訟）を提起し、その後、申し出た消費者の間で賠償金を分配する制度が導入されました（▶▶第7章Ⅲ）。近時、こうしたアイデアを行政訴訟にも拡張し、消費者団体に原告適格を認める解釈論や立法論を展開する動きが活発になっています。

発展学習のために

【課題】

● 権力分立の考え方が、規制行政における国民の権利・利益の保護に対して果たしている役割を検討してみよう。

● 行政手続法が 1993（平成 5）年に制定された背景と、行政手続法の大まかな内容を整理してみよう。

文献案内

◆ 大橋洋一『社会とつながる行政法入門 ［第 2 版］』（有斐閣・2021 年）

　社会で問題となっているさまざまな課題を具体的に取り上げ、行政法の基本的な考え方を平易な表現で説明しており、行政法全体のイメージを得るのに好適の入門書である。

◆原田大樹『グラフィック行政法入門』（新世社・2017 年）

社会人の日常生活においても必要となる行政法の基本的な考え方を、豊富な図表を用いて説明する新たなタイプの入門書である。

第 13 章

給付行政と法

Introduction

　国家と個人に関するルールである公法は、第12章で取り上げた国家の規制作用のみを視野に入れているわけではない。とりわけ第1次世界大戦以降、年金・医療などの社会保障制度に代表される国家の給付作用は増大を続け、現在では規制作用と並ぶ代表的な国家の活動として、国民に対する財やサービスの給付が位置づけられている。日常生活と密接に結びついた行政活動として、こうした社会保障給付を思い浮かべる人も多いだろう。社会保障給付をめぐっては、第2次世界大戦後の高度経済成長の時代には、増え続ける国家財政のパイをどのように分け合うかが問題とされ、国民が給付を受ける地位を「権利」として確立することに学説の関心が向けられていた。しかし低成長の時代に入ると、給付のもとになる資金を調達する過程も視野に含めた制度設計論が展開されるべきとの考え方が強まってきている。

　そこで本章では、給付行政を国家による所得再分配の過程と捉えた上で、給付およびその前提となる国家による資金調達の基本的なしくみと、これらを規律する憲法上の諸原則を説明することとしたい。まず、給付行政と呼ばれる作用の多様性と、それを担当する行政組織の多様性を紹介し、給付行政の全体像を提示する（Ⅰ）。

　次に、給付行政の中でも典型的な法分野である社会保障法を取り上げ、代表的な社会保障給付である生活保護と医療保険の法的なしくみを説明する（Ⅱ）。

　さらに、国家が国民に対して金銭を賦課する場面に眼を向け、財政支出や租税徴収に関して憲法が示している2つの原則である「財政民主主義」と「租税法律主義」を紹介し、それが租税法や社会保障法の法制度の中で果たしている機能を示すこととしたい（Ⅲ）。

I　給付行政の特色

1.⋯⋯⋯⋯規制と給付

　国家が国民に対して働きかける行政作用には、さまざまなものがある。行政法学では、これを大きく「規制」と「給付」に分けて議論することが多い。**規制**とは、国民の権利・自由を制限したり義務を課したりすることで、公的利益にかなう行動をとらせる作用であり、例えばレストランの営業許可や運転免許、工場に対する汚水排出の禁止命令などを挙げることができる（▶▶第12章Ⅰ）。これに対して**給付**とは、国民に対して財やサービスを提供する作用のことで、老齢年金の給付や上水道の提供、伝統芸能を保護するための補助金の交付などがこれにあたる。

　このうち、憲法・行政法学の関心を長く集めてきたのは規制作用であった。その理由は、規制作用が国民に対して一方的にその権利を制限したり義務を課したりするところにあった。こうした民事法にはない国家の特殊な作用に関心が集まり、権力的な活動ができる行政を好き勝手に活動させないようにするための理論が構築されてきた。例えば、第12章で紹介した**法律による行政の原理**は、行政による一方的な働きかけの前に法律の根拠を求めることで、権利や自由が侵害される国民の側の事前同意を擬制するとともに、行政の作用に歯止めをかける役割を果たしてきた。

　これに対して、20世紀に入ってから本格的に増大し始めたのが給付作用である。もちろん給付作用自体はそれ以前から存在しており、例えば現在の生活保護制度の淵源である救貧法制は、18世紀半ばのドイツやイギリスですでにみられ、それが行政法制度の成立に大きな影響を与えたことが知られている。もっとも、ドイツの行政法学はその体系化の際に国家の権力性に注目しており、日本の行政法学はそのようなモデルを取り込んで展開してきたため、権力性を伴うことの少ない給付作用に対する関心は当初弱かった。しかし、第1次世界大戦前後から戦間期にかけて給付作用の量的な増大が続いたことから、行政法学でもこれを受け止める必要が認識され

た。さらに第2次世界大戦後には、社会保障制度が国家作用の中で重要な役割を占めるようになり、給付作用は規制作用と並ぶ二大行政作用と位置づけられるようになったのである。

2. ⋯⋯⋯⋯給付主体の多様化

規制行政の世界では、国家が持つ権力的な作用に関心が集まり、国民に対する一方的な権利の制限や義務の賦課は国家だからこそできると考えられた。そのため、規制の主体として国家以外が登場することは稀であった。これに対して給付行政の世界では、民法の**贈与契約**にみられるように、私人間でも給付を行うことは可能であり、給付それ自体は国家にしかできない作用とはいえない。そこで、国家以外の給付主体が給付を行う制度が給付行政の草創期から広くみられる。このことは、行政組織の多様化という形で、行政法の一般理論にも影響を与えてきた。

その1つの形態は、国が給付事業を行わせるために法律で組織を設立し、その組織に給付活動を担わせる方式である。例えば、中小企業の被用者を対象として医療保障などの健康保険事業を行っている**全国健康保険協会**（健康保険法7条の2）は、当初国が直営で行っていた健康保険事業（政府管

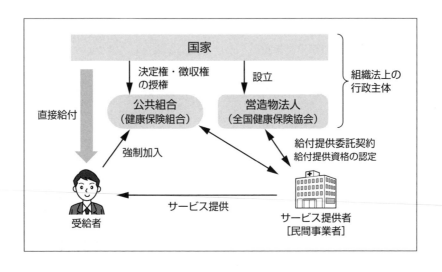

掌健康保険）を引き継ぐ組織として 2008（平成 20）年に設立されている。国のエージェント（代理人）として人員・財源・権限を付与して設立されるこうした組織は、伝統的には**営造物法人**と呼ばれており、現在でも国・地方公共団体以外の行政組織である**特別行政主体**（例：独立行政法人・特殊法人）の多くはこのタイプの組織である。もう 1 つの形態は、利害関係者を集めて強制加入の組合を設立し、その組合に給付事業を担わせる方式である。例えば、大企業の被用者を対象として医療保障などの健康保険事業を行っている**健康保険組合**（健康保険法 8 条）は、企業ごとに被用者と使用者の強制加入組織として設立され、法律で定められた給付や、組合ごとに規約で定めた付加給付（同法 53 条）を提供する事業を行っている。こうした**公共組合**は国のエージェントとしての性格は弱いものの、給付内容の決定や金銭の賦課徴収などを一方的に行う権限が法律で与えられることから、営造物法人と並んで**行政組織法上の行政主体**に含められてきた。

　このような給付を行う主体の多様化に加え、サービスを提供する給付作用（医療・福祉・介護サービスがその代表例である）の場合には、実際にサービスを提供する主体（例：病院・居宅介護事業者）も必要となる。仮にこれらを国が単独で行うとすると、そのための人手や設備が限られてしまうことから、必要なサービスが供給できない可能性が高くなる。そこで日本では、民間の事業者でも一定の要件を充足すればサービスの提供に参入することを認めてきた。こうした事情から、規制行政と比較すると給付行政の世界では、民間主体がより大きな役割を果たしているのである。

3. ⋯⋯⋯所得再分配過程としての給付行政

　給付行政という言葉を使うと、国が国民に対して財やサービスを提供する側面だけに注目が集まる。しかし、国は無尽蔵の資金を捻出できる"打ち出の小槌"を持っているわけではなく、給付に充てられている資金のほとんどは、国民から税金などの形式で徴収された金銭である。つまり、金銭の流れに注目すれば、所得再分配過程の後半部分が給付行政と呼ばれているのである。経済が右肩上がりに成長し、税収の自然増が期待できる社

会環境であれば、国家がどれだけの財やサービスを給付すべきかという観点だけで、給付の法制度の設計やその運用のあり方を考えることができた。しかし、経済の低成長や少子高齢社会を前提とすると、給付行政の制度設計を考える上ではその資金確保の過程も含めて検討することが求められる。そこで以下では、給付のしくみの代表例として社会保障給付を紹介し、続いて金銭を徴収する租税法の基本的な考え方を説明することとする。

COLUMN

給付行政の多様性

　給付行政という言葉は、国家が国民に対して何かを給付することに注目した概念なので、そこにはさまざまな活動が含まれることになります。第2次世界大戦後に（旧）西ドイツや日本でこの概念が用いられ始めた時には、供給行政・社会保障行政・助成行政の3つが含まれるとされていました。このうち社会保障行政についてはⅡで説明するので、ここではそれ以外の2つを簡単に紹介します。

　供給行政は、交通・水道の供給やごみ処理といった生活基盤（インフラストラクチャー）の整備・供給を行う行政活動を主として念頭に置いています。このうち上水道の供給や公営交通などの事業は、行政と国民との間の民事契約に基づいてサービスが提供されるため、行政法としての特殊性は規制行政と比べるとあまり大きくありません。**助成行政**は、産業振興や技術開発といった一定の行政目的を実現するための補助金の交付活動のことです。補助金の交付は確かに金銭の給付ではあるものの、それは国民の生活基盤の維持や所得再分配といった目的に限らず、あらゆる政策目的の実現のために公的利益にかなう行動を国民にとらせる政策手段としての性格を持っています。その意味では、助成行政は規制・給付作用の双方と関係しています。

Ⅱ　給付のしくみ――社会保障給付

1. ⋯⋯⋯⋯さまざまな社会保障給付

　自立した生活を支えるための所得再分配のシステムを構築している法令

群を**社会保障法**と呼ぶ。子が生まれてから中学校を卒業するまで給付される**児童手当**や保育所における**保育**の給付、病気や怪我の場合に医療サービスを提供する**医療保険**、高齢者等の生活保障である**年金保険**、生活に困窮した場合に受けられる**生活保護**など、我が国には多くの社会保障給付が存在する。これらは、主として何を給付するかという観点と、どのような財源で給付を実現するかという観点で次のように分類される。

　社会保障給付は大きく、主として現金を給付するものと、主としてサービスを給付するものとに分かれる。現金を給付する場合には、アクターとして給付主体と受給者しか登場しないので、権利義務関係は単純なものになる。これに対してサービスを給付する場合には、サービスを受給者に提供するためにサービス提供事業者（医療機関・介護事業者等）が必要となることから、より複雑な権利義務関係が展開されることになる。また、給付の実現方法として、租税をはじめとする目的を決めずに集めた**一般財源**で給付を提供するものと、**社会保険料**という利用目的を特定して税金と異なる金銭を徴収して給付を提供するものとがある。

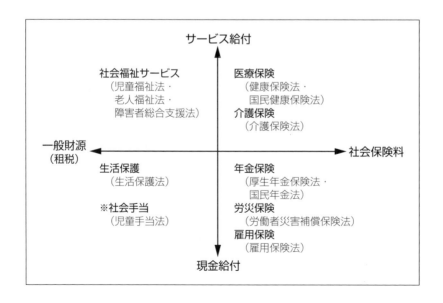

2. および **3.** では、社会保障給付のイメージを持ってもらうため、一般財源を用いて主として現金給付を行う生活保護と、社会保険料財源を用いて主としてサービス給付を行う医療保険のしくみを簡単に紹介する。

2. ⋯⋯⋯⋯一般財源を用いる給付——生活保護

健康で文化的な最低限度の生活を保障する憲法25条1項を具体化する法制度として位置づけられているのが生活保護制度である。生活保護法は、最低限度の生活の保障と自立の助長を目的として規定し（同法1条）、給付を受ける権利を国民に認めている（同法2条）。どの程度の生活水準が最低限度の生活なのかは、時代や地域により変わってくることから、生活保護法ではその水準の設定を厚生労働大臣が定める**生活保護基準**（同法8条1項）（＝行政基準）に委ねている。生活保護給付を得るためには、原則として保護を必要とする者（要保護者）が自ら申請を行い、保護の実施機関（都道府県知事・市長等）が**生活保護開始決定**（＝行政行為）を行う必要がある（同法7条本文・24条本文）。給付が必要かどうか、あるいは給付される金額がどの程度になるかは、要保護者（その扶養義務者も含む）の**資産状況**を調査し（同法28条1項）、その資産や能力を活用してもなお生活保護基準に満たない部分があれば、その部分について給付がなされることになる。

生活保護法は最低限度の生活の保障のみならず、生活保護を受けずに自

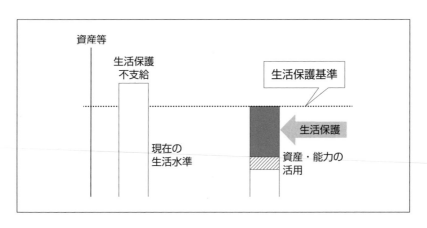

立した経済生活を送ることができる状態に移行することをも目的としている。そのため、生活保護の受給と並行して、福祉事務所の職員（ケースワーカー）から生活面・就労面での**指導・指示**を受けることになる（同法27条）。この指導・指示には従う義務が法律上規定されており（同法62条1項）、この義務に違反すると**保護の不利益変更・停止・廃止**がなされうる（同条3項）。保護の変更や廃止は、被保護者の資産状況が改善し、最低限度の生活の水準との差が縮小・消滅した場合にも行われる（同法26条）。保護に必要な費用は国・都道府県・市町村が負担し（同法70条〜80条）、不正受給の場合以外には、受給者に費用負担を求めることはない。

3. ⋯⋯⋯⋯社会保険料を用いる給付──医療保険

　病気や怪我の際に病院・診療所に行くと、いわゆる保険証（正式には被保険者証）を窓口に出せば、3割の窓口負担（**一部負担金**）を支払うことで診察を受けることができる。これは、医療保険制度が日本に存在していることによって可能となっている。医療保険と先ほど紹介した生活保護（ここでは日常生活に必要な生活費を金銭で給付する生活扶助〔生活保護法12条〕を念頭に置く）とを比較すると、次の3点にわたる特色がある。

　第1は、医療保険の場合には、給付を受ける前提として保険料の納付が求められることである。租税等の一般財源による給付である生活保護と異なり、医療保険の給付は**社会保険料**によって実現されている。そのため、企業等に勤務する被用者の場合には健康保険、自営業者等の場合には国民健康保険の被保険者となり、所得額に応じて定められる保険料を支払っていることが、給付を受ける条件となっている。

　第2は、医療保険の給付の中心的な形態である医療サービスの提供（**療養の給付**）（健康保険法63条）の場合、被保険者は保険者（健康保険の場合には健康保険組合または全国健康保険協会、国民健康保険の場合には都道府県・市町村）による給付決定を受けることなく、直ちに病院・診療所に行って被保険者証を呈示し、医師が療養の給付の必要性を認めれば給付が開始されることである。これは、財源の違いに由来する違いではなく、医療サービ

スの緊急性の高さや、医療サービスが必要かを判断する際の専門知識の必要性に基づくものである。そのため、社会保険料が用いられる給付であっても介護保険給付では、実際に介護サービスを受ける前提として、保険者（市町村）による要介護認定という給付決定（＝行政行為）が必要とされている。

第3は、医療保険による給付の内容が、費用を負担する給付主体（健康保険組合等）と医療サービスを提供する病院・診療所等との法関係（**給付提供法**）によって決まっていることである。病院・診療所等が医療保険の給付を提供するためには、厚生労働大臣に対して申請を行い、保険医療機関の**指定**（＝行政行為）を受けなければならない（健康保険法 65 条）。我が国ではほとんどすべての病院・診療所がこの指定を受けているため、被保険者は事実上どの病院等に行っても保険診療を受けることができる。保険給付の内容は**保険医療機関及び保険医療養担当規則**（**療担規則**）という厚生労働省令（健康保険法 70 条 1 項の委任に基づく）と、**診療報酬の算定方法**（**診療報酬点数表**）という厚生労働省告示（＝行政基準）で決まっており、ここに含まれていない療養の給付の内容を保険診療で提供することはもとより、それを保険診療と同時に提供することも原則としてできない（**混合診療禁止原則**）。これも、財源の違いに由来する違いではなく、金銭給付かサービス給付かの違いに基づくものである。

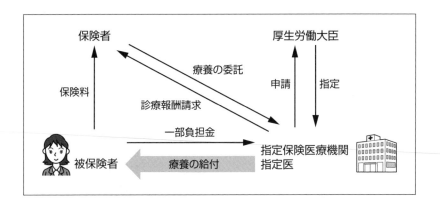

給付行政と憲法
──最低限度を決めるのは誰か

　給付行政に関する憲法上の規定として有名なのは、憲法 25 条です。とりわけ生存権の規定である 25 条 1 項を、中学校の公民の授業で暗記させられた記憶がある人もいるでしょう。その憲法の規定には「健康で文化的な最低限度の生活を営む権利」がはっきりと認められているのに、朝日訴訟をはじめとして裁判所による救済が果たされていないことに違和感を持った人もいるかもしれません。最高裁は、厚生大臣（当時）が定めた生活扶助の基準の合憲性が問題となった**朝日訴訟**（最大判 1967（昭和 42）・5・24 民集 21 巻 5 号 1043 頁）で、何が健康で文化的な最低限度の生活なのかの認定判断は、専門技術的な判断能力のある厚生大臣の裁量に委ねられているとの判断を傍論（▶▶第 2 章 I）で示しました。また、障害福祉年金と児童扶養手当の併給禁止の合憲性が問題となった**堀木訴訟**（最大判 1982（昭和 57）・7・7 民集 36 巻 7 号 1235 頁）でも、憲法 25 条の趣旨を踏まえてどのような立法を行うかについて、立法府の広い裁量を認め、併給禁止規定を違憲とは判断しませんでした。このような裁判所の抑制的な姿勢の背景には、国家から給付を受ける権利には所得再分配という要素があり、どの程度の再分配を実現するかは全国民の代表者で構成される国会によって決せられるべきとの考え方があります。ただし、その**立法裁量**を統制する手法の開発する営みが、学説あるいは判例（裁判例）を通じて継続しています。国会・行政機関・裁判所の間で最低限度を決定する権限をどのように配分すべきかは、未解決の課題として残されています。

Ⅲ　金銭徴収の憲法原則

1. ⋯⋯⋯⋯さまざまな金銭賦課

　国家が国民から徴収する金銭には、さまざまな形態がある。このうち、国家が民事契約に基づいて国民に対して支払を求める場面（例：土地の任意買収）を除く強制的な金銭賦課に限定すると、それは次の 4 つのタイプに分けることができる。

第1は、国家による何らかの給付に対する**反対給付**としての性格を持つ、対価的な金銭である。例えば、国民年金の保険料（国民年金法87条）は、将来的に国民年金の給付を受け取るための反対給付としての性格を持っている。このタイプは、金銭支払義務がある者が、それと引き換えに利益を受ける受益性を根拠に、金銭支払を求めるものである。

第2は、違法行為に対する**制裁**としての性格を持つ金銭である（▶▶第10章I）。刑法の定める**罰金**（刑法15条）や科料はその典型であり、行政上の制裁金である行政上の秩序罰や**執行課徴金**（例：独占禁止法の課徴金）にも同様の性格が認められる。

第3は、公的利益に適合する行為を私人にとらせるように**誘導**する手段としての性格を持つ金銭（**誘導課徴金**）である。例えば公害健康被害補償法が定める汚染負荷量賦課金（同法52条）は、汚染物質の排出に対して課される金銭であり、事業者側に汚染物質を出し続けて賦課金を支払うか、排出抑制対策を講じて支払いを避けるかを選択させるものである（▶▶第7章III）。第2のタイプと第3のタイプは、いずれも金銭支払義務者の帰責性を根拠に一定の金銭の支払いを求めるものである。

第4は、**資金調達**を目的とする性格を持つ金銭である。最高裁は大嶋訴訟判決（最大判1985（昭和60）・3・27民集39巻2号247頁）で、**租税**を「国家が、その課税権に基づき、特別の給付に対する反対給付としてでなく、その経費に充てるための資金を調達する目的をもって、一定の要件に該当するすべての者に課する金銭給付」と定義している。つまりこのタイプは、金銭支払義務者の受益性も帰責性もないのに、国家活動のために金銭を必要とするからという理由で、一定の金銭を国家に支払わせるものなのである。それゆえ、このような租税の定義は、以下で説明する財政支出と租税徴収に関する憲法上の諸原則と強く結びついている。

2. ⋯⋯⋯⋯⋯**財政支出と憲法**

日本国憲法83条は「国の財政を処理する権限は、国会の議決に基いて、これを処理しなければならない」と規定している。これは、**財政民主主義**

を規定したものと理解されている。さらに近代租税法では、使途を特定してそのたびに身分制議会の同意を得て税金を徴収していた中世までと異なり、使途を予め定めずに一定額の租税を徴収する**永久税主義**を採用した。このことにより、租税の徴収と使途の決定とが完全に分断され、これと、納税額の多寡によらずに選挙権が与えられる**普通選挙制**が結びつくことで、多額の税金を納めている者に公金の使途の決定権が（多く）与えられる構造が消滅した。このように、財政支出に関する現在の憲法構造においては、税金を納める者と給付を受け取る者との間に、民主政の過程がいわば絶縁体のように存在しており、多額の税金を納める者が公金を恣意的に分配できないような工夫がなされている。財政民主主義の含意は、単に「みんなで出し合ったお金の使途をみんなで決める」ことにとどまらず、特定の利害関係者が財政支出の決定を歪めさせることを防ぐ意味も持っているのである（このような側面を捉えて、**租税収入中心主義**という言葉が用いられる）。

　財政民主主義を正当化する根拠は、財政支出が租税等による国民の金銭負担を前提にしている所得再分配の過程の一部であることにも求められる。自由権の場合には国家という権力装置の介入に先立つ（国家成立以前からすでに持っていた）既得の権利が観念できることが多いのに対して（▶▶第2章**Ⅱ**・12章**Ⅱ**）、生存権のような受給権の場合には所得再分配の機構としての国家が成立して初めてそのような権利を語ることができる。また、どの程度の租税負担を国民に求め、それによってどの程度の給付を実現するかは、費用を負担する国民の代表者により構成される立法者が決めるべき事柄である。社会保障制度において立法者の判断の余地（**立法裁量**）が幅広く認められる理由は、ここに求められる。

　しかし同時に、特定の利害関係者が民主政の過程を歪めさせないようにし、政治過程に参加する個人が自由で自律的な判断を行えるようにするためには、少なくとも各個人が健康で文化的な最低限度の生活水準を維持していなければならないはずである。例えば、日々の食べ物にも困っている状況で、政治への参加や政治的な決断を求めるのは難しいだろう。もし、ある個人が最低限度の生活水準を下回っている場合には、政治過程による

所得再分配が機能する前提が欠けることになる。ここで、別の私人がその個人の生活を支援すると、その間で経済的な服従関係が生じてしまい、自律的な政治的決定ができなくなってしまう。それゆえ、国家がそのような個人の生活を支援し、また生活の支援を受ける個人の側に（政治過程による再分配の意思決定によらず）そうした支援を受けることができる法的な地位を、憲法上保障する必要がある。日本国憲法25条1項の**生存権**規定はそのような性格を有する規定であり、それは財政民主主義や租税収入中心主義の機能する前提条件を整えるものでもある。

3. ⋯⋯⋯⋯租税徴収と憲法

　日本国憲法84条は「あらたに租税を課し、又は現行の租税を変更するには、法律又は法律の定める条件によることを必要とする」と規定している。これは**租税法律主義**と呼ばれる原則の規定である。もともと行政法の一般理論の中には、行政活動が法律に適合することを要求する**法律による行政の原理**（法治主義）があり（▶▶第12章**Ⅱ**）、その中心的な内容の1つである**法律の留保**の考え方によれば、少なくとも国民の権利を制限し、あるいは義務を課す行政活動が行われる場合には、それに先立って当該行政活動に関する法律の根拠が事前に与えられていなければならない。租税の徴収は国民の財産権を侵害する作用であるから、この法律の留保の要請からしても、事前に法律の根拠が必要である。

　他方で、法律の留保と租税法律主義との違いとして、租税法律主義の場合には課税の根拠のみならず、課税要件や課税手続を法律自身で定めなければならないこと（**規律密度の要請**）が明確に示されている点を挙げることができる。法律の留保の場合には、行政活動の根拠が法律で定められていれば、その詳細が政省令等の行政基準に委任されてもよい。これに対して租税法律主義では、課税要件を法律で詳細に規定することが必要であり、安易に行政基準に委ねてはならない。その理由は、租税という金銭債権の性格に求められる。第12章でも紹介したように、立法者が違憲の法律を制定しているかどうかを判断する際には、立法の目的と手段に注目し、その

バランスがとれているかが重視される（行政法上は**比例原則**、罰金の場合には**罪刑均衡**の要請が働く）。国家が賦課する金銭債権のうち、制裁目的（上記の分類の第2のタイプ）や行動誘導目的（第3のタイプ）のものは、その目的達成との関係で金額の上限が決まることになる。また、対価性のある金銭支払（第1のタイプ）であれば、国民が国家から受け取る給付の範囲内で金額の上限が決まる。社会保障給付に充てるために集められる社会保険料には、おおむねこのような性格が認められる（最大判2006（平成18）・3・1民集60巻2号587頁［旭川市国保料事件］）。しかし、反対給付の性格を持たず、また費用調達をもっぱら目的とする租税（第4のタイプ）の場合には、こうした金額の上限が予め決まることがなく、比例原則を使って金額の上限を抑制することができない。言い換えると、租税の場合に国民の権利の制限を抑制する手段は、法律しかないのである（もっとも、財産権の剥奪という極端な場面では違憲審査が可能であろう）。そこで租税法の世界では、国民の権利保護との関係で、法律に（行政法一般と比べても）より大きな役割が期待されている。それゆえ租税法では、法解釈にあたっては文言解釈（▶▶第2章Ⅰ）が重視されている。そして、課税要件に意味が一義的に特定できない言葉が使われているとしても、そこには行政に判断の余地を認める**要件裁量**（▶▶第12章Ⅱ）は存在しないと考え、裁判所がその意味を自らの判断で解釈しなければならないことが説かれている（**要件裁量否定の原則**）。

給付行政の将来と国家の役割　　COLUMN

　給付行政が所得再分配の過程の一部を構成するものであるとすると、その成立の前提として、構成員から強制的に資金を徴収し、構成員の合意を得てその再分配方法を決定しうるような所得再分配の「単位」が必要となります。そして日本では、給付行政の成立時から一貫して、その単位は「国家」でした。確かに健康保険組合のように、国家とは独立した法人格による再分配の機構は存在しています。しかし、それは国家による再分配をいわば代行しているに過ぎないと考えられてきまし

た。それが、経済や社会が地球規模で展開するグローバル化（▶▶第14章）という状況に直面する現状においては、国家だけを所得再分配の単位として給付作用を考えることがもはやできなくなるかもしれません。例えば、感染症対策をはじめとする全地球規模の問題へ金銭を支出するため、**グローバル・タックス**という租税制度が構想され、フランスのようにすでにそれが徴収されている国もあります。ただし、国家以外に強制的に金銭を徴収できる組織を地球規模で設立できるかどうかは不透明で、グローバルな所得再分配を考えるとしても、国家固有の役割はなお失われないともいえます。

発展学習のために

【課題】
- 給付行政において法律による行政の原理が果たす役割を、規制行政と比較して検討してみよう。
- 財政民主主義と租税法律主義の相互関係を整理してみよう。

文献案内

◆西村健一郎『社会保障法入門［第3版］』（有斐閣・2017年）
我が国の複雑な社会保障制度とその法的・政策的課題をコンパクトに解説した入門書である。
◆増井良啓『租税法入門［第2版］』（有斐閣・2018年）
租税法の代表的な入門書で、租税法を理解する上での前提となる知識を丁寧に説明し、租税法の全体的な構造を示している。

第 14 章

グローバル化と法

Introduction

　本書では第 13 章まで、民事法・刑事法・公法の基本的な考え方や代表的な法制度を紹介してきた。これら日本の国内法と並んで法学の対象となるのが、国際法である。広い意味での国際法は、国際社会において妥当する法や、国境を越える法律問題に対応する法を扱っている。国際社会には、国家における議会・内閣・裁判所にあたる機関が存在せず、それゆえ権利・義務が国内法と同じ意味で実現・履行されるわけではない。他方で、経済のグローバル化の進展とともに、さまざまな分野で法制度のグローバル化が進行しており、国内法と国際法の垣根ははっきりとしたものではなくなってきている。国際法は、一般には国際公法と国際私法とに分けられ、国際公法では国際社会における国家の権利・義務や責任の問題が扱われ、国際私法は国境を越える民事紛争を解決するためのルールの選択や、裁判管轄の問題、さらに外国裁判所の判決を国内の裁判所が承認・執行する要件や手続を議論している。本章はその区分を前提としつつ、相互の問題状況の重なり合いにも注意して、その基本的な考え方を紹介することとしたい。

　まず、国内法と比較した国際法の特色を整理し、国際公法と国際私法の基本的な考え方を紹介する。伝統的な国際公法が焦点を当てるアクターは国家であり、国家間の関係に関する法的ルールの検討がその中心的な課題とされてきた。国際私法では、各国の私法に一定の共通性があることを前提に、法律関係の重要な要素を選び出してそこからどの国の法を紛争解決の基準として選択するかが議論されてきた（**I**）。

　こうした、国家を単位とする思考枠組は、現在でもなお国際法の重要部分を占めている。しかし、国際法のアクターとしては国際連合のような国際機構の重要性が増大しており、また個人が国際法のアクターとして登場する場面も珍しくない。国際機構は全世界的なルール形

251

成に深くかかわり、その内容がさまざまな形で国内法に影響を与えている。そこで、国家の立法作用とグローバル化の関係について、主として国際公法の観点から現状とこれに関する法制度を説明する（**Ⅱ**）。

　ルール形成の分野と比較して、ルールの個別的な適用に関係する執行・裁判の作用は、今もなお国家の独壇場に近い状況にある。そのため、国家機関（行政機関・裁判所等）が他国のルールを適用したり、他国の国家機関の判断（行政行為・判決等）を国内で承認・執行したりすることがしばしば起こりうる。そこで、こうした問題を取り扱ってきた国際私法（抵触法）が、国際的な法的紛争についてどのような調整ルールを持っているのかを扱うこととしたい（**Ⅲ**）。

Ⅰ　国際法の特色

1. ………… 国際法の特色

　「社会あるところに法あり」（▶▶第1章Ⅰ）とすると、国際社会という「社会」が実在するならば、そこに「法」もあるはずである。しかし、国際関係の主要なアクターである国家には**主権**が認められ、何の制約も受けずにあらゆる決定をなしうる資格が与えられている。国際社会には日本国内における国会のような唯一の立法機関は存在せず、国際的なルールに拘束されるかどうかは、慣習国際法を除いてそれぞれの国家の判断に委ねられている。また仮に国家がある国際的なルールに従うことを決め、条約を締結したとしても、その実施をどの程度行うかは国家の判断に任されており、国際法上の義務違反があってもそれに制裁を加える手段は限られている。さらに、国際的な紛争が生じた場合、確かに国際レベルにも**国際司法裁判所**をはじめ、司法活動を行う機関は存在するものの、これらには国家の裁判所のような強制管轄権がなく、国家が国際的な裁判所の判断に従うことに同意して初めてそうした裁判活動が成立する。このように、主権国家は

自らの行動を自分自身で自由に決めることができ、他国はある国の国内問題（管轄事項）に介入してはならない（**不介入原則**）。主権国家はその人口・面積・軍事力・経済力にかかわらず、すべて平等に取り扱われ（**主権平等原則**）、国際連合総会における一国一票制はその制度的な表現である（ただし、国際通貨基金のように、出資額に応じて議決権が割り当てられている国際機構もある）。

　しかし、国家の独立性や独自の判断権の要素だけが国際法を規定しているわけではない。近代国民国家が成立し、成文法が重視される以前の時点ではむしろ、（少なくとも西欧諸国において）共通して守られるべき「国際法」の存在が強く意識されていた。日本でも明治維新前後の時期には、「万国公法」という言葉で当時の文明国に共通する法の内容が紹介され、日本の近代的な法制度を構築する動因の１つとなっていた。さらに、**慣習国際法**や国際法上の**強行法規**（**ユス・コーゲンス**）は、国際社会全般に通底するルールとして現在でも位置づけられている。加えて、国際私法では各国の私法ルールの共通性を前提に、具体的な紛争の場面でどの国の法を用いて裁判が行われるかが議論される。このように、国家の判断の独自性に基づく分散的な要素と、基盤となるルールないし価値観が国家間で共有されている普遍的な要素とが併存するところに、国際法の大きな特色がある。

2. ⋯⋯⋯⋯国際公法の基本構造

　国際公法は、個別の法分野（例えば海洋法・国際人権法・国際経済法・国際環境法等の分野）に共通する**一般国際法**の内容として、国際法の主体・国際法規範・国際責任の問題を扱っている。国際法の主体として最も重要なのが、国家である。国家として認められるためには、いわゆる**国家の三要素**（領域・人民・権力）が必要で、さらに他国との**外交能力**や、国際法上適法な方法で国家が成立したこと（**正統性**）を要求する立場もある。新たに誕生した国家を他国が国家として認めることを**国家承認**という。理論的には、上記の国家の資格要件が揃えばその統治単位が国家として成立したと考えることができ、他国による国家承認はその事実を確認するものに過ぎない

という見方が有力である（**宣言的効果説**）。しかし実際には、他国から国家として認められていないと、国際社会において国家としての権能を十分に行使することはできない。とりわけ、国家成立の過程で国際法に違反した武力行使がなされた場合には、そのようにしてできた国家を承認しない扱いがなされる（**不承認主義**）。

　国際法規範は、条約法と慣習国際法から構成されている。**条約法**は、各国間の合意に基づき、国際法上の権利義務関係を生じさせるもので、一般的には各国の国家代表による締結交渉→条約文採択（＝署名）→国家の同意（批准等）→発効という流れをたどる。条約文が採択されただけではなお国家がその条約を締結したとはいえず、国内法に従って批准等の手続を完了し、条約で定められた方法の締結手続をとって初めて、条約を締結したことになる。条約の発効要件はそれぞれの条約で定められており、一般的には一定数の締約国が得られてから発効することが多い。**慣習国際法**は条約とは異なり、実務の積み重ねに基づいて一定の規範が認められるものである。具体的には、ある事項について各国が同様の実務対応を積み重ね（こうした実践のことを**国家実行**という）、その積み重ねが権利の行使・義務の履行であるという認識（法的信念）が生まれていることが必要である。

　国際法上の違法行為を行った国家の責任を**国家の国際責任**（**国家責任**）という（行政救済としての国家賠償〔▶▶第12章**Ⅲ**〕とは意味が異なる）。具体的には、条約上の義務や慣習国際法上の義務の不履行が問題となる。国家責任が成立するためには、違法行為の存在に加えて、それを国家が行った（**国家行為**）ことが必要である。ここでいう国家行為は、国家機関が行ったものだけではなく、国家の指示・命令に基づいて民間の主体が行った行為や、その後に新政府となった反乱団体の行為も含まれる。国家責任が成立すると、国家には違法行為の原状回復や、救済措置（例えば金銭賠償、適切な再発防止保証）をとることが求められる。国家責任を追及する形態の1つが、**外交的保護権**である。これは、ある国籍を持つ外国人が在留国の行為によって損害を受けた場合（例えば財産の収用）に、国籍国がその個人に代わって在留国に対して賠償請求等を行う権利のことをいう。ただし、国籍国が

在留国の国家責任を追及した結果、賠償金が得られたとしても、国籍国がそれを被害者に交付する義務はない。外交的保護権はあくまで、国家間の関係における国籍国の権利として構成されているからである。外交的保護権を行使するためには、被害者が被害を受けてから国籍国が請求するまでの間、当該被害者がその国家の国籍を保持し続けていること（**国籍継続の原則**）と、被害者が在留国での国内救済手段を利用し尽くしていることが必要とされる。国家責任の分野では、個人の行為や被害をその国籍国の行為・被害と考えて、違法行為の責任を追及する方式がとられている。

3. ⋯⋯⋯⋯**抵触法（国際私法）の基本構造**

　主権国家を単位とする現在の社会においては、それぞれの国で内容の異なる法が存在し（連邦制をとる国家では、州法相互で内容が異なることも多い）、また国ごとに裁判所が存在している。この場合に、ある法的問題が国境を越えて展開すると（このような事案の性格を**渉外性**という）、それが国内で発生した場合には考える必要のなかった課題が出てくる。

　まず、紛争が生じた場合に、どの国の裁判所に訴えを提起すればよいのかという問題が出てくる。この**国際裁判管轄権**の問題については、日本では民事訴訟法・民事執行法に規定が置かれている。民事訴訟法では、裁判所の管轄の問題として法律の冒頭部分に規定が置かれており、例えば、自然人を被告とする訴えについては、住所が日本国内にあれば日本の裁判所に管轄権があるとされている（民事訴訟法3条の2第1項）。次に、渉外法律関係を判断するに際して、どの国の法に基づいて判決を下すかを決定する必要がある（**準拠法選択**）。民事訴訟法のような手続法に関しては、訴訟を提起した国（法廷地法）に従うとの一般的な原則（**手続は法廷地国法による**）が存在する。これに対して権利・義務の内容を規定した実体法については、問題となっている法律関係の重要な要素（これを**連結点**という）がどの国と結びついているかを基準に準拠法が選ばれる。この点に関しては法の適用に関する通則法（かつては「法例」という名称の法律であった）が規定を置いており、例えば相続に関しては、被相続人の本国法によるとされている（同

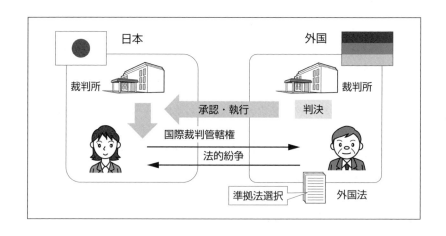

法36条)。このような面倒なことをせず、実体法についても法廷地法を適用すればよいと考える人もいるかもしれない。しかしそうすると、紛争の当事者は、自分に有利な実体法を持つ国を探してその国の裁判所を選択する**フォーラム・ショッピング**が発生し、紛争が発生したら即座に外国まで出向く資力がある者が構造的に有利になってしまう。そこで、どの国の裁判所を使っても結論がほぼ一致する状況になることが、国際私法では目指されているのである。さらに、外国の裁判所で出された判決が日本で通用力がないとすると、日本でもまた訴訟手続がとられることになって不経済であるし、外国判決の実現のためには日本国内にある資産を差し押さえなければならない場合に日本でその執行ができないと、外国の裁判所での手続が実質的に意味のないものとなってしまう。そこで、こうした場面での便宜を図る観点から、一定の要件を備えた外国判決は日本国内においてもその通用力が承認され、判決に基づく強制執行が可能とされている（民事訴訟法118条、民事執行法24条）。

　こうした問題は、民事法関係において典型的に発生する。刑事法や公法では、法律関係の当事者に国家が含まれたり、国家の権力的な作用が問題となったりすることから、その適用が領域内に限られることが多い（**属地主義**）からである。そのため、このような議論がなされる法分野は**国際私**

法と呼ばれている。しかし、法の抵触や選択という問題は、必ずしも民事法に限定されているわけではない。また、連邦国家であれば国内でもこうした問題が起こりうる。このような観点からは、**抵触法**という名称を使う方が適切であろう。

国家の要件

COLUMN

　中学校や高等学校の社会（公民）の授業で、国家の三要素を学習した覚えがある人も多いでしょう。この国家の三要素は、ドイツの一般国家学（国家体制に関する普遍的な要素を研究する学問・教育分野で、日本では「比較憲法」という名称で類似の内容が講義されていることもあります）に由来するもので、国家であればこの要素を持っているという観察結果に基づく議論です。逆にこの３つが揃っているからといって、直ちに国家になるとはいえません。例えば、九州地方が日本から独立を宣言して、独自の政府を樹立したとすると、そこには九州島という領域、そこに住む人々、そして新たに生まれる政府（権力）があります。しかしそれだけで国家としての振る舞い（とりわけ外交関係の樹立）が可能になるわけではなく、他国からの国家承認が必要になります。この国家承認という考え方は、もとはヨーロッパの近代主権国家が、ヨーロッパが覇権を握る「国際社会」に、ある国家を加えるかどうかの判断という性格を持っており、非ヨーロッパにおける植民地支配を正当化する役割も果たしていました。他方で、国際法に違反する方法での新国家の樹立を認めないことは、そのような行為を抑制する効果を持っています。例えば、かつての「満州国」が多くの国で国家承認されなかったのは、その建国にあたって不戦条約に違反する行為がなされたことが理由でした。このように、国家が国家として国際社会で認められるためには、実質的には現に存在する国家に認めてもらうというプロセスが必要なのです。

Ⅱ　グローバル化と立法

1.　……………国家の立法管轄権

　国家が自らの行動を決めることができる国家主権の具体的な作用に注目

した用語が国家管轄権である。この国家管轄権は、国家の代表的な3つの作用に応じて、**立法管轄権（規律管轄権）・執行管轄権・裁判管轄権（司法管轄権）**に大別される。ここでは立法管轄権の範囲についてみてみよう。

　国家管轄権にはいくつかの判断基準が存在するものの、出発点となるのは領域を基準とする**属地主義**である。国家による立法の対象となるのは、国家主権が及ぶ領域に限られるとするこの考え方が、多くの法律で採用されている。例えば刑法1条1項は、刑法を「日本国内において罪を犯したすべての者に適用する」としており、国籍を問題にせず日本の領域内で起きた犯罪行為に対して適用がなされることになる。この属地主義の拡張形態として、領域外の外国人の行為が自国内に実質的に影響がある場合に管轄権を認める**効果理論**があり、外国におけるカルテル行為に対する規制のような独占禁止法の分野で、その実例がみられる。

　これに対して、国籍を基準に法律の適用範囲を画する考え方を**属人主義**という。例えば刑法3条は、現住建造物等放火など同条各号に列挙された罪について、日本国外において罪を犯した日本国民に適用するとしている。さらに、国籍者という限定も外して、国外での行為について管轄権を行使する**保護主義**もある。例えば刑法2条は、内乱罪や通貨偽造罪など同条各号に列挙された自国の安全に関する重大犯罪について、日本国外の犯罪で日本国籍を持っていない者の行為であっても適用するとしている。属人主義や保護主義をとる場合でも、罪を犯した者が外国に滞在している間は、その国が日本との間で刑事執行共助に関する条約を結んでいない限り逮捕・拘束される可能性は低い。しかし、その者が日本に帰国すれば、たとえ外国での犯罪行為であっても、日本の刑法に基づいて刑事罰が科されることになる。さらに、人類共通の敵とされる海賊に対する処罰のように、どこで生じた誰の行為であっても、すべての国家が管轄権を行使できるとするのが、**普遍主義**という基準である。

2. ⋯⋯⋯⋯**国際法規範と国内法規範**

　このように、国境を越える問題に対応するために、ある国家が単独で立

法権を領域外にまで拡張して行使することはありうる。ただし、そのためにはその国家と規律対象との結びつきが非常に強いことが求められる。また、後述の通り、法律を執行・実現する執行管轄権については属地主義がとられており、たとえ立法管轄権を拡張したとしても、その実現の段階になると、やはり国境が壁として立ちはだかることになる。そこで、国際的な関係の中で法的問題を解決しようとするには、条約をはじめとする国際法規範によって国際的な義務を設定し、それを各国が国内法の形で実現化するという過程が必要になる。

　条約に代表される国際法規範と国内法規範との関係をめぐっては、国際公法学や憲法学で長く議論されてきた。歴史的には、国際法は国家間の権利義務関係を規定し、国内法は国家と国民との権利義務関係を対象としているから、両者に上下関係はないとする**二元論**と、国際法も国内法もともに単一の法規範のピラミッドに組み込まれているとする**一元論**とが唱えられてきた。現在では、国際法と国内法とは別次元の関係にあることを前提に、両者の適用関係を調整しようとする**等位理論**が有力である。そして、国際法規範がどのような形で国内法規範に取り込まれるかは、各国の憲法が規定するものとされている。その方法には大きく3つのタイプがあるとされる。第1は、条約に国内法規範としての性格をまったく認めず、条約の内容を改めて法律の形式で規定することによって初めて国内法化される**変型**という方式で、イギリスが採用している。第2は、議会が条約締結を授権する法律（条約法）を制定し、条約を国内法として適用することを命じることで条約が国内法としても通用する**適用命令（実施理論）**という方式で、ドイツ基本法がその例である。変型と異なり、適用命令の場合には条約の解釈は国際法の解釈規則によることになる。第3は、条約の締結に同意する手続をとって国際法上有効になれば（条約の国内での公布を必要とする見解もある）、条約が国内法としても通用力を獲得する**一般的受容方式**で、アメリカ合衆国や日本はこの方法をとっている（日本国憲法98条2項）。

　国内法規範としての通用力を獲得した条約は、国内の法規範の優劣関係（▶▶第2章 I）のどこに位置づけられるだろうか。これも各国の憲法によ

って決定される事項である。日本では、憲法＞条約＞法律という順番の優劣関係であるとの理解が一般的である。その理由は、①憲法改正手続と条約承認手続とでは憲法改正手続の方が格段に慎重であること（憲法＞条約）、②条約・慣習国際法の誠実遵守義務を憲法が規定していること（条約＞法律）に求められている。もっとも、憲法が条約に優位する理由づけである改正手続に注目すれば、衆議院の議決だけでも成立しうる条約への同意と比べ、参議院が否決した場合に衆議院で3分の2以上の再議決が必要な法律がなぜ劣後するのかという批判もある。また、憲法が条約に優位するとしても、問題となった条約の締結が高度に政治性を有する行為（**統治行為・政治問題**）であるとされると、条約が一見極めて明白に違憲無効であると認められない限りは裁判所の審査の対象外とされる可能性が高い（最大判1959（昭和34）・12・16刑集13巻13号3225頁［砂川事件］）。

　条約が法律に優位するということは、条約に違反する内容を持つ法律の規定が違法・無効になることを意味する。それでは、条約の内容に対応する法律の規定がない場合に、条約が法律と同じように機能するのだろうか。これが条約の**直接適用可能性（自動執行性）**の議論である。ここで「法律と同じように」とは、条約が行政機関の活動の根拠となったり（▶▶第12章**II**）、あるいは条約が国内の裁判所で適用されて紛争が解決されたりすることを指す。直接適用可能性が認められる条約の条件として、条約の規定がさらなる具体化を必要としないほどに明確であることと、規定の内容が立法権に専属する事項ではないことが要求される。条約の規定の明確性は、その規定を締約国の国内で直接適用させようとする締約国の意思の表れと考えることができる。また、不明確な規定を行政機関・裁判所が執行・適用しようとすれば、実質的に立法に近い作用をこれらの機関が担うことになり、立法権との関係で問題が生じることになる。さらに、刑罰（罪刑法定主義）（▶▶第10章**I**）や租税（租税法律主義）・予算（財政民主主義）（▶▶第13章**III**）のように、国内における決定権限が議会（立法者）に専属していると考えられる分野では、条約の規定によって直接国内法上その内容が執行・実現されることはない（法律がその要件を条約に委任している場合〔例：

所得税法162条〕を除く）。

　では、このような直接適用可能性が認められない条約は、（条約に違反する法律を無効にする以外に）国内法上どのような意味を持っているのだろうか。その1つは、国内における立法の指針となる場面である。もともと条約は、国家に対して一定の行動を義務づける規定を多く持っている。これを受けて国家は、条約上の義務を実現するための法律（**条約担保法**）を立法することが一般的である。もう1つは、国内法令の解釈の指針となる場面である（**間接適用・条約適合的解釈**）。例えば法律の文言が不確定で、行政機関に裁量の余地が認められる（▶▶第12章**Ⅱ**）場合には、条約の規定が裁量権行使の方向性を決定したり、裁量判断の際に考慮すべき事項を明示・追加したりする機能を持つことがある。

3. …………グローバルな規範定立の多様化

　条約は確かに、国際的な規範定立の最も重要な形式である。しかし、条約だけがそのような規範を定立しているわけではないことにも注意が必要である。まず、上述の国内での国会の同意が必要となる条約は、日本が外国と締結する国際約束のすべてではない。日本では、法律事項と関係する条約・財政事項と関係する条約・その他政治的に重要な条約の3種類の条約に限って国会の同意を必要としている（**大平三原則**）。これは、憲法上国会に与えられている権限と密接に関係している国際約束についてのみ承認を要求することで、国会の審議能力に過度の負担をかけないようにする目的も持っているといえよう。国会による同意を必要としない国際約束は**行政取極**（**行政協定**）と呼ばれており、その実現は法律の改正によらず、例えば行政基準の改正や行政指導によってなされることになる（▶▶第12章**Ⅱ**）。

　地球環境条約などで顕著にみられるのは、条約がその目的や細則の決定・義務履行状況の監視のための組織や手続のみを定める**枠組条約**という形態である。この場合に、具体的な義務を決定するのは定期的に開催される締約国会議であり、条約の附属書や議定書という形でその内容が継続的に形成される（例：気候変動に関する国際連合枠組条約→気候変動に関する国

際連合枠組条約の京都議定書）。こうした**二次法・派生法**（条約そのものを一次法と呼び、条約に基づいて形成される法規範を二次法・派生法という）による義務の変動がありうることも含めて国会は枠組条約に対して同意を与えていると考えられていることから、二次法が作られるたびに改めて国会の同意をとることが義務づけられているわけではない。二次法の内容を国内で実現するに際しては、法律が改正されることは多くはなく、行政基準の改正や行政指導での対応が図られることも多い。

　さらに、国際法上の義務を課さないものの、実際には各国がその国内での実施を図るタイプの規範も存在する。例えば国際金融市場規制では、各国の中央銀行や行政機関の代表者が（条約に基づく国際機関ではない）インフォーマルな合議組織を作り、そこで各国において実現されるべき監督・規制の基準が作成されている（銀行分野における自己資本比率規制〔バーゼルⅠ・Ⅱ・Ⅲ〕が代表例である）。行政取極や二次法とは異なり、こうした**行政機関の国際ネットワーク**で作られる基準には、そもそも国際法的な拘束力がない。しかし、この基準を国内で実施していないとグローバルな金融市場に参加することが困難になるため、各国は自主的にその実現を図ることが事実上強制されているのである。このような基準の性格を捉えて、**ソフトロー**という概念が用いられることがある。その国内実施にあたっても、法律の改正での対応は稀で、多くは行政基準の改正でなされている（銀行の自己資本比率規制については、銀行法に規制の根拠規定が置かれ、具体的な規制基準は告示という行政基準で決定されている）。

　とはいえ、翻って考えてみると、条約が（直接適用可能でない限り）国内で行政機関の活動の根拠や裁判所での紛争解決の基準になることは例外的であり、条約と国内法とが結びつくことで一定のグローバルな政策の実現が図られている。このような特徴は、上記の３つの規範についてもあてはまる。また、国際法上の義務に違反した場合には、前述の通り国家の国際責任（国家責任）が追及されることとなるものの、近時の多国間条約では国家報告制度や査察、さらには国際的な紛争解決制度を設けて多様な義務履行確保手段（**国際コントロール**）を準備している。こうしたグローバルな規

範の多様化とその義務履行確保手段の多様化が、現在の国際法（特に多国間条約）の特色となっており、条約・議会同意・国家責任という伝統的な要素以外にも幅広く目を向ける必要がある。

ウィーン条約法条約と国際司法裁判所規程

　国際法における規範定立の中心的な形式である条約に関しては、その基本的事項を規定している条約があります。1969年に作成された条約法に関するウィーン条約（ウィーン条約法条約）がそれです。この条約では、条約の締結過程や効力の発生、解釈の方法、条約の無効要件、停止・終了といった事項が規定されており、条約を学ぶ上でも重要性の高い条約です。例えば、多国間条約について、その条約の一部の規定だけをどうしても受け入れることができない場合に、国家はその条項の法的効果を排除する留保を付けることができます（ウィーン条約法条約2条1項(d)）。こうしたこともこの条約が規定しているのです。

　国際法の解釈にあたって重要な条約が、国際司法裁判所規程です。この条約は、その名の通り国際司法裁判所の構成や裁判手続を規定したものです。同条約38条に裁判の基準に関する規定があり、そこでは条約・慣習法のほか「文明国が認めた法の一般原則」（同条1項c）が挙げられ、さらに補助手段として「裁判上の判決」と「諸国の最も優秀な国際法学者の学説」（同項d本文）も規定されています。国際法では条約という形の法典化（条文化）が国内法と比べて限定的であり、それゆえこうした要素も法源（▶▶第2章I）に含まれているのです。

Ⅲ　グローバル化と執行・裁判

1. ⋯⋯⋯⋯国家の執行・裁判管轄権

　立法管轄権と比べると、執行管轄権や裁判管轄権はグローバル化に伴う変容がそれほど目立っていない。**執行管轄権**については、国家が物理的な強制手段を用いて法令の執行を行う場面が典型的には想定されており、そ

れゆえ他国の領域でこのような権限が行使されると、国家主権に関する不介入原則に違反することとなる。そこで、執行管轄権については国家の領域を基準とする属地主義が基本であり、外国領域での執行の必要があれば、相手方の国の協力を得る**執行共助**という方式がとられることが多い。これに対して**裁判管轄権**は、次の2つの場面で問題となる。1つは、外国政府が日本の裁判所で被告として訴えられる場面である。この場合には、**主権免除**（国家免除）という原則が働く（外国等に対する我が国の民事裁判権に関する法律4条）。これは、国家が他国の裁判所において被告となって裁判管轄権の行使を受けない原則で、このような訴訟が日本の裁判所に提起されれば、裁判所は訴えを却下することになる。ただし、外国政府が民間法人と同じ立場で活動する場合（例えば取引を行う場合）にまでこの原則を適用する必要はない（**制限免除主義**）。もう1つは、渉外的法律関係の下での紛争に起因する訴訟である。この場合には、原告や被告が日本国外に在住していたとしても、その訴訟に対する判決を下すことが国際法上の問題を引き起こすことはない。民事訴訟は原告が訴訟を提起しなければ始まらないため、裁判所の側としては日本国憲法が保障する裁判を受ける権利（憲法32条）との関係で許される範囲内で、その訴訟を審理すべきかを判断することになる。その際には、裁判所という国家機関が持つ人的・物的資源の限界を考慮して、日本の裁判所で判断を下すことが重要であると考えられる事件類型に限定することも許されるはずである。この点につき日本では長く民事訴訟法の規定がなく、判例によって、民事訴訟法の裁判籍（＝事件と密接に関係する地点として第1審の裁判所の土地管轄を決定するもの）のいずれかが日本国内にあれば日本の裁判所が裁判管轄権を有しており、当事者間の公平、裁判の適正・迅速を期するという理念に反する特段の事情がない場合には、裁判管轄権を持つとされてきた。その後、2011（平成23）年に民事訴訟法等が改正され、**国際裁判管轄**に関する明文規定が導入されている。その基本的な考え方は、次の通りである。

まず、自然人が被告の場合にはその住所地が日本国内にあれば、また法人が被告である場合にはその主たる事務所が日本国内にあれば、どのよう

な種類の訴えでも日本の裁判所に国際裁判管轄権が認められる。民事訴訟法（▶▶第8章Ⅱ）では、国内の土地管轄についても、被告の住所地を原則的な基準（普通裁判籍）としている（同法4条）。これは、被告が原告の訴訟提起にいわば巻き込まれる形で訴訟手続に入ることになるため、手続的な負担の公平性の観点から説明できる。次に、訴えと我が国の場所的な関係性から国際裁判管轄権が認められる場合として、契約債務履行地、財産（請求の目的物）所在地、事務所等の所在地、不法行為地、不動産所在地が規定されている（同法3条の3）。これに対して、当事者が管轄を決める合意管轄・応訴管轄に基づく国際裁判管轄として、当事者間の一定の法律関係に基づく訴えについて書面で管轄が合意されている場合（同法3条の7）と、日本の裁判所に国際裁判管轄権がないにもかかわらず被告が応訴した場合（同法3条の8）が規定されている。さらに、消費者や労働者のように、構造的に弱い立場に置かれている者を保護する特則として、消費者・労働者が原告で消費者の契約時の住所地・労務提供地が日本国内にあれば、日本の裁判所に国際裁判管轄権が認められる（同法3条の4）。

2. ⋯⋯⋯⋯準拠法の選択

　渉外法律関係に関する裁判管轄権が日本に認められたとしても、日本の裁判所は日本の国内法を適用して判断を示すとは限らない。そこで、どの国の法をその事件に適用するかを決定する準拠法の選択が必要となる。その際に用いられるのが、**抵触規則**である。その基本的な手順は、問題となる法律関係を行為能力・物権といったある程度まとまった法制度（**単位法律関係**）に分解し、法律関係の法的性質を決定し（**法性決定**）、準拠法選択の基準である**連結点**を用いて準拠法を選択することである。ただし、外国法が準拠法となってもそれが国際私法上の公序（＝日本の法制度や法秩序の基本的価値）に反する結果になる場合には、外国法の適用がなされない（法の適用に関する通則法42条）。

　例えば、日本に在住する人が外国旅行中に事故に遭った場合、不法行為という法制度（単位法律関係）が問題となる。法の適用に関する通則法は

「不法行為によって生ずる債権の成立及び効力は、加害行為の結果が発生した地の法による」（同法 17 条本文）としており、連結点として加害行為の結果発生地を原則としている。そこで、事故で骨折した場合には、結果発生地法である当該外国法が適用されることになる。もっとも、加害者も日本に在住する人であった場合には、「不法行為の当時において当事者が法を同じくする地に常居所を有していたこと」（同法 20 条）となり、日本法が適用されることになる。

　このように、準拠法選択のルールである抵触規則は、適用されるべき法の内容そのものではなく（この内容そのものを含む法〔例：民法〕のことを**実質法**という）、適用されるべき法の決め方を定めている。しかもその決定方法は、選択対象となる法の内容で決まるのではなく、単位法律関係を特色づける要素と密接な関係がある地の法（**最密接関係地法**）が選ばれている。その背景には、内外法を平等に扱い、また各法秩序の多様性を尊重するという考え方とともに、各国私法にある程度の類似性・共通性があるという前提が存在する。もっともそれは、19 世紀末のヨーロッパ的な「国際社会」＝「文明国」が持つ法制度上の共通性をもともとイメージしていたと考えられる。また、抵触規則そのものは国際的に統一されておらず、各国の国際私法によってその帰結が異なることも少なくない。とはいえ、このような準拠法選択の方式が、どの国の裁判所に持ち込んでもほぼ同じ解決が図られる可能性を担保している点は、見落とすべきではない。

　抵触規則の前提にこのような発想があるとすると、民事法と比べて国ごとに差異が大きいことが多い公法や刑事法では、このような方法での準拠法選択が難しいことが予測される。また、民事法の中でも国家の政策的色彩が極めて強い法（その国の決定的に重要な公益を保護する目的の法＝**絶対的強行法規**）の適用が問題になる場合には、上記のような抵触規則に基づく判断を行わず、当該強行法規を事案に適用することがある。これを**強行法規の特別連結**という。ただし、現在では一定の政策目的のために民事法が利用されたり（政策私法）、行政法でも個別の政策分野によっては各国の法令の内容が接近・平準化したりしていることから、公法・私法の線引きと

準拠法選択の方法とが連動しない局面が今後増えてくると考えられる。

3. ⋯⋯⋯⋯外国国家行為の承認・執行

　外国の政府による行政上の決定や裁判所の判決は、日本国内からみれば単なる事実に過ぎず、こうした外国国家行為を尊重し、その国内における実現を図る国際的な義務は存在しない（国際運転免許のように、行政行為の相互承認を条約によって定めた場合は別である）。しかし、外国の国家行為を一定の要件の下で承認・執行すれば、我が国の政府や裁判所が改めて判断を示すことなく問題の解決を図ることができる。こうした利点から、国際法上の義務がない場合でも、国内法によって外国国家行為の承認がなされることがある。その代表例として、ここでは民事訴訟に関する**外国判決の承認・執行**のしくみを紹介する（これに対して外国刑事判決は、それがあるからといって日本国内での処罰が妨げられるわけではない〔刑法5条〕）。

　民事訴訟法118条は、外国裁判所の確定判決が次の要件をすべて充足する場合に、その国内法上の効力（例えば既判力〔▶▶第8章**Ⅱ**〕）を承認している。第1は、外国裁判所に裁判権（国際裁判管轄権も含まれる）があることである。ここでいう「外国」とは日本でないことを意味し、日本が国家承認していない国の裁判所の判決でもよいとされている。第2は、敗訴の被告に訴訟手続を開始する文書が送達されたことである。これは被告が知らないうちに判決が下され、手続的な保障がなかった場合には、外国判決の承認を認めない考え方である。第3は、判決の内容・訴訟手続が公序良俗に違反しないことである。外国判決の承認の際には、判決した裁判所が誤った内容の判断をしていないかの再審査はなされない（**実質的再審査の禁止**）。しかし、訴訟手続が著しく公正性を欠いていたり、判決の内容が国際私法上の公序に反していたりする場合には、それを国内で通用させるわけにはいかない。第4は、判決国でも日本の裁判判決が承認されていることである。この**相互主義**は、問題となっている紛争事例の解決という観点からはあまり意味がない。しかし、判決国でも日本の裁判判決が承認されることは、判決国と日本の民事訴訟制度に共通性・類似性があることの徴表

であり、こうした制度間の信頼関係が外国判決の承認を支えている。

　次に、外国判決の執行については、民事執行法に規定が置かれている。外国判決の承認と異なり、執行の際には執行裁判所という国家権力を使って義務の強制的な実現が図られることになる（▶▶第9章Ⅰ）。そのため、地方裁判所が外国判決の審査を行った上で**執行判決**を出すと、外国裁判所の判決と合わせて、請求権の存在と内容を証明する**債務名義**となる（民事執行法22条6号）。もっとも、その審査にあたって外国裁判所の判決が内容的に正しい判断をしたのかを調査してはならない（同法24条2項）。審査の対象となるのは、判決が民事訴訟法118条の要件を充足しているかであり、さらに、判決確定後に判決国法に基づいて請求権の変動・消滅がないかも審査できるとする見解もある。

投資協定仲裁と国内裁判所

COLUMN

　1990年代以降、国際的な幅広い経済的連携を実現するための経済連携協定（EPA）が急増しています。その重要な規律対象が、国際的な投資の保護です。具体的には、投資受入国（ホスト国）が投資財産を無補償で収用すること（収用と同程度の規制措置＝間接収用も含まれます）の禁止や投資家に対する**公正衡平待遇**の保障が規定されています。さらに、こうした義務をホスト国が守らなかった場合には、投資家が国際的な仲裁を利用してその救済を求めることができる条項が含まれていることが一般的です。こうした仲裁を**投資協定仲裁**（**国際投資仲裁**）と呼びます。その仲裁の多くは、ワシントンD.C.にある投資紛争解決国際センター（ICSID）で行われ、国家と他の国家の国民との間の投資紛争の解決に関する条約（ICSID条約）に基づく仲裁判断がなされると、仲裁判断が各国の国内で承認され、金銭上の義務については国内裁判所の執行決定を経ることなく執行されることになります。

　投資協定仲裁は、外交的保護権のような迂遠な方法をとらず、またホスト国政府に対して有利な判決を構造的に出す可能性のあるホスト国の裁判所から切り離された仲裁廷に対して被害を受けた投資家自身が救済を求めることができる制度として誕生し、現在では幅広く使われています。他方で、日本が締結する経済連携協定が増加し、その相手国に先進国も含まれるようになってきている現状を前提とする

と、この手続を使って外国投資家が日本の行政上の判断に対して仲裁を求めることが起こりえます。そこで、同じ紛争について国内裁判所と国際的な仲裁廷が並行して審理を行ったり、内容の異なる判断を下したりすることが予想され、このような場合の調整の方法を理論的に検討する必要性が生じています。

発展学習のために

【課題】
- ●国際法と国内法の相違点を整理し、国際法で国内法類似の制度が発達している具体例を挙げてみよう。
- ●具体的な政策分野（通商・環境など）を1つ取り上げて、法制度の国際化・グローバル化の現状を調査してみよう。

文献案内

◆柳原正治『国際法［改訂版］』（放送大学教育振興会・2019年）
　国際公法に関するコンパクトな入門書で、国際法上の制度の歴史的な意義を織り交ぜながら国際法の重要な概念や考え方を簡潔・明快に説明している。

◆道垣内正人『ポイント国際私法 総論［第2版］』（有斐閣・2007年）
　国際私法の総論部分に関する入門書で、具体例を交えつつ、平易な語り口で国際私法の考え方の特色を紹介している。個別的・具体的な問題に関しては、同『ポイント国際私法 各論［第2版］』（有斐閣・2014年）が扱っている。

第 15 章

AI（人工知能）と法

Introduction

　本書ではこれまで、法が社会で果たしている役割に着目して、日本の現在の法制度の内容やその特色・課題を説明してきた。最終章となる本章では、こうした法的なしくみが社会問題に対してどのように対応してきているのか、また対応しようとしているのかを示すため、1つのトピックを取り上げて、そこに含まれるさまざまな課題を説明することとしたい。本章が取り上げるのは「AI（人工知能）」に代表される情報通信技術の発展である。コンピュータの技術が本格的な発展を始めてからこれまで3回にわたり、AIブームと呼ばれる人工知能への関心が高まった時期があった。もっとも、1990年代中盤以降のインターネットの利用の普遍化や2000年代以降のスマートフォンをはじめとするモバイルデバイスの普及は、グローバルな電算処理能力の爆発的な向上につながり、それが世紀転換期から続く第3次AIブームの背景になった。もっとも、これまでのコンピュータは、あくまで人間による意思決定や行動を補助するにとどまっていた。これに対して、現在のAI技術が進展すると、AI自身が意思決定を行ったり、人間を介在させずに（ロボット技術を用いて）一定の行動を行ったりすることができるようになり、それが法学のあり方にも大きな影響を与える可能性が議論されるようになってきている。

　そこで本章では、AIに代表される情報通信技術の発展がもたらす技術革新と、それによって生じる法学の新たな課題を概観し、本書で学んだ法学に関する基本的な考え方の特色とその限界を示すこととしたい。まず、民事法との関係では、法的性格が盛んに議論されている暗号資産（仮想通貨）、AIなどの技術を使って自動的に契約を締結するスマートコントラクト、ロボット技術も用いて公道上を自動で走行する自動運転を取り上げ、物権法（権利客体）・契約法・不法行為法をめ

ぐる今後の課題を検討する（Ⅰ）。次に、刑事法との関係では、情報通信に対する不正アクセスや攻撃などの新たな課題に対応した法整備、AIを活用することで犯罪を予測して事前に警戒を行うデータ予測に基づく警察活動、AIを利用した場合に生じる事故の刑事責任の問題を扱い、刑事法領域における情報通信技術への対応状況を確認する（Ⅱ）。さらに、公法との関係では、データによる政策決定と民主主義との関係、行政決定のAIによる全自動化と個人の自由との関係、裁判による権利救済とAI活用との関係を取り上げ、AIが統治構造にもたらす影響を素描する（Ⅲ）。AIに関する技術的な進展はなお未知の要素が多く、法学の将来に対して与える影響も現時点では正確には予測できない。しかし、本書を通じて、情報通信技術の発展が単に社会生活の利便性を高めてくれるだけではなく、これまでの法学の前提・常識を揺るがす可能性があることに気がつくことができれば、法学への新たな挑戦への対応という創造的な知的作業に参加する面白さを知る契機になるだろう。

Ⅰ　AIと民事法

1. ⋯⋯⋯⋯新たな財の創出──暗号資産（仮想通貨）

　情報通信技術の発展に伴い、クレジットカード以外の決済手段として、2000（平成12）年頃からいわゆる**電子マネー**が普及を始めた。もっとも、これらの電子マネーは、円などの通貨あるいはクレジットカードと紐付けられていた。これに対して、2010年代以降に急速に拡大した**仮想通貨（暗号資産）**は、各国が発行する通貨との関連性を持たず、インターネット上のコンピュータのネットワークによって管理されている。その代表例がビットコインである。ビットコインは、**ブロックチェーン**と呼ばれる技術を使っている。これは、取引の記録であるブロックを、インターネット上で取

引に関わっているコンピュータである**ノード**に送信し、ノードがデジタル暗号を解読する検証を行ってその結果を配信する方式のことで、その記録がすべてのノードに残されることから、改竄することが極めて難しい。検証作業は**マイニング**とも呼ばれており、この作業に成功した者には報酬としてビットコインが与えられる。ただし、マイニングにはそれなりに高性能のコンピュータとそのランニングコストが必要になることから、マイニングではなく、ビットコイン交換所でコインを購入することが多い。仮想通貨は、低コストで送金・決済を行う手段として注目を集めたものの、その後は投機的な取引の影響を受けて価格が乱高下した。そのため、その資産としての側面を強調する暗号資産という名称が近時では一般化している。

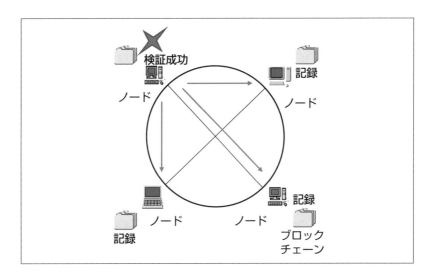

　暗号資産は、電子マネーと同様に、資金決済に関する法律の規制対象となっている。それによると、暗号資産は物品購入や役務提供の対価として「不特定の者に対して使用することができ、かつ、不特定の者を相手方として購入及び売却を行うことができる財産的価値」で電子情報処理組織を用いて移転することができるもの（同法2条5項1号）およびこれと相互に交換できるもの（同項2号）とされており、財産的「価値」として位置づけら

れている。しかし、暗号資産は通貨とは異なり、それ自体の経済的価値を裏付ける何らかの手がかり（通貨であれば国家の信用）を有していない。また、民法上、「物」は有体物に限られており（民法85条）、それゆえ暗号資産は「物」として物権法の適用を受けることがない。こうした事情から、暗号資産取引に関する紛争に対して、現在の法制度は十分なルールを発達させているとはいえない。

　暗号資産それ自体は、AIを利用した情報処理を行う必要はないため、AIとの結び付きはそれほど強くない。ただし、次に取り上げるスマートコントラクトのように、ブロックチェーン技術を使って意思決定の自動化を図る基盤を形成している側面があり、またAIの発展のために不可欠の要素である分散的なコンピュータ・ネットワークの形成を前提としていることから、ここで取り上げた。

2. ⋯⋯⋯契約の自動化——スマートコントラクト

　スマートコントラクトとは、契約の成立や実現を自動的に行う契約をいう。例えば、航空機遅延保険などの**定額給付型損害保険**で活用の例があり、航空機遅延の情報を受けて保険金支払の必要性に関する判定や支払を実施している。保険分野（▶▶第7章Ⅲ）では、ビッグデータを分析して保険料を正確に算定したり、保険者なしに被保険者の集団だけでリスクを共有し保険金を支払ったり（**P2P保険**）といった、情報通信技術の発展を積極的に取り込む**インシュアテック**が進行しており、スマートコントラクトを利用した自動支払もその一例である。これに対して、契約の成立を自動化するスマートコントラクトでは、契約条項の内容を形成するためのプログラム（コード）が作成され、電子署名が付与されると、ブロックチェーン技術によってノードによる承認と通知が行われ、それによって契約が成立することになる。

　スマートコントラクトが引き起こす法的課題のうち、法学のあり方との関係での深刻度が高いのは、契約の自動的な成立を含むタイプである。現在のAIは、**ビッグデータ**と呼ばれる大量のデータをコンピュータに学習

させ、そこから最適な解を見つけ出す**ディープ・ラーニング**（深層学習）という技術を用いている。この方法は、過去のデータに照らして適切な解答を導き出すことはできるものの、（**説明可能 AI** などの例を除いて）なぜその解答を導き出したかの説明がなく、判断過程を人間が追試することが難しい。そのため、契約の内容をめぐって当事者間で紛争が生じた際に、裁判所が契約の解釈（▶▶第6章Ⅰ）を行うことには困難が伴う。また、当事者間の合意によって成立することが前提である契約を AI が締結する場合に、誰のどの行為にそうした「意思」を見出すのかという根本的な問題も存在する。こうした問題は、AI を補助的に利用して人間が契約を締結する方式をとれば回避できるものの、それが AI の利用による便益を減殺する可能性や、人間による契約締結が形式的なものにとどまり、かえって当事者たる人間の意思を反映できないおそれもある。

3. ⋯⋯⋯⋯**不法行為責任と AI ──自動運転**

　情報通信技術の活用との関係で象徴的なトピックの1つが、自動車の自動運転である。**自動運転**は一般に5つのレベルに区切られており、運転者の運転を支援するにとどまるレベル1と、特定条件下で自動運転ができる（例：高速道路の自動走行）レベル2は、人間による運転ないし監視を前提としている。これに対して、レベル3以上になると、システムが自動運転の中心となり、最終形態であるレベル5では、運転者が介在することなくすべての運転動作をシステムが行えるようになる。自動運転技術が確立すると、今後予想される高齢者の増加や地域における交通網の維持の難しさという課題を解消し、誰もが安全な移動環境を手に入れることが期待される。

　他方で、自動運転による事故が生じた場合、民事上の責任をどのように考えるべきだろうか。現時点では運転者がいない完全な自動運転は実用化されていないため、具体的な紛争としては、運転支援装置が適切に働かず、そのために事故が生じた場合にどのような法的責任が生じるかが争点となる。自動車事故に関する民事責任については、民法の不法行為法の特別法として**自動車損害賠償保障法**が制定されている（▶▶第7章Ⅰ・Ⅲ）。それに

よると、自己のために自動車を運行の用に供する者（**運行供用者**）に人身事故の場合の立証責任を負担させている。運行供用者に当たるためには、「自動車の運行について事実上の支配力を有し、かつ、その運行による利益を享受していた」（最一小判 1969（昭和 44）・9・18 民集 23 巻 9 号 1699 頁）ことが必要とされており、必ずしも自ら運転することが要求されていないことから、仮に運転者がいない自動運転になっても、運行供用者を係留点とする法的責任のしくみは維持できる。他方で免責要件である、①自己および運転者が自動車の運行に関し注意を怠らなかったこと、②被害者または運転者以外の第三者に故意または過失があったこと、③自動車に構造上の欠陥または機能の障害がなかったこと、の 3 つの要件のうち①と③については、自動運転との関係で立証が容易になる可能性がある。

　もし完全な自動運転が実現したとすると、主たる責任の主体として登場するのが製造業者（メーカー）である。民法（不法行為法）の特別法である製造物責任法は、製造物が通常有すべき安全性を欠いている（＝**欠陥**）場合に、製造者に賠償責任を認めている。何が「通常有すべき安全性」といえるのかは、事故発生時点の技術水準に依存するため、現在のような運転支援段階では製造物責任が認められない可能性がある。これに対して、仮に完全自動運転が実現した場合には、運転者が何も操作せずに安全な走行を実現する水準が「通常有すべき安全性」であると考えられるから、賠償責任の大半は製造業者が負うことになるものと思われる。

　もっとも、メーカーの損害賠償責任を大きくすると、自動運転の自動車の製造・販売の利益と損害賠償のリスクとが見合わなくなり、技術革新を阻害する可能性もある。そこで、自動車の製造・販売段階のいずれかのアクターに民事上の責任を集中させ（**責任集中**）、そこに保険加入義務等を設定することで、損害賠償のリスクを分散しつつ確実な被害者救済を図る方法が考えられる。こうした手法は、すでに原子力損害賠償や人工衛星に関する事故の損害賠償制度に実例がある（原子力損害の賠償に関する法律 3 条・6 条、人工衛星等の打上げ及び人工衛星の管理に関する法律 9 条・36 条）。

AI と人格

AI 技術が発展し、人間がいなくても AI が独自の判断・行動を行えるようになったとすると、AI に人格を認めることも議論の対象に入ってくる可能性があります。現在の実定法では、権利能力が当然に認められるのは自然人のみで、法人については法律で定める一定の条件を満たして初めて法人格が認められます（▶▶第 3 章）。AI を活用した自動契約や AI による知的財産の創造を考えると、AI に人格を付与することで従来の法学の枠組に AI を取り込むこともできるかもしれません。

他方で、AI に権利能力を認めたとしても、AI に自然人の財産とは区別される財産がなければ、契約の履行を期待することは困難です。また、AI の「意思」をも肯定するのか、肯定するとしてどのような方法で意思を判断するのかなど——説明可能 AI の技術が進展しない限り、AI による意思形成の過程を人間が確認するのは困難でしょう——解決すべき多くの課題が残されています。

Ⅱ　AI と刑事法

1. …………情報基盤に対する攻撃抑止——サイバーセキュリティ

インターネットが日常生活にとって不可欠になるにつれて、その利用の安全性や安定性を損なうさまざまな問題が生じてきた。スパムメール（迷惑メール）やコンピュータウイルスは、当初は愉快犯的なものが多かったものの、次第に企業等の保有する情報を**不正アクセス**によって窃取したり、サーバーをダウンさせて事業活動に支障を生じさせたりすることを目的とするものが多くなってきた。情報基盤に対する攻撃は組織化・巧妙化し、その対象も企業だけでなく政府にも及ぶようになってきている。さらに、IoT（Internet of Things：モノのインターネット）の普及に伴い、家電製品等でもインターネット接続機能を持つことで、遠隔操作等が可能になると、これを悪用することで社会生活に混乱を生じさせるおそれも出てきている。

こうしたことから、情報基盤に対する攻撃や不正アクセスも刑罰の対象

として、刑事法的な手段でこれを抑止しようとする立法がみられる。刑法には、電磁的記録（刑法7条の2）を対象に、業務妨害や詐欺について電子計算機に関するものも処罰する規定（刑法234条の2、246条の2）のほか、電磁的記録不正作出・供用（刑法161条の2）や不正指令電磁的記録作成等（刑法168条の2）を処罰する規定がある。また、1999年に制定された不正アクセス行為の禁止等に関する法律では、不正アクセス行為やこれを助長する行為等を一般的に禁止し、違反者に対する拘禁刑・罰金刑を予定している。このように、情報通信技術の進展に伴って、刑事法によって保護されるべき保護法益も拡大しているのである。

　また、こうしたインターネット上の不正アクセスを早期に発見し、これに機動的に対応するためには、サイバーセキュリティを確保するための恒常的組織を必要とする。そこで、2014（平成26）年に立法された**サイバーセキュリティ基本法**では、内閣にサイバーセキュリティ戦略本部を設置し（同法25条）、サイバーセキュリティ戦略の案の作成を行うほか、具体的なサイバーセキュリティに関する重大な事象に対する調査を行うことを所掌事務に含めている（同法26条）。

2. ⋯⋯⋯⋯AIによる犯罪予測——データ予測に基づく警察活動

　次に、AIを使ってこれまで難しかった犯罪捜査や予防を行う**データ予測に基づく警察活動**（predictive policing）を取り上げる。これは、過去の犯罪データをもとに、AIの技術を使って将来発生する可能性がある犯罪を予測し、それを警察による犯罪予防活動に役立てたり、犯罪が発生した場合の犯人逮捕・証拠収集をしやすくしたりするものである。警察の人的・物的資源には限界があるから、犯罪が発生しやすい場所・時間を予測して、そこに資源を集中的に投入すれば、市民の生活の安全を確保することが可能になるかもしれない。

　もっとも、AIによる分析の対象が人間である場合には、大きな問題が生じる。例えば、AIを用いて、過去の統計データから犯人の特徴的な行動歴を分析し、犯人である可能性が高い人をリストアップすることも、こうし

た活動に含まれる。それ自体は些細な行動であっても、それらを数多く分析することで、ある人の性向を予測することができる。こうした**プロファイリング**は、情報に関する自己決定という意味でのプライバシーを侵害する作用であって、行政機関が行うのであれば、その実質的な正当化根拠と法律の根拠（形式的根拠）が必要と考えられる（▶▶第 12 章**Ⅱ**）。

　これに対して刑事訴訟法の世界では、AI によるプロファイリングを手がかりに被疑者を絞り込み、逮捕・起訴に至ったとしても、刑事訴訟を経て有罪が確定しない限り刑事責任が問われるわけではないし、捜査・起訴段階ではそれに対応する嫌疑なり事実があればよいとされてきたため（最二小判 1978（昭和 53）・10・20 民集 32 巻 7 号 1367 頁）、プロファイリングを利用することが直ちに違法な捜査とはいえないとの理解が有力である。他方で、公判手続において AI による判断を基礎とする証拠が提出された場合、それが説明可能 AI によって判断過程を十分に検証できるものでなければ、証拠の信憑性を訴訟の場面で十分に吟味できない。そこで、こうした証拠の証拠能力は否定されるべきと思われる（▶▶第 11 章**Ⅲ**）。

3. ⋯⋯⋯⋯**刑事責任と AI ── 自動運転**

　自動車の自動運転の技術が進展し、運転者が操作をせずに自動車が走行できるようになったとして、その状態で生じた事故に対する刑事責任はどのように考えられるだろうか。交通事故に対する刑事責任を規定しているのが、2013（平成 25）年に制定された自動車の運転により人を死傷させる行為等の処罰に関する法律である。ここでは、危険運転や飲酒運転による事故ではない場面で適用される同法 5 条（**過失運転致死傷**）を考えてみよう。その構成要件は「自動車の運転上必要な注意を怠り、よって人を死傷させた者」であり、ここから注意義務に違反した運転者（＝人間）が処罰の対象であることが分かる。しかし、AI による完全自動運転が実現すると、そもそも運転者が観念できず、仮に（例えば車両の先頭に乗っていた人を運転者と考えることにして）運転者が想定できたとしても、運転者がすべきことはないはずなので、注意義務違反が成立しない。そうすると、少なくとも現

在の条文のままでは、AIによる自動運転で生じた自動車事故に関する刑事責任を負う者はいないことになる。

　ここで、運転を制御している AI にある種の人格があると考え、AI 自体に対する刑事責任を観念する可能性がないわけではない。しかし、AI そのものは人間の設定したアルゴリズムや人間が選択した機械学習の素材を元に判断方法を構築しており、刑事責任を負う主体を探すならば、そうした AI の始原的設定者（＝人間・事業者）になるのではないかとも思われる。また、AI に対して刑罰を科すとして、どのような内容の刑罰を科すのか、それは執行可能なのかという問題も存在する。そこで、少なくとも現時点においては、AI の刑事責任を積極的に認める実益はないように思われる。

COLUMN

越境する
サイバーセキュリティ問題

　サイバー攻撃は必ずしも国内にとどまるものではなく、国境を越えたサイバー攻撃も多発しています。そこで、2001（平成 13）年に**サイバー犯罪**に関する条約が採択され、日本は 2004（平成 16）年に条約を批准しています。その際に、刑法の不正指令電磁的記録作成等の規定が追加されています。もっとも、サイバー攻撃による被害は国の安全保障上の脅威になり、さらに場合によっては国家がサイバー攻撃に関与していることもあります。そこで、サイバー攻撃を受けた場合に、これを国家による武力攻撃とみて自衛権の行使ができるのかが議論されています。

　なかでも、比較的まとまった形でサイバーセキュリティの問題を検討した成果として、NATO サイバー防衛協力センターが主導して作成・公表されている**タリンマニュアル**（タリンマニュアル 2.0）があります。それによれば、サイバー攻撃の結果の重大性等に着目して武力攻撃か武力行使かを区別し、武力攻撃に該当する場合には自衛権行使の可能性を認める方向を示しています。ただし、その区別はなお不明確で、仮に自衛権が行使できるとしても、それがオンライン上にとどまるべきかについても議論が分かれています。

Ⅲ　AIと公法

1.⋯⋯⋯⋯データによる政策決定──民主政との緊張関係

　現代の統治構造の根幹は、政治的共同体の構成員にその正当化根拠を求める民主政である。日本国憲法のもとでは、選挙権を持つ国民によって選挙された国会議員が、全国民の代表として国会において討議・採決に参加し、法律や予算の形式で政治的な基本決定を行い、国会において選挙された内閣総理大臣を首長とする内閣がこれを誠実に執行する構造が採用されている。憲法の基本的人権の保障に関する諸規定は、こうした統治の過程において重視されるべき価値を示すとともに、多数者の意思によっても侵害することを許さない法益を設定している（▶▶第2章Ⅲ）。もっとも、こうした制約の範囲内で、国会（立法者）はその時々の状況に応じて比較的自由な政策決定を行うことができる。その際に、政策決定の正しさを説明する手がかりは、形式的には慎重な審議手続を経て「法律」という形式で決定されたことに、実質的には公開の場でさまざまな利害・意見が討議の中で考慮・検討された上で決定されたことに求められてきた。

　これに対して、我が国の過去の政策形成とその結果に関するデータや、状況が類似する他国のデータを AI に分析させ、正しいと考えられる政策選択をさせることが今後考えられる（**ポリテック**）（これは、実証的な手がかりを前提に人間が**証拠的記録に基づく政策**（evidence-based policy）を決定することとは異なる）。特定の利害関係を徴表していない適切なデータを選択して機械学習させれば、場合によっては人間による民主的な決定よりもよい内容の決定を行う可能性がないわけではない。しかし、説明可能 AI の技術が発展しない限り、複雑なアルゴリズムに基づく AI の判断過程を人間が理解することができず、政策決定がブラックボックスになってしまう可能性がある（**アルゴクラシー**の危険）。さらに、仮に説明可能 AI の技術が発展して判断過程が理解可能になったとしても、何が「正しい」政策なのかは初めから一義的に決まるものではないから、民主政の過程の中で討議を

通した利害調整を経て具体的に決定するほかないというこれまでの考え方を覆すことはできないと思われる。

2. ⋯⋯⋯⋯行政決定の自動化——個人の権利・自律との緊張関係

行政法関係における行政機関の決定の中心的な形式である行政行為（処分）は、行政機関の職員が事実関係を確認・調査し、根拠法令を解釈してこれを適用し、相手方である名宛人に表示することで成立する（▶▶第12章Ⅱ）。戦後の伝統的な行政法学の考え方によれば、（多くの）行政行為の成立には**効果意思**が必須とされていた。これに対して、現在の行政法学では、行政機関の意思に着目するのではなく、根拠となる法律の規定に重点を置いて、行政行為（処分）の法的効果の発生を説明することが一般的である。それでも、行政機関の職員（＝人間）が個別の事例において法的な判断を下す構造には疑念が投げかけられたことはなかった。

これに対して、AIの技術を用いて、人の手を介在させずに自動的に行政行為（処分）を発令する手法が議論されている。例えばドイツでは、**行政行為の自動化**を認める立法がなされている。全自動化の条件として、ドイツでは、個別の法規定の根拠と、裁量の余地がないこと・個別的処理を行うべき必要がないことを求めている。AIによる個別的な行政決定は、判断方法を規定するアルゴリズムと不即不離の関係にあり、一般的な基準の策定と個別的な判断の区別が相対化することになる。そこで、個別的な判断の適否はAIによる意思決定を行うかどうかの時点ですでにある程度決まることになる。AIによる決定を行うかを法律によって決めることは、AIによる決定の利点と欠点を熟考した上で公開の場で人が判断を示す意味と、AIによる決定が失敗した場合には同様に民主的な過程を経てこれを撤回する可能性を示す意味で、重要と考えられる。また、裁量（▶▶第12章Ⅱ）の余地・個別的処理をAIに委ねることは、一方では人間よりも適切な解決を図る可能性を否定できないものの、他方で個別的処理をAIによる判断の要素に取り込むこととなって、判断過程が複雑かつ不透明なものになりかねない危険を有する。そこで、ある程度一義的に解決を導きうる場合

に限って AI による行政決定を許容することが適切と考えられる。

　AI による行政決定に人間が従うことには、ある種の気持ち悪さが伴う。そしてその感覚は、決定の内容が人間の自律的な生と深くかかわる問題になればなるほど強くなるだろう。そこで、人間の基本的自由や自律と関係する分野（例えば、健康で文化的な最低限度の生活を保障する生活保護）（▶▶第13章Ⅱ）では、AI による意思形成を排除すべきとする議論も成り立つ。もっとも、政策分野ごとに具体的な線引きを先験的に行うことには困難が伴うことから、結局は立法者がこうした要素をも考慮に入れて、AI による行政決定を採用するかどうかを決定するほかないと思われる。

3. ⋯⋯⋯⋯権利救済と AI ──裁判官による裁判の保障？

　国家作用のうち立法・行政については、上記のように、AI による決定の自動化の議論が進んでいる。では、裁判についても AI による自動的決定は可能であろうか。現在の AI 技術を前提とすると、常識に基づく推論が必要となる**事実認定**の部分を AI に代替させることは、常識をプログラミング化するのが難しく、容易ではないとされている。また、最高裁判例が固まっている領域では、比較的 AI による自動的判断が可能であるように見えるものの、判決の射程や新たな視点からの再解釈の作業を本当に AI が行えるのか、疑問が残る。

　仮に、AI の技術革新が飛躍的に進行し、こうした難点が解消できたとしても、AI が裁判官を代替してよいのかという問題に答える必要がある。日本国憲法76条3項は、司法権を担う裁判所を構成する裁判官について、「その良心に従ひ独立して職権を行ひ、この憲法及び法律にのみ拘束される」と規定する。また、裁判官は、定期に相当額の報酬を受け、心身の故障または公の弾劾によらなければ罷免されることがないとする強い身分保障が憲法上予定されている（憲法78条、79条6項、80条2項）。憲法上、国家機関の中で、個々の人間にその独立した判断を要請しているのは裁判所だけであり、これと裁判を受ける権利（憲法32条）とを併せて考えると、日本国憲法は独立して職権を行使する裁判官による裁判を保障していると考え

られる。

　こうした考慮は、行政決定が AI によって自動化された場合には、ますます重要になる。仮に行政決定が自動化されたとしても、行政上の不服申立て（▶▶第 12 章Ⅲ）に対する判断（裁決）を人間が行うことにより、広義の行政過程の中で人間による判断の機会を少なくとも一度は保障すべきとする考え方がある。もっとも、行政上の不服申立てを利用するか、直接に裁判所に対して救済を求めるかは、原則として原告の自由な判断に委ねられており（**自由選択主義**）、個別の行政上の決定に対して人間による判断の機会を確実に保障するためには、行政訴訟を裁判官の手によって行うことが必要と考えられる。

COLUMN

AI と個人情報保護制度

　日本の**個人情報保護制度**は、行政機関における個人情報保護に起源を持ち、地方公共団体における条例による制度化を経て、2003（平成 15）年に「個人情報の保護に関する法律」「行政機関の保有する個人情報の保護に関する法律」「独立行政法人等の保有する個人情報の保護に関する法律」が制定されることで、国家法レベルの制度として確立しました。この時点では、目的を特定した情報の収集と**目的外利用・第三者提供制限**、そして制約を免れるための**本人同意**の重視がその特徴でした。その後、機械学習により判断の精度を高めてゆく AI の学習素材としてビッグデータに関心が集まり、個人情報の利用へと制度の重点が移っていきました。2015（平成 27）年の個人情報の保護に関する法律の改正によって導入された**匿名加工情報**に関する制度は、その象徴です。匿名加工情報は、個人情報から個人が識別できる部分を完全に取り除く加工を施した情報のことをいいます。
　個人情報保護制度は同時に、国際的な制度平準化の潮流にも対応してきました。国境を越える取引の普遍化に伴い、個人情報の越境移転へのニーズが高まったのに対して、とりわけ EU（ヨーロッパ連合）は、自らの個人情報保護制度と同水準の保護を実施していると認める（**十分性認定**）国に対してしか、個人情報の移転を認めない姿勢を示してきました。そこで、EU のルール（**一般データ保護規則**）と平仄を合わせる形での改正等が実施されてきました。そして、2021（令和 3）年の法改正により、3 つの法律が分立する個人情報保護制度（**セグメント方式**）から、

個人情報の保護に関する法律が（地方公共団体を含む）全ての分野の個人情報保護制度を規律する**オムニバス方式**へと転換しました。これは、EUが採用するモデルでもあり、また特に地方公共団体で制度化が遅れていた匿名加工情報（2021（令和3）年改正前は**行政機関非識別加工情報**）に関する法制度を一気に導入することを意図したものでもありました。この改正の経緯は、大量の過去のデータを用いて判断を下すAIと住民のニーズに敏感に反応して政策決定できる地方自治との対立関係、あるいは国際的な制度平準化と地域における自主的な決定との対立関係を象徴するものといえるでしょう。

発展学習のために

【課題】

● AIの現状に関する新聞記事や雑誌記事を持ち寄り、現在の技術では何ができて何ができないかを整理してみよう。

● AIに対応した法制度を考える際に緊張関係が生じうる法学の基本的考え方を挙げ、具体的にどのような点が問題になるか検討してみよう。

文献案内

◆**小塚荘一郎『AIの時代と法』**（岩波書店・2019年）

新書サイズでありながら、AIが法学に与えうる影響を具体的に説明しており、この問題を考える上で最初に読むべき一書である。

◆**宍戸常寿ほか編著『AIと社会と法』**（有斐閣・2020年）

論究ジュリスト誌で連載された座談会をまとめた書籍で、さまざまなテーマに応じていろいろな専門分野の研究者を招き、AIによる社会の変容とこれに対する法のあり方を幅広く論じている。AIと法に関する問題状況を把握するには、山本龍彦編著『AIと憲法』（日本経済新聞出版社・2018年）や弥永真生＝宍戸常寿編『ロボット・AIと法』（有斐閣・2018年）も有益である。

事項索引

著者紹介

原田 大樹（はらだ・ひろき）

京都大学法学系（大学院法学研究科）教授
1977年　北九州市生まれ
2000年　九州大学法学部卒業
2005年　九州大学大学院法学府公法・社会法学専攻博士後期課程修了
　　　　（博士（法学））
九州大学大学院法学研究院講師、同助教授（准教授）、日本学術振興
会海外特別研究員、京都大学大学院法学研究科准教授・教授を経て、
2016年　京都大学法学系（大学院法学研究科）教授
専　攻　行政法
主　著　『自主規制の公法学的研究』（有斐閣・2007年）
　　　　『例解 行政法』（東京大学出版会・2013年）
　　　　『演習 行政法』（東京大学出版会・2014年）
　　　　『公共制度設計の基礎理論』（弘文堂・2014年）
　　　　『行政法学と主要参照領域』（東京大学出版会・2015年）
　　　　『グラフィック行政法入門』（新世社・2017年）
　　　　『判例で学ぶ法学 行政法』（新世社・2020年）
　　　　『公共紛争解決の基礎理論』（弘文堂・2021年）
　　　　『ファーストステップ 演習 行政法』（東京大学出版会・
　　　　2023年）

現代実定法入門—人と法と社会をつなぐ［第3版］

2017（平成29）年4月30日　初　版1刷発行
2020（令和2）年3月30日　第2版1刷発行
2023（令和5）年3月15日　第3版1刷発行

著　者　原田大樹
発行者　鯉渕友南
発行所　株式会社 弘文堂　101-0062 東京都千代田区神田駿河台1の7
　　　　　　　　　　　　　TEL 03(3294)4801　振替 00120-6-53909
　　　　　　　　　　　　　https://www.koubundou.co.jp
装　丁　笠井亞子
印　刷　三美印刷
製　本　井上製本所

© 2023 Hiroki Harada. Printed in Japan

ISBN978-4-335-35922-4

━━ 著者の本 ━━

公共制度設計の基礎理論

原田大樹＝著

【行政法研究双書30】　公的任務が国家以外の主体によって担われる多元的システムの下での行政法学の理論的基礎を、制度設計論の観点から提示。注目の理論的潮流を接続し、行政法学を再構築する野心的論攷。「公共制度設計」という羅針盤を手に、行政法学の新たな地平を切り拓く。　Ａ５判　394頁　3700円

公共紛争解決の基礎理論

原田大樹＝著

【行政法研究双書40】　民事法・刑事法の比較研究の成果を行政救済法理論と接合しつつ、グローバル化と行政救済法の関係を包括的に扱う初めての単著。「公共紛争解決」という把握方法が導く理論的展開への起爆剤となる一冊。グローバル化がもたらす法理論の新たな可能性を探る。　Ａ５判　428頁　5000円

グローバル化と公法・私法関係の再編

浅野有紀＋原田大樹＋藤谷武史＋横溝大＝編著

グローバル化によって生じた公法・私法関係の変容に焦点をあて、法理論の現状分析、具体的な法制度の実証分析をふまえ、今後の公法・私法関係論を展望する。学問の垣根を越えた研究者が、公法・私法間で共通のプラットフォームの形成をめざした共同プロジェクトの第１弾。　Ａ５判　384頁　4600円

政策実現過程のグローバル化

浅野有紀＋原田大樹＋藤谷武史＋横溝大＝編著

グローバル化と国民主権が衝突する法執行や権利救済に焦点をあて、具体的な法制度の展開を分析するとともに、その成果を法学一般あるいは公法学・私法学の総論的な議論と結びつけ、理論的な革新を図る。学問の垣根を越えた若手・中堅の研究者による共同プロジェクトの第２弾。　Ａ５判　400頁　5700円

━━ 弘文堂 ━━

＊価格（税抜）は、2023年２月現在のものです。